CB059676

De: _____

Para: _____

# Pão Diário
## Mulheres

Publicações
Pão Diário

© 2023 Ministérios Pão Diário. Todos os direitos reservados.

**Autores:**
Dale Beaver • Henry G. Bosch • Dave Branon • Dennis J. DeHaan • M. R. DeHaan
Mart DeHaan • Richard W. DeHaan • David C. Egner • Paul Van Gorder
Vernon C. Grounds • Albert Lee • Julie Ackerman Link • David C. McCasland
Haddon W. Robinson • David H. Roper • Herb Vander Lugt • Joanie E. Yoder
Anne M. Cetas • H. Dennis Fisher

**Coordenação editorial:** Adolfo Hickmann
**Tradução:** editores do *Pão Diário*
**Revisão:** Dalila de Assis, Dayse Fontoura, Lozane Winter, Rita Rosário, Thaís Soler
**Adaptação e edição:** Rita Rosário
**Projeto gráfico e capa:** Audrey Novac Ribeiro
**Diagramação:** Rebeka Werner, Audrey Novac Ribeiro

**Referências Bíblicas:**
Exceto se indicado o contrário, as citações bíblicas são extraídas da Edição Revista e Atualizada de João F. de Almeida © 1993 Sociedade Bíblica do Brasil.

Proibida a reprodução total ou parcial, sem prévia autorização, por escrito, da editora. Todos os direitos reservados e protegidos pela Lei 9.610, de 19/02/1998.

Pedidos de permissão para usar citações deste livreto devem ser direcionados a: permissao@paodiario.org

**Publicações Pão Diário**
Caixa Postal 4190, 82501-970 Curitiba/PR, Brasil
publicacoes@paodiario.org
www.publicacoespaodiario.com.br
Telefone: (41) 3257-4028

Código: UG555
ISBN: 978-65-5350-087-7

*Impresso na China*

## Introdução

A nossa sincera oração é de que esta edição anual devocional *Pão Diário, Mulheres*, a ajude a conhecer Jesus de uma de maneira muito pessoal. As mensagens diárias a encorajarão e trarão o entusiasmo e o compromisso para compartilhar com os que a cercam a respeito da pessoa e dos atributos do nosso Senhor Jesus. Ele é o nosso Salvador, Amigo, Mediador e Advogado diante de Deus, o Seu Pai e nosso Criador.

É o momento de despertar e abrir os seus olhos para ver como os campos estão brancos para a ceifa e ser uma das ceifeiras para o Senhor da Seara. Como mulheres, não podemos ignorar a necessidade de termos uma vida abundante na presença do nosso Consolador. Impulsionadas pelo contato diário com a Palavra de Deus, vamos proclamar a vida e influenciar outros e outras para que a sabedoria transformadora da Bíblia as alcance.

Ouçamos juntas o clamor que vem das ruas e entra em nossos lares. Clamor por justiça, retidão, educação, saúde, segurança, e tantas outras necessidades que só o viver na presença de Jesus poderá trazer a solução. Clamor pela vida abundante! Clamor pelo Salvador! Só Jesus é a resposta! Só a presença dele nos faz diferentes e faz a diferença na vida de todos os que o buscam. É hora de proclamarmos que Jesus Cristo é a solução para os nossos lares, nossos filhos, nossa vida.

Use a leitura destas meditações para resgatar a sua intimidade com o Senhor, e Jesus Cristo transformará a sua vida e a dos que a cercam.

Deus a abençoe em sua leitura diária,

—dos editores do *Pão Diário*

# A Bíblia em um ano

## JANEIRO
- [ ] 1 Gênesis 1-3; Mateus 1
- [ ] 2 Gênesis 4-6; Mateus 2
- [ ] 3 Gênesis 7-9; Mateus 3
- [ ] 4 Gênesis 10-12; Mateus 4
- [ ] 5 Gênesis 13-15; Mateus 5:1-26
- [ ] 6 Gênesis 16-17; Mateus 5:27-48
- [ ] 7 Gênesis 18-19; Mateus 6:1-18
- [ ] 8 Gênesis 20-22; Mateus 6:19-34
- [ ] 9 Gênesis 23-24; Mateus 7
- [ ] 10 Gênesis 25-26; Mateus 8:1-17
- [ ] 11 Gênesis 27-28; Mateus 8:18-34
- [ ] 12 Gênesis 29-30; Mateus 9:1-17
- [ ] 13 Gênesis 31-32; Mateus 9:18-38
- [ ] 14 Gênesis 33-35; Mateus 10:1-20
- [ ] 15 Gênesis 36-38; Mateus 10:21-42
- [ ] 16 Gênesis 39-40; Mateus 11
- [ ] 17 Gênesis 41-42; Mateus 12:1-23
- [ ] 18 Gênesis 43-45; Mateus 12:24-50
- [ ] 19 Gênesis 46-48; Mateus 13:1-30
- [ ] 20 Gênesis 49-50; Mateus 13:31-58
- [ ] 21 Êxodo 1-3; Mateus 14:1-21
- [ ] 22 Êxodo 4-6; Mateus 14:22-36
- [ ] 23 Êxodo 7-8; Mateus 15:1-20
- [ ] 24 Êxodo 9-11; Mateus 15:21-39
- [ ] 25 Êxodo 12-13; Mateus 16
- [ ] 26 Êxodo 14-15; Mateus 17
- [ ] 27 Êxodo 16-18; Mateus 18:1-20
- [ ] 28 Êxodo 19-20; Mateus 18:21-35
- [ ] 29 Êxodo 21-22; Mateus 19
- [ ] 30 Êxodo 23-24; Mateus 20:1-16
- [ ] 31 Êxodo 25-26; Mateus 20:17-34

## FEVEREIRO
- [ ] 1 Êxodo 27-28; Mateus 21:1-22
- [ ] 2 Êxodo 29-30; Mateus 21:23-46
- [ ] 3 Êxodo 31-33; Mateus 22:1-22
- [ ] 4 Êxodo 34-35; Mateus 22:23-46
- [ ] 5 Êxodo 36-38; Mateus 23:1-22
- [ ] 6 Êxodo 39-40; Mateus 23:23-39
- [ ] 7 Levítico 1-3; Mateus 24:1-28
- [ ] 8 Levítico 4-5; Mateus 24:29-51
- [ ] 9 Levítico 6-7; Mateus 25:1-30
- [ ] 10 Levítico 8-10; Mateus 25:31-46
- [ ] 11 Levítico 11-12; Mateus 26:1-25
- [ ] 12 Levítico 13; Mateus 26:26-50
- [ ] 13 Levítico 14; Mateus 26:51-75
- [ ] 14 Levítico 15-16; Mateus 27:1-26
- [ ] 15 Levítico 17-18; Mateus 27:27-50
- [ ] 16 Levítico 19-20; Mateus 27:51-66
- [ ] 17 Levítico 21-22; Mateus 28
- [ ] 18 Levítico 23-24; Marcos 1:1-22
- [ ] 19 Levítico 25; Marcos 1:23-45
- [ ] 20 Levítico 26-27; Marcos 2
- [ ] 21 Números 1-3; Marcos 3
- [ ] 22 Números 4-6; Marcos 4:1-20
- [ ] 23 Números 7-8; Marcos 4:21-41
- [ ] 24 Números 9-11; Marcos 5:1-20
- [ ] 25 Números 12-14; Marcos 5:21-43
- [ ] 26 Números 15-16; Marcos 6:1-29
- [ ] 27 Números 17-19; Marcos 6:30-56
- [ ] 28 Números 20; Marcos 7:1-7
- [ ] 29 Números 21-22; Marcos 7:8-13

## MARÇO
- [ ] 1 Números 23-25; Marcos 7:14-37
- [ ] 2 Números 26-27; Marcos 8:1-21
- [ ] 3 Números 28-30; Marcos 8:22-38
- [ ] 4 Números 31-33; Marcos 9:1-29
- [ ] 5 Números 34-36; Marcos 9:30-50
- [ ] 6 Deuteronômio 1-2; Marcos 10:1-31
- [ ] 7 Deuteronômio 3-4; Marcos 10:32-52
- [ ] 8 Deuteronômio 5-7; Marcos 11:1-18
- [ ] 9 Deuteronômio 8-10; Marcos 11:19-33
- [ ] 10 Deuteronômio 11-13; Marcos 12:1-27
- [ ] 11 Deuteronômio 14-16; Marcos 12:28-44
- [ ] 12 Deuteronômio 17-19; Marcos 13:1-20
- [ ] 13 Deuteronômio 20-22; Marcos 13:21-37
- [ ] 14 Deuteronômio 23-25; Marcos 14:1-26
- [ ] 15 Deuteronômio 26-27; Marcos 14:27-53
- [ ] 16 Deuteronômio 28-29; Marcos 14:54-72
- [ ] 17 Deuteronômio 30-31; Marcos 15:1-25
- [ ] 18 Deuteronômio 32-34; Marcos 15:26-47
- [ ] 19 Josué 1-3; Marcos 16
- [ ] 20 Josué 4-6; Lucas 1:1-20
- [ ] 21 Josué 7-9; Lucas 1:21-38
- [ ] 22 Josué 10-12; Lucas 1:39-56
- [ ] 23 Josué 13-15; Lucas 1:57-80
- [ ] 24 Josué 16-18; Lucas 2:1-24
- [ ] 25 Josué 19-21; Lucas 2:25-52
- [ ] 26 Josué 22-24; Lucas 3
- [ ] 27 Juízes 1-3; Lucas 4:1-30
- [ ] 28 Juízes 4-6; Lucas 4:31-44
- [ ] 29 Juízes 7-8; Lucas 5:1-16
- [ ] 30 Juízes 9-10; Lucas 5:17-39
- [ ] 31 Juízes 11-12; Lucas 6:1-26

# A Bíblia em um ano

## ABRIL
- [ ] 1 Juízes 13–15; Lucas 6:27-49
- [ ] 2 Juízes 16–18; Lucas 7:1-30
- [ ] 3 Juízes 19–21; Lucas 7:31-50
- [ ] 4 Rute 1–4; Lucas 8:1-25
- [ ] 5 1 Samuel 1–3; Lucas 8:26-56
- [ ] 6 1 Samuel 4–6; Lucas 9:1-17
- [ ] 7 1 Samuel 7–9; Lucas 9:18-36
- [ ] 8 1 Samuel 10–12; Lucas 9:37-62
- [ ] 9 1 Samuel 13–14; Lucas 10:1-24
- [ ] 10 1 Samuel 15–16; Lucas 10:25-42
- [ ] 11 1 Samuel 17–18; Lucas 11:1-28
- [ ] 12 1 Samuel 19–21; Lucas 11:29-54
- [ ] 13 1 Samuel 22–24; Lucas 12:1-31
- [ ] 14 1 Samuel 25–26; Lucas 12:32–59
- [ ] 15 1 Samuel 27–29; Lucas 13:1-22
- [ ] 16 1 Samuel 30–31; Lucas 13:23-35
- [ ] 17 2 Samuel 1–2; Lucas 14:1-24
- [ ] 18 2 Samuel 3–5; Lucas 14:25-35
- [ ] 19 2 Samuel 6–8; Lucas 15:1-10
- [ ] 20 2 Samuel 9–11; Lucas 15:11-32
- [ ] 21 2 Samuel 12–13; Lucas 16
- [ ] 22 2 Samuel 14–15; Lucas 17:1-19
- [ ] 23 2 Samuel 16–18; Lucas 17:20-37
- [ ] 24 2 Samuel 19–20; Lucas 18:1-23
- [ ] 25 2 Samuel 21–22; Lucas 18:24-43
- [ ] 26 2 Samuel 23–24; Lucas 19:1-27
- [ ] 27 1 Reis 1–2; Lucas 19:28-48
- [ ] 28 1 Reis 3–5; Lucas 20:1-26
- [ ] 29 1 Reis 6–7; Lucas 20:27-47
- [ ] 30 1 Reis 8–9; Lucas 21:1-19

## MAIO
- [ ] 1 1 Reis 10–11; Lucas 21:20-38
- [ ] 2 1 Reis 12–13; Lucas 22:1-20
- [ ] 3 1 Reis 14–15; Lucas 22:21-46
- [ ] 4 1 Reis 16–18; Lucas 22:47-71
- [ ] 5 1 Reis 19–20; Lucas 23:1-25
- [ ] 6 1 Reis 21–22; Lucas 23:26-56
- [ ] 7 2 Reis 1–3; Lucas 24:1-35
- [ ] 8 2 Reis 4–6; Lucas 24:36-53
- [ ] 9 2 Reis 7–9; João 1:1-28
- [ ] 10 2 Reis 10–12; João 1:29-51
- [ ] 11 2 Reis 13–14; João 2
- [ ] 12 2 Reis 15–16; João 3:1-18
- [ ] 13 2 Reis 17–18; João 3:19-36
- [ ] 14 2 Reis 19–21; João 4:1-30
- [ ] 15 2 Reis 22–23; João 4:31-54
- [ ] 16 2 Reis 24–25; João 5:1-24
- [ ] 17 1 Crônicas 1–3; João 5:25-47
- [ ] 18 1 Crônicas 4–6; João 6:1-21
- [ ] 19 1 Crônicas 7–9; João 6:22-44
- [ ] 20 1 Crônicas 10–12; João 6:45-71
- [ ] 21 1 Crônicas 13–15; João 7:1-27
- [ ] 22 1 Crônicas 16–18; João 7:28-53
- [ ] 23 1 Crônicas 19–21; João 8:1-27
- [ ] 24 1 Crônicas 22–24; João 8:28-59
- [ ] 25 1 Crônicas 25–27; João 9:1-23
- [ ] 26 1 Crônicas 28–29; João 9:24-41
- [ ] 27 2 Crônicas 1–3; João 10:1-23
- [ ] 28 2 Crônicas 4–6; João 10:24-42
- [ ] 29 2 Crônicas 7–9; João 11:1-29
- [ ] 30 2 Crônicas 10–12; João 11:30-57
- [ ] 31 2 Crônicas 13–14; João 12:1-26

## JUNHO
- [ ] 1 2 Crônicas 15–16; João 12:27-50
- [ ] 2 2 Crônicas 17–18; João 13:1-20
- [ ] 3 2 Crônicas 19–20; João 13:21-38
- [ ] 4 2 Crônicas 21–22; João 14
- [ ] 5 2 Crônicas 23–24; João 15
- [ ] 6 2 Crônicas 25–27; João 16
- [ ] 7 2 Crônicas 28–29; João 17
- [ ] 8 2 Crônicas 30–31; João 18:1-18
- [ ] 9 2 Crônicas 32–33; João 18:19-40
- [ ] 10 2 Crônicas 34–36; João 19:1-22
- [ ] 11 Esdras 1–2; João 19:23-42
- [ ] 12 Esdras 3–5; João 20
- [ ] 13 Esdras 6–8; João 21
- [ ] 14 Esdras 9–10; Atos 1
- [ ] 15 Neemias 1–3; Atos 2:1-21
- [ ] 16 Neemias 4–6; Atos 2:22-47
- [ ] 17 Neemias 7–9; Atos 3
- [ ] 18 Neemias 10–11; Atos 4:1-22
- [ ] 19 Neemias 12–13; Atos 4:23-37
- [ ] 20 Ester 1–2; Atos 5:1-21
- [ ] 21 Ester 3–5; Atos 5:22-42
- [ ] 22 Ester 6–8; Atos 6
- [ ] 23 Ester 9–10; Atos 7:1-21
- [ ] 24 Jó 1–2; Atos 7:22-43
- [ ] 25 Jó 3–4; Atos 7:44-60
- [ ] 26 Jó 5–7; Atos 8:1-25
- [ ] 27 Jó 8–10; Atos 8:26-40
- [ ] 28 Jó 11–13; Atos 9:1-21
- [ ] 29 Jó 14–16; Atos 9:22-43
- [ ] 30 Jó 17–19; Atos 10:1-23

# A Bíblia em um ano

## JULHO
- [ ] 1  Jó 20–21; Atos 10:24-48
- [ ] 2  Jó 22–24; Atos 11
- [ ] 3  Jó 25–27; Atos 12
- [ ] 4  Jó 28–29; Atos 13:1-25
- [ ] 5  Jó 30–31; Atos 13:26-52
- [ ] 6  Jó 32–33; Atos 14
- [ ] 7  Jó 34–35; Atos 15:1-21
- [ ] 8  Jó 36–37; Atos 15:22-41
- [ ] 9  Jó 38–40; Atos 16:1-21
- [ ] 10 Jó 41–42; Atos 16:22-40
- [ ] 11 Salmos 1–3; Atos 17:1-15
- [ ] 12 Salmos 4–6; Atos 17:16-34
- [ ] 13 Salmos 7–9; Atos 18
- [ ] 14 Salmos 10–12; Atos 19:1-20
- [ ] 15 Salmos 13–15; Atos 19:21-41
- [ ] 16 Salmos 16–17; Atos 20:1-16
- [ ] 17 Salmos 18–19; Atos 20:17-38
- [ ] 18 Salmos 20–22; Atos 21:1-17
- [ ] 19 Salmos 23–25; Atos 21:18-40
- [ ] 20 Salmos 26–28; Atos 22
- [ ] 21 Salmos 29–30; Atos 23:1-15
- [ ] 22 Salmos 31–32; Atos 23:16-35
- [ ] 23 Salmos 33–34; Atos 24
- [ ] 24 Salmos 35–36; Atos 25
- [ ] 25 Salmos 37–39; Atos 26
- [ ] 26 Salmos 40–42; Atos 27:1-26
- [ ] 27 Salmos 43–45; Atos 27:27-44
- [ ] 28 Salmos 46–48; Atos 28
- [ ] 29 Salmos 49–50; Romanos 1
- [ ] 30 Salmos 51–53; Romanos 2
- [ ] 31 Salmos 54–56; Romanos 3

## AGOSTO
- [ ] 1  Salmos 57–59; Romanos 4
- [ ] 2  Salmos 60–62; Romanos 5
- [ ] 3  Salmos 63–65; Romanos 6
- [ ] 4  Salmos 66–67; Romanos 7
- [ ] 5  Salmos 68–69; Romanos 8:1-21
- [ ] 6  Salmos 70–71; Romanos 8:22-39
- [ ] 7  Salmos 72–73; Romanos 9:1-15
- [ ] 8  Salmos 74–76; Romanos 9:16-33
- [ ] 9  Salmos 77–78; Romanos 10
- [ ] 10 Salmos 79–80; Romanos 11:1-18
- [ ] 11 Salmos 81–83; Romanos 11:19-36
- [ ] 12 Salmos 84–86; Romanos 12
- [ ] 13 Salmos 87–88; Romanos 13
- [ ] 14 Salmos 89–90; Romanos 14
- [ ] 15 Salmos 91–93; Romanos 15:1-13
- [ ] 16 Salmos 94–96; Romanos 15:14-33
- [ ] 17 Salmos 97–99; Romanos 16
- [ ] 18 Salmos 100–102; 1 Coríntios 1
- [ ] 19 Salmos 103–104; 1 Coríntios 2
- [ ] 20 Salmos 105–106; 1 Coríntios 3
- [ ] 21 Salmos 107–109; 1 Coríntios 4
- [ ] 22 Salmos 110–112; 1 Coríntios 5
- [ ] 23 Salmos 113–115; 1 Coríntios 6
- [ ] 24 Salmos 116–118; 1 Coríntios 7:1-19
- [ ] 25 Salmos 119:1-88; 1 Coríntios 7:20-40
- [ ] 26 Salmos 119:89-176; 1 Coríntios 8
- [ ] 27 Salmos 120–122; 1 Coríntios 9
- [ ] 28 Salmos 123–125; 1 Coríntios 10:1-18
- [ ] 29 Salmos 126–128; 1 Coríntios 10:19-33
- [ ] 30 Salmos 129–131; 1 Coríntios 11:1-16
- [ ] 31 Salmos 132–134; 1 Coríntios 11:17-34

## SETEMBRO
- [ ] 1  Salmos 135–136; 1 Coríntios 12
- [ ] 2  Salmos 137–139; 1 Coríntios 13
- [ ] 3  Salmos 140–142; 1 Coríntios 14:1-20
- [ ] 4  Salmos 143–145; 1 Coríntios 14:21-40
- [ ] 5  Salmos 146–147; 1 Coríntios 15:1-28
- [ ] 6  Salmos 148–150; 1 Coríntios 15:29-58
- [ ] 7  Provérbios 1–2; 1 Coríntios 16
- [ ] 8  Provérbios 3–5; 2 Coríntios 1
- [ ] 9  Provérbios 6–7; 2 Coríntios 2
- [ ] 10 Provérbios 8–9; 2 Coríntios 3
- [ ] 11 Provérbios 10–12; 2 Coríntios 4
- [ ] 12 Provérbios 13–15; 2 Coríntios 5
- [ ] 13 Provérbios 16–18; 2 Coríntios 6
- [ ] 14 Provérbios 19–21; 2 Coríntios 7
- [ ] 15 Provérbios 22–24; 2 Coríntios 8
- [ ] 16 Provérbios 25–26; 2 Coríntios 9
- [ ] 17 Provérbios 27–29; 2 Coríntios 10
- [ ] 18 Provérbios 30–31; 2 Coríntios 11:1-15
- [ ] 19 Eclesiastes 1–3; 2 Coríntios 11:16-33
- [ ] 20 Eclesiastes 4–6; 2 Coríntios 12
- [ ] 21 Eclesiastes 7–9; 2 Coríntios 13
- [ ] 22 Eclesiastes 10–12; Gálatas 1
- [ ] 23 Cânticos 1–3; Gálatas 2
- [ ] 24 Cânticos 4–5; Gálatas 3
- [ ] 25 Cânticos 6–8; Gálatas 4
- [ ] 26 Isaías 1–2; Gálatas 5
- [ ] 27 Isaías 3–4; Gálatas 6
- [ ] 28 Isaías 5–6; Efésios 1
- [ ] 29 Isaías 7–8; Efésios 2
- [ ] 30 Isaías 9–10; Efésios 3

# A Bíblia em um ano

## OUTUBRO
- [ ] 1 Isaías 11–13; Efésios 4
- [ ] 2 Isaías 14–16; Efésios 5:1-16
- [ ] 3 Isaías 17–19; Efésios 5:17-33
- [ ] 4 Isaías 20–22; Efésios 6
- [ ] 5 Isaías 23–25; Filipenses 1
- [ ] 6 Isaías 26–27; Filipenses 2
- [ ] 7 Isaías 28–29; Filipenses 3
- [ ] 8 Isaías 30–31; Filipenses 4
- [ ] 9 Isaías 32–33; Colossenses 1
- [ ] 10 Isaías 34–36; Colossenses 2
- [ ] 11 Isaías 37–38; Colossenses 3
- [ ] 12 Isaías 39–40; Colossenses 4
- [ ] 13 Isaías 41–42; 1 Tessalonicenses 1
- [ ] 14 Isaías 43–44; 1 Tessalonicenses 2
- [ ] 15 Isaías 45–46; 1 Tessalonicenses 3
- [ ] 16 Isaías 47–49; 1 Tessalonicenses 4
- [ ] 17 Isaías 50–52; 1 Tessalonicenses 5
- [ ] 18 Isaías 53–55; 2 Tessalonicenses 1
- [ ] 19 Isaías 56–58; 2 Tessalonicenses 2
- [ ] 20 Isaías 59–61; 2 Tessalonicenses 3
- [ ] 21 Isaías 62–64; 1 Timóteo 1
- [ ] 22 Isaías 65–66; 1 Timóteo 2
- [ ] 23 Jeremias 1–2; 1 Timóteo 3
- [ ] 24 Jeremias 3–5; 1 Timóteo 4
- [ ] 25 Jeremias 6–8; 1 Timóteo 5
- [ ] 26 Jeremias 9–11; 1 Timóteo 6
- [ ] 27 Jeremias 12–14; 2 Timóteo 1
- [ ] 28 Jeremias 15–17; 2 Timóteo 2
- [ ] 29 Jeremias 18–19; 2 Timóteo 3
- [ ] 30 Jeremias 20–21; 2 Timóteo 4
- [ ] 31 Jeremias 22–23; Tito 1

## NOVEMBRO
- [ ] 1 Jeremias 24–26; Tito 2
- [ ] 2 Jeremias 27–29; Tito 3
- [ ] 3 Jeremias 30–31; Filemon
- [ ] 4 Jeremias 32–33; Hebreus 1
- [ ] 5 Jeremias 34–36; Hebreus 2
- [ ] 6 Jeremias 37–39; Hebreus 3
- [ ] 7 Jeremias 40–42; Hebreus 4
- [ ] 8 Jeremias 43–45; Hebreus 5
- [ ] 9 Jeremias 46–47; Hebreus 6
- [ ] 10 Jeremias 48–49; Hebreus 7
- [ ] 11 Jeremias 50; Hebreus 8
- [ ] 12 Jeremias 51–52; Hebreus 9
- [ ] 13 Lamentações 1–2; Hebreus 10:1-18
- [ ] 14 Lamentações 3–5; Hebreus 10:19-39
- [ ] 15 Ezequiel 1–2; Hebreus 11:1-19
- [ ] 16 Ezequiel 3–4; Hebreus 11:20-40
- [ ] 17 Ezequiel 5–7; Hebreus 12
- [ ] 18 Ezequiel 8–10; Hebreus 13
- [ ] 19 Ezequiel 11–13; Tiago 1
- [ ] 20 Ezequiel 14–15; Tiago 2
- [ ] 21 Ezequiel 16–17; Tiago 3
- [ ] 22 Ezequiel 18–19; Tiago 4
- [ ] 23 Ezequiel 20–21; Tiago 5
- [ ] 24 Ezequiel 22–23; 1 Pedro 1
- [ ] 25 Ezequiel 24–26; 1 Pedro 2
- [ ] 26 Ezequiel 27–29; 1 Pedro 3
- [ ] 27 Ezequiel 30–32; 1 Pedro 4
- [ ] 28 Ezequiel 33–34; 1 Pedro 5
- [ ] 29 Ezequiel 35–36; 2 Pedro 1
- [ ] 30 Ezequiel 37–39; 2 Pedro 2

## DEZEMBRO
- [ ] 1 Ezequiel 40–41; 2 Pedro 3
- [ ] 2 Ezequiel 42–44; 1 João 1
- [ ] 3 Ezequiel 45–46; 1 João 2
- [ ] 4 Ezequiel 47–48; 1 João 3
- [ ] 5 Daniel 1–2; 1 João 4
- [ ] 6 Daniel 3–4; 1 João 5
- [ ] 7 Daniel 5–7; 2 João
- [ ] 8 Daniel 8–10; 3 João
- [ ] 9 Daniel 11–12; Judas
- [ ] 10 Oseias 1–4; Apocalipse 1
- [ ] 11 Oseias 5–8; Apocalipse 2
- [ ] 12 Oseias 9–11; Apocalipse 3
- [ ] 13 Oseias 12–14; Apocalipse 4
- [ ] 14 Joel 1–3; Apocalipse 5
- [ ] 15 Amós 1–3; Apocalipse 6
- [ ] 16 Amós 4–6; Apocalipse 7
- [ ] 17 Amós 7–9; Apocalipse 8
- [ ] 18 Obadias 1; Apocalipse 9
- [ ] 19 Jonas 1–4; Apocalipse 10
- [ ] 20 Miqueias 1–3; Apocalipse 11
- [ ] 21 Miqueias 4–5; Apocalipse 12
- [ ] 22 Miqueias 6–7; Apocalipse 13
- [ ] 23 Naum 1–3; Apocalipse 14
- [ ] 24 Habacuque 1–3; Apocalipse 15
- [ ] 25 Sofonias 1–3; Apocalipse 16
- [ ] 26 Ageu 1–2; Apocalipse 17
- [ ] 27 Zacarias 1–4; Apocalipse 18
- [ ] 28 Zacarias 5–8; Apocalipse 19
- [ ] 29 Zacarias 9–12; Apocalipse 20
- [ ] 30 Zacarias 13–14; Apocalipse 21
- [ ] 31 Malaquias 1–4; Apocalipse 22

## 1.º de janeiro
### Olhe para os dois lados

Leitura:
Josué 1:1-9

*Moisés, meu servo, é morto; dispõe-te, agora, passa este Jordão, tu e todo este povo, à terra que eu dou aos filhos de Israel.*

—Josué 1:2

Durante o nosso culto anual de Ano Novo, com Santa Ceia, fazemos esta oração em conjunto: "Pai, entregamos este ano que passou a ti. Entregamos nossas falhas, remorsos e decepções, pois não podemos fazer mais nada com eles. Torne-nos pessoas novas, que esquecem o que está para trás e seguem em frente, em direção ao que está adiante. Entregamos a ti todas as nossas esperanças e sonhos para o futuro. Purifica-nos pelo Teu Espírito, a fim de que nossas vontades reflitam verdadeiramente a Tua vontade para nós. Ao nos encontrarmos na virada de mais um ano, oramos para que o Senhor nos encoraje por meio das lembranças do sucesso do passado, nos desafie pelo poder da Tua Palavra e nos guie pela presença do Teu Espírito Santo."

Em todas as transições, é bom olharmos em ambas as direções. Quando Josué assumiu a liderança de Israel, Deus disse a ele para considerar o passado e o futuro: "Moisés, meu servo, é morto; dispõe-te, agora, passa este Jordão, tu e todo este povo, à terra que eu dou aos filhos de Israel" (Josué 1:2). Ele prometeu: "como fui com Moisés, assim serei contigo [...] não temas, nem te espantes, porque o Senhor, teu Deus, é contigo por onde quer que andares" (vv.5,9).

Quando confiamos em Deus, podemos olhar para trás e à frente e então entrar com coragem em um novo ano que se inicia. —David McCasland

*As vitórias do passado
dão coragem para o futuro.*

## 2 de janeiro

## Natureza corrompida

Leitura:
Gálatas 5:16-26

*Porque eu sei que em mim, isto é, na minha carne, não habita bem nenhum, pois o querer o bem está em mim; não, porém, o efetuá-lo.* —Romanos 7:18

Tempos atrás, tínhamos em casa um animal selvagem domesticado chamado Pancho. Em certos momentos, ele vinha se aninhar no meu colo, como se fosse um anjo perfeito. No minuto seguinte, estava envolvido nas piores travessuras. Embora fosse um animal de estimação agradável e divertido, cada vez mais fomos percebendo que os seus atos destrutivos eram governados pelo instinto selvagem. Pancho sempre teria a natureza de um animal selvagem e nós tínhamos que vigiá-lo de perto, por mais que o domesticássemos.

Muitas vezes, quando observava o comportamento de Pancho, pensava na natureza pecaminosa que nós cristãos continuamos a ter, mesmo que o Espírito Santo habite em nós. Paulo se referiu a essa natureza como a "carne", na qual não habita nada de bom (Romanos 7:18). Ela pode ser reprimida, mas sempre está lá. Se não formos controlados diariamente pelo Senhor, o nosso velho "eu" irá demonstrar de alguma forma a sua capacidade destrutiva de buscar prazeres.

Mesmo sendo novas criaturas em Cristo (2 Coríntios 5:17) ainda temos a tendência de pecar. Mas não precisamos ser governados por ela, pois estamos unidos a Cristo e somos habitados pelo Espírito Santo. Ao obedecermos à Palavra de Deus e nos submetermos ao Espírito (Romanos 8:11) teremos vitória sobre a carne, a natureza selvagem que está dentro de nós. —Mart DeHaan

*O cristão consegue vitória ao deixar a velha natureza passar fome e alimentar a nova natureza.*

## 3 de janeiro

### Você vai contar?

Leitura:
Provérbios 24:10-12

*...e todo o que vive e crê em mim
não morrerá, eternamente...*
—João 11:26

João, um amigo meu, já foi viciado em drogas. Ele quase morreu muitas vezes. Estava acabado quando foi internado num programa cristão de reabilitação que meu esposo e eu desenvolvemos. No final do internamento, João tornou-se cristão.

Certo dia, enquanto ele caminhava ao longo de uma rua muito movimentada, começou a ver as pessoas como Deus as vê: como pessoas que estão morrendo. Ele havia aprendido na Palavra de Deus que aqueles que morrem sem Cristo vão passar a eternidade separados dele. Com profunda preocupação, João pensou: "estas pessoas não precisam morrer sem Cristo!"

Todos nós precisamos ver as pessoas como Deus as vê. Mas essa verdade também traz em si uma responsabilidade. Salomão rogou: "Livra os que estão sendo levados para a morte e salva os que cambaleiam indo para serem mortos" (Provérbios 24:11). Ele também advertiu que, uma vez que nossos olhos foram abertos, não podemos fazer de conta que não sabemos o que fazer. Deus, que olha os nossos corações e preserva as nossas almas, tem conhecimento do que sabemos e nos torna responsáveis pelos nossos atos (v.12).

Pense em pessoas que você conhece e que vivem sem Cristo. Elas não precisam morrer sem Ele! Jesus disse: "...e todo o que vive e crê em mim não morrerá, eternamente..." (João 11:26). Você vai lhes contar estas boas-novas? —*Joanie Yoder*

*Precisa-se de mensageiros para transmitir as boas-novas.*

## 4 de janeiro

## Águas profundas

Leitura:
Salmo 69:13-18

*Não me arraste a corrente das águas, nem me trague a voragem, nem se feche sobre mim a boca do poço.* —Salmo 69:15

As fábricas de veículos esportivos gostam de mostrar os seus produtos em situações extremas. No alto de grandes montanhas, onde aparentemente nenhuma camioneta poderia subir, ou em um atoleiro tão intransponível que você precisaria de um helicóptero para atravessar. Eles querem que pensemos que seus veículos são invencíveis.

Por isso, achei até engraçado o aviso, em letras miúdas, que estava em uma propaganda recente de um automóvel esportivo. A foto mostrava o carro atravessando um rio ameaçador, com a água na altura dos faróis. O aviso dizia: "Atravessar águas profundas pode causar danos que anulam a garantia do veículo."

Águas profundas são um problema, não somente para carros, mas também para nós. Ao percorrermos as estradas da vida, nos encontramos muitas vezes rodeados por oceanos de sofrimento ou pelo quebrar das ondas de relacionamentos rompidos. Precisamos de ajuda.

Os escritores dos Salmos nos falam dessa necessidade de sermos ajudados. Eles disseram que "O Senhor é também alto refúgio para o oprimido, refúgio nas horas de tribulação" (9:9), "…me acolherá; elevar-me-á sobre uma rocha" (27:5). Aqui não tem aviso. Atravessar águas profundas não vai afetar a nossa garantia espiritual. Deus sempre estará conosco para garantir a Sua ajuda.

Você está em águas profundas? Estenda o braço e agarre a mão misericordiosa de Deus. —*Dave Branon*

*Quando os problemas são difíceis, deixe que Deus assuma o controle.*

## 5 de janeiro

## Basta!

Leitura:
Tiago 1:9-11; 5:1-6

*...assim também se murchará o rico em seus caminhos.*
—Tiago 1:11

Depois de se formar na universidade, Luís passou duas décadas nas garras do amor pelo dinheiro e pelo progresso pessoal. Ele se mudou com a família cinco vezes por causa da carreira — para poder ganhar mais dinheiro. E, a cada vez, deixavam para trás a comunhão calorosa da igreja que frequentavam.

Após certo tempo, Luís e sua família, raras vezes tinham tempo para ir à casa de Deus. As pessoas da igreja se tornaram estranhas para eles, e o Senhor também tornou-se um estranho. Luís ficou desesperadamente solitário e isolado. Cada vez mais descontente com a sua vida, até chegar o dia em que ele disse "Basta!". Hoje, Luís testemunha que Deus lhe ensinou o significado da palavra reestruturação. Aquele homem parou de correr atrás do dinheiro. Começou então a gastar menos tempo no trabalho, a diminuir suas aquisições de bens materiais e aprendeu a contentar-se com o que tinha. A família voltou a ser fiel ao Senhor e a participar ativamente numa igreja.

Em sua breve e prática carta, Tiago nos adverte a não nos tornarmos obcecados em acumular riquezas (1:9-11; 5:1-6). Quer sejamos ricos ou pobres, o desejo pelo dinheiro pode sutilmente passar a controlar as nossas vidas. Alguns cristãos caíram nessa armadilha sem perceber, e estão murchando (1:11).

Você também precisa seguir o exemplo de Luís? Ainda há tempo de dizer "Basta!". — *Dave Egner*

*Quem está satisfeito com Cristo
é verdadeiramente rico.*

## 6 de janeiro

## Bênçãos imerecidas

Leitura:
Habacuque 3:17-19

*...que nos tem abençoado (Jesus) com toda sorte de bênção espiritual nas regiões celestiais em Cristo.* —Efésios 1:3

O grande tenista Arthur Ashe morreu de AIDS, doença que contraiu por meio de uma transfusão de sangue, durante uma cirurgia do coração. Mais do que um grande atleta, Arthur Ashe foi um cavalheiro que inspirou e encorajou muitos com o seu comportamento exemplar, dentro e fora das quadras.

Ele podia ter se tornado uma pessoa amargurada e cheia de autocomiseração diante da sua doença, mas manteve uma atitude de gratidão. Ele explicou: "Se perguntasse 'por que eu?', em relação aos meus problemas, teria que perguntar 'por que eu?' em relação às bênçãos que recebi. Por que o prêmio de Wimbledon? Por que me casei com uma mulher bonita e inteligente, e tenho um filho maravilhoso?"

A atitude de Ashe repercute em nós que, muitas vezes, resmungamos "Por que eu? Por que Deus está permitindo que isto aconteça?". Mesmo que estejamos sofrendo intensamente, não devemos esquecer das misericórdias que Deus derrama em nossas vidas: coisas como alimento, moradia e amigos; bênçãos que muitos não podem ter.

E o que dizer das bênçãos espirituais? Podemos segurar a Bíblia em nossas mãos e ler a Palavra de Deus. Temos o conhecimento da Sua graça salvadora, o consolo do Espírito Santo e a alegre certeza da vida eterna com Jesus.

Pense nas bênçãos de Deus e pergunte: "Por que eu?". As suas queixas darão lugar ao louvor. —*Vernon Grounds*

*Com os fardos indesejados
vêm as bênçãos imerecidas.*

## 7 de janeiro

### Em débito

Leitura:
Romanos 1:8-17

*Pois sou devedor tanto a gregos como a bárbaros, tanto a sábios como a ignorantes.* —Romanos 1:14

Uma mulher, ao fazer compras no supermercado, não fez o cálculo certo de quanto gastaria. Ao passar pelo caixa, faltaram doze reais. Então aconteceu algo incomum. Um homem, que estava na fila, viu como ela procurava dinheiro na bolsa e disse ao caixa que colocasse a quantia em sua conta. Muito modesto, ele não quis deixar seu nome.

Alguns dias mais tarde, o jornal local anunciava que uma organização filantrópica havia recebido um cheque de doze reais, com uma nota que dizia: "Este cheque é para o homem que me ajudou em uma situação difícil. Tive a ideia de dar esta quantia para vocês como um sinal de gratidão a ele."

Este incidente ilustra um princípio espiritual vital. Deveríamos sentir uma obrigação de passar adiante, para os outros, a bondade que recebemos. Foi assim que o apóstolo Paulo respondeu à misericórdia de Deus. É claro, ele nunca poderia pagar ao Senhor pela salvação que recebera. Mas isto não o impediu de demonstrar abertamente sua gratidão. Por causa das bênçãos que havia recebido, ele demonstrou o mais alto grau de gratidão, que foi compartilhar o evangelho com os outros.

Não vamos pensar que, pelo fato de não podermos pagar a Deus pela salvação que recebemos, nada devemos a Ele. Somos devedores, por tudo o que recebemos. O mínimo que podemos fazer é mostrar nosso apreço, falando dele a outros. —*Mart DeHaan*

*Jesus deu o Seu tudo por nós.
Daremos o nosso tudo por Ele?*

## 8 de janeiro
## O que vale a pena?

Leitura:
Gênesis 25:27-34

*...como foi Esaú, o qual, por um repasto, vendeu o seu direito de primogenitura.* —Hebreus 12:16

Conta-se a história de um homem que gostava de livros antigos. Ele encontrou-se com um conhecido que acabara de jogar fora uma Bíblia, que ficara guardada no sótão da sua casa por gerações. O amigo explicou: "Não consegui ler. Um tal de Gutem . . . (não sei quem) havia impresso aquele livro". Horrorizado, o colecionador de livros completou: "Gutemberg! Essa Bíblia foi um dos primeiros livros a ser impresso. Uma cópia dela acaba de ser vendida por mais de dois milhões de dólares!"

O amigo não ficou impressionado, e disse: "A minha não valeria sequer um dólar. Um tal de Martinho Lutero havia rabiscado em alemão por todo o livro."

Esta história fictícia mostra como uma pessoa pode tratar como desprezível algo que tem muito valor. Foi o que aconteceu com Esaú. Embora fosse um homem decente, ele foi profano porque vendeu o seu direito espiritual de progenitura "por um repasto" (Hebreus 12:16). Somente quando já era tarde demais para desfazer o seu infeliz negócio, ele compreendeu que havia sacrificado o que é permanente no altar do imediatismo.

É bom tomarmos cuidado com os "negócios" que fazemos na vida. A nossa cultura põe um preço alto no que é desprezível e joga fora como inútil o que tem valor eterno.

Peça ao Senhor que a ajude a discernir o que vale a pena e o que deve ser descartado. —Haddon Robinson

*Por que pagar um preço alto pelas barganhas deste mundo se a vida eterna é gratuita?*

## 9 de janeiro

## Jugo suave

Leitura:
Mateus 11:25-30

*...Tomai sobre vós o meu jugo e aprendei de mim.*
—Mateus 11:29

Uma professora de Escola Dominical leu o evangelho de Mateus 11:30 para os alunos e afirmou: "Jesus disse que Seu jugo é suave. Quem pode me dizer o que é um jugo?" Um menino levantou a mão e respondeu: "Um jugo é algo que eles colocam no pescoço dos animais, para que eles possam ajudar um ao outro."

Em seguida, a professora perguntou: "O que é o jugo que Jesus coloca em nós?" Uma menina tímida ergueu a mão e disse: "É o braço que Deus coloca ao nosso redor."

Quando Jesus veio, ofereceu um jugo suave e mais leve, se comparado com o jugo dos líderes religiosos (Mateus 11:30). Eles haviam colocado fardos pesados de leis sobre o povo (Mateus 23:4; Atos 15:10), que ninguém conseguiria guardar.

Deus sabia que nunca seríamos capazes de viver segundo os Seus padrões (Romanos 3:23). Por isso, enviou Seu Filho Jesus para este mundo. Ele obedeceu aos mandamentos de Seu Pai de forma perfeita, e carregou sobre si o castigo da morte pelos nossos pecados. Quando nos humilhamos e reconhecemos a nossa necessidade de perdão, Jesus se coloca ao nosso lado. Ele põe o seu jugo sobre nós, nos livrando da culpa e nos dando o poder para viver de modo que agrade a Deus.

Você precisa da ajuda de Jesus? Ele diz "Vinde a mim [...]. Tomai sobre vós o meu jugo e aprendei de mim..." (Mateus 11:28,29). Ele anseia em colocar o Seu braço ao nosso redor. —*Anne Cetas*

*O jugo suave de Jesus só é colocado sobre nós quando atendemos o Seu chamado.*

## 10 de janeiro
## Orações de pânico

Leitura:
Salmo 37:1-8

*Entrega o teu caminho ao* SENHOR, *confia nele, e o mais ele fará.* —SALMO 37:5

No livro *Beyond Ourselves* (Além de nós mesmos), Catherine Marshall conta como aprendeu a entregar toda a sua vida a Deus por meio de uma "oração de renúncia". Quando encontrava situações em que sentia medo, muitas vezes ela entrava em pânico. Mas, quando entregava a situação ameaçadora a Deus, para que Ele fizesse conforme a Sua vontade, o medo desaparecia e a paz voltava. Daí em diante, Deus começava a transformar a situação.

Davi falou sobre entregar e confiar: "Entrega o teu caminho ao SENHOR, confia nele..." (Salmo 37:5). Os cristãos que entregam os seus caminhos ao Senhor são aqueles que seguem a Cristo e o servem sinceramente. É importante admoestar as pessoas a entregarem-se mais a Cristo, alertá-las a ter um compromisso maior com Ele. Mas entregar-se e confiar em Deus implica na rendição de todas as áreas das nossas vidas ao Seu sábio controle, especialmente quando o medo e o pânico se apoderam de nós. Qual o resultado prometido para essa entrega e confiança, feitas de todo o coração? Com certeza, Deus fará o que é melhor para nós!

Em vez de tentar apagar os seus temores com orações de pânico, entregue-se a Deus por meio de uma oração de renúncia, e veja o que Ele fará. —*Joanie Yoder*

*A oração faz a ponte entre o pânico e a paz.*

## 11 de janeiro
## Qual é o sentido?

Leitura:
Eclesiastes 1:1-11; 12:13,14

*...Teme a Deus e guarda os seus mandamentos; porque isto é o dever de todo homem.* —Eclesiastes 12:13

Qual o sentido disso? Esta pergunta veio à mente quando observava o cachorro de meu neto ir buscar várias vezes, sem parar, uma bolinha que eu atirava. Qual o sentido de tudo isso? Essa foi a pergunta que o escritor de Eclesiastes se fez quando refletiu sobre o ciclo monótono que observou na natureza e na vida: as mesmas coisas acontecendo ano após ano, geração após geração.

Para quê?! Foi o que um homem de negócios aposentado estava se perguntando, quando me contou que preferia morrer logo em vez de continuar vivendo. Ele tinha visto e feito tudo o que quisera na vida e chegara a um ponto em que a vida lhe trazia mais dor do que prazer.

Qual é o sentido? Aqui está ele. Alguns anos antes de morrer, um amigo me disse: "A vida é uma experiência maravilhosa. É grandioso ver como Deus permite que a natureza siga o seu curso normal. É maravilhoso saber que estamos aqui para amar a Deus acima de qualquer coisa e amar o nosso próximo como a nós mesmos. É confortante crer que todos os nossos pecados estão perdoados por causa do que Cristo fez na cruz. E é emocionante pensar na eternidade que Deus tem para nós. Com certeza é grandioso estar vivo."

A vida pode ser deprimente quando Deus é deixado de lado, mas é emocionante quando Ele está no centro dela! —*Herb Vander Lugt*

*Quando Cristo está no centro, todas as outras coisas se tornam claras.*

## 12 de janeiro
## Tantas emoções

Leitura:
Oseias 11

*Meu coração está comovido dentro de mim, as minhas compaixões, à uma, se acendem.* —Oseias 11:8

A frase do parachoque de um veículo chamou a minha atenção: "São tantas emoções." Enquanto pensava nessas palavras, observei os painéis de propaganda ao longo da estrada. Eles propunham escolher o que me "afastaria" de emoções desagradáveis: bebida alcoólica para amortecer a dor emocional, comida com muitas calorias para aliviar os sentimentos de vazio, carros luxuosos e outros itens caros para diminuir os sentimentos de inferioridade.

Muitas tentações, que nos seduzem e nos afastam de Deus, parecem prometer aliviar a dor emocional que todos nós sentimos por causa das consequências do pecado; do nosso próprio pecado ou do pecado de outros.

Deus nos deu um exemplo diferente. Em vez de se tornar insensível à dor que o nosso pecado causa, preferiu sofrer as consequências dele. Por meio do profeta Oseias, Deus expressou a dor dilacerante de perder um filho rebelde. Ele disse com ternura: "Atraí-os com cordas humanas, com laços de amor [...] e me inclinei para dar-lhes de comer" (11:4). Mesmo assim, eles rejeitaram o seu Pai celestial. Relutante, Deus deixou que o povo enfrentasse as consequências.

Quando decidimos encarar e sentir todos os aspectos das nossas emoções, boas e más, chegamos a uma melhor compreensão de Deus que nos criou segundo a Sua imagem: a imagem de um Deus que se emociona. —*Julie Ackerman Link*

*Não é errado sentir que as coisas vão mal neste mundo. Deus também tem esse tipo de sentimento.*

## 13 de janeiro
## Cerâmica Raku

Leitura:
Tiago 1:2-4

*…regozijai-vos na esperança, sede pacientes na tribulação, na oração, perseverantes.* —Romanos 12:12

Alguns amigos nos deram uma peça de cerâmica Raku. A etiqueta explicava: "Cada pote é feito à mão, um processo que permite que o espírito do artista fale por meio da obra pronta, com precisão e intimidade."

Uma vez que o barro foi formado pelo oleiro, em seguida, é queimado em um forno. Então, ainda com um brilho vermelho, é colocado num lugar preparado para a reação química e física que ocorrerá, onde permanecerá até estar pronto. O resultado é um produto sem igual, único, como insiste a propaganda na etiqueta da peça.

Assim acontece conosco. Trazemos em nós a impressão da mão do Oleiro. Ele também falou por meio de Sua obra "com precisão e intimidade". Cada um de nós é formado de maneira diferente e para um trabalho sem igual: "Pois somos feitura dele, criados em Cristo Jesus para boas obras, as quais Deus de antemão preparou para que andássemos nelas" (Efésios 2:10).

Mas, embora criados para as boas obras, ainda não estamos prontos. Precisamos experimentar o forno da aflição. Corações dilacerados, espíritos fracos, corpos que envelhecem: Deus os usa para terminar a obra que começou em nós.

Não tenha receio do forno que o rodeia. "Sejam pacientes na tribulação" e esperem o produto final. "Ora, a perseverança deve ter ação completa, para que sejais perfeitos e íntegros, em nada deficientes" (Tiago 1:4). —*David Roper*

*…aquele que começou boa obra em vós há de completá-la até ao Dia de Cristo.* —Filipenses 1:6

## 14 de janeiro

## Pedras na boca

Leitura:
Provérbios 18:1-8

*A boca do insensato é a sua própria destruição, e os seus lábios, um laço para a sua alma.* —Provérbios 18:7

Todos nós nos encolheríamos ao pensar em uma boca cheia de cascalho. Mas uma pedra na boca até pode ser algo desejável. Pelo menos isso parece ser verdade para os grous; aves pernaltas que vivem nas montanhas do sul da Turquia.

Essas aves tendem a cacarejar muito, especialmente quando estão voando. Todo esse ruído chama a atenção das águias, que os atacam em pleno voo em busca de alimento. Os grous mais experientes evitam a ameaça carregando pedras que sejam suficientemente grandes para encher a boca. Isto permite que eles não cacarejem e não se tornem alimento para as águias.

As pessoas também têm problemas com a boca. O escritor do livro de Provérbios disse: "O que guarda a boca conserva a sua alma, mas o que muito abre os lábios a si mesmo se arruína" (13:3). "Os lábios do insensato entram na contenda, e por açoites brada a sua boca" (18:6). Quantos problemas poderíamos evitar se aprendêssemos a controlar as nossas línguas! Quanto sofrimento que causamos a outros poderia ter sido evitado se vigiássemos a nossa fala!

Você tem problemas com a sua língua? Tente isto: Peça ajuda ao Senhor. Pense antes de falar. Fale pouco. Esta fórmula pode ser tão efetiva quanto uma pedra na boca. —Richard DeHaan

*Tenha cuidado com o que você diz ou poderá dizer qualquer coisa que vier à mente.*

## 15 de janeiro
## *Estômagos sociais*

Leitura:
Ezequiel 2:1–3:4

*Bem-aventurados os irrepreensíveis no seu caminho, que andam na lei do Senhor.* —Salmo 119:1

Para sobreviver em tempos difíceis, há colônias de abelhas da terra que dependem de certos membros do grupo, conhecidos como "potes de mel". Elas coletam tanto néctar que ficam inchadas, parecidas com balões, e com dificuldades para se mover. Quando a comida e a água se tornam escassas, essas abelhas agem como "estômagos sociais" e sustentam toda a colmeia, distribuindo o que estocaram em seus próprios corpos.

De forma semelhante, o mensageiro de Deus deve encher o seu coração e mente com as verdades das Escrituras. Somente quando é fiel em aplicar a Palavra de Deus à sua própria vida ele pode transmitir o encorajamento e a exortação nutritiva aos outros honestamente.

O Senhor falou ao profeta Ezequiel para comer o rolo de um livro que continha uma mensagem cheia de "lamentações, suspiros e ais" (Ezequiel 2:10). Por ser submisso ao Senhor e aplicar as lições primeiramente ao seu próprio coração, Ezequiel podia apresentar ousadamente a mensagem transformadora de vida a todos que quisessem escutar.

Como cristãs, nós também precisamos desenvolver um "estômago social", digerindo as verdades bíblicas e permitindo que o Espírito de Deus as incorpore em nossas vidas. E, plenas com a Palavra de Deus, podemos falar de forma efetiva a outros que têm necessidade de alimento espiritual. —*Joanie Yoder*

*Declarou-lhes, pois, Jesus: Eu sou o pão da vida; o que vem a mim jamais terá fome...* —João 6:35

## 16 de janeiro
## Assustado por um cachorro

Leitura:
Salmo 91:1-11

*...não temas, porque eu sou contigo; não te assombres, porque eu sou o teu Deus...* —Isaías 41:10

Certa manhã de domingo, um dos meus filhos, ainda pequeno, caminhava comigo em direção à igreja. Logo, os primeiros sinais e sons de um novo dia o convidaram a caminhar em minha frente. Repentinamente, o seu passo descontraído parou. No caminho havia um cachorro da raça boxer olhando para ele. Parando abruptamente, meu filho voltou e correu para o meu lado. Somente depois que a mão dele estava segura na minha e de saber que eu estava bem ao seu lado, ele conseguiu passar pelo cachorro sem preocupação.

Que quadro maravilhoso da nossa peregrinação por este mundo! De tempos em tempos os obstáculos ferozes de doença, problemas financeiros ou conflitos pessoais aparecem diante de nós, trazendo medo ao nosso coração. Em princípio, ficamos desnorteados e a vida parece ter chegado a uma rua sem saída. Mas então, pela fé, nos movemos em direção ao Salvador, compreendendo que não ousamos seguir adiante sem a certeza da Sua presença. Ao confiarmos completamente nele, o Senhor nos ajuda a enfrentar o futuro, caminhando conosco em cada passo que damos.

Se a ansiedade e o medo estão à sua espreita no início de cada manhã, lembre-se da promessa maravilhosa de Isaías 41:10: "...não temas, porque eu sou contigo; não te assombres, porque eu sou o teu Deus; eu te fortaleço, e te ajudo, e te sustento com a minha destra fiel".

—Dennis DeHaan

*Se você não consegue encontrar uma saída, olhe para cima.*

## 17 de janeiro
## O que Deus pode fazer

Leitura:
2 Coríntios 1:3-11

*...o qual nos livrou e livrará de tão grande morte; em quem temos esperado que ainda continuará a livrar-nos.* —2 Coríntios 1:10

Eles eram chamados de "os meninos perdidos" do Sudão. Milhares deles fugiram da guerra civil naquele país e buscaram refúgio do caos e da morte. Muitos deles tinham ouvido o evangelho nas igrejas fundadas por missionários, mas conheciam muito pouco sobre o mundo além das suas vilas.

Um artigo na revista *National Geographic* mostrou o perfil de um desses "meninos perdidos", que agora mora nos Estados Unidos. Ele disse à congregação de uma igreja que está grato pela vida confortável que encontrou nos EUA, mas também agradece pela fé que aprendeu a ter por meio das dificuldades. Ele disse: "Os americanos creem em Deus, mas não sabem o que Deus pode fazer."

No auge das provações, passamos da teoria à prática e experimentamos o poder de Deus. Quando parece não haver mais esperança, podemos compartilhar, como Paulo, o sentimento de sofrer tribulações "...acima das nossas forças, a ponto de desesperarmos até da própria vida" (2 Coríntios 1:8). Mas também podemos aprender, como Paulo também o fez, a não confiar "...em nós, e sim no Deus que ressuscita os mortos" (v.9) em tempos de escuridão.

Se Deus permitiu que você esteja hoje numa situação desesperadora, por que não reconsiderar tudo o que o Todo-poderoso já fez e pode ainda fazer? Ao confiar em Deus em meio aos sofrimentos, aprendemos o que Ele pode fazer em nossas vidas. —David McCasland

*Deus é o único aliado com quem sempre podemos contar.*

## 18 de janeiro
## Linha esticada

Leitura:
Mateus 4:18-20

*...estando sempre preparados para responder a todo aquele que vos pedir razão da esperança que há em vós.*
—1 Pedro 3:15

Os pescadores, às vezes, desejam um ao outro "que a sua linha esteja sempre esticada", ou seja, que sempre haja um peixe na linha (anzol).

Todavia, à medida que os anos estão passando, preciso confessar que uma linha esticada agora já não é tão importante para mim. Tenho tanto prazer em estar na pescaria quanto no ato de fisgar um peixe.

Assim, quando estou pescando, tenho mais tempo para caminhar ao longo do rio, desfrutar do silêncio e procurar lugares onde os peixes possam estar escondidos. Quando me preocupo demais em apanhar alguma coisa, perco muitos peixes e também o prazer do dia.

Jesus nos conclama a sermos pescadores de homens (Mateus 4:19). Minha obrigação é ir onde os peixes estão, caminhar entre eles, estudar seu habitat e conhecer como eles são. Então, jogo uma linha e vejo se consigo trazer algum deles para a superfície. Este método simples, além de ser mais prazeroso, traz melhores resultados.

Quero pescar pessoas, procuro oportunidades de falar uma palavra a respeito de Jesus, jogo a linha aqui e ali, mas deixo os resultados com Deus. É mais tranquilo para mim e para os peixes — pessoas que poderiam se distanciar devido a uma atitude indelicada.

Por isso, digo aos meus companheiros pescadores: "Que a sua linha esteja sempre na água." Ou, como disse um outro pescador: "Estejam sempre preparados..." (1 Pedro 3:15 NVI). —*David Roper*

*Quando for pescar almas,
jogue as redes com fé e recolha-as com amor.*

## 19 de janeiro
## Companheiros

Leitura:
Salmo 119:57-64

*Sou amigo de todos os que te temem e obedecem aos teus preceitos.* —Salmo 119:63

Dois homens eram vizinhos. Um havia entregado o seu coração a Cristo e, o outro, não. O cristão testemunhava constantemente; o outro o ignorava.

Certo dia, o cristão atendeu a porta de casa e, diante dele, estava seu vizinho com um largo sorriso. "Finalmente fiz o que você sempre me dizia. Hoje de manhã, abri o meu coração para Jesus!" Os dois se abraçaram e choraram. Com o passar dos anos eles se apoiaram mutuamente, oraram um pelo outro e se tornaram grandes amigos. Serviram juntos em um frutífero ministério entre os encarcerados, por 25 anos.

A comunhão é uma parte essencial do que significa ser cristão. O salmista confirmou corajosamente a sua identificação com aqueles que reverenciam a Deus e aos Seus mandamentos: "Sou amigo de todos os que temem e obedecem aos teus preceitos" (Salmo 119:63). A Bíblia nos mostra inúmeros exemplos de companheirismo: Davi e Jônatas, Paulo e Silas, Marcos e Barnabé. Jesus tinha os Seus discípulos. As igrejas, no livro de Atos, eram constituídas de pessoas que permaneciam juntas mesmo em circunstâncias hostis e difíceis.

A igreja é uma comunidade, às vezes, terapêutica. O nosso círculo de amigos cristãos nos ajuda de muitas formas ao andarmos juntos no caminho que Deus determinou para cada um de nós. Eles nos oferecem justamente o tipo de companheirismo que precisamos. —*Dave Egner*

*A comunhão cristã promove o crescimento espiritual.*

## 20 de janeiro

## Se...

Leitura:
João 13:1-17

*Ora, se sabeis estas coisas, bem-aventurados sois se as praticardes.* —João 13:17

Há algum tempo, o governo dos EUA avaliava a possibilidade de colocar em vigor um regulamento que obrigasse os fabricantes de produtos alimentícios a informar a quantidade de gordura saturada nas etiquetas da maioria dos produtos alimentícios vendidos nas lojas.

As gorduras saturadas têm uma ligação estreita com doenças cardíacas, colesterol alto e obesidade, e seu consumo deveria ser limitado ou até evitado pela maioria das pessoas. Se naquele país fosse reduzido o consumo dessas gorduras, estima-se que haveria uma economia de quase dois bilhões de dólares em despesas médicas.

Se é a palavra-chave. A nova informação nas etiquetas beneficiaria somente aqueles que realmente mudassem os seus hábitos alimentares. O que conta não é o que sabemos, mas o que fazemos.

Depois que Jesus lavou os pés dos discípulos e lhes disse para seguirem o Seu exemplo de servir um ao outro, Ele lhes ensinou: "Em verdade, em verdade vos digo que o servo não é maior do que seu senhor, nem o enviado, maior do que aquele que o enviou. Ora, se sabeis estas coisas, bem-aventurados sois se as praticardes" (João 13:16,17).

Aprendemos na Bíblia o que Deus quer que façamos. A obediência move esse conhecimento das nossas mentes para as nossas mãos a fim de que sirvamos aos outros. E não somente isso. Somos abençoados quando obedecemos ao que a Palavra de Deus nos manda fazer, mas tudo depende de uma pequenina palavra: se. —*David McCasland*

*O caminho da obediência
é o caminho da bênção.*

## 21 de janeiro

## Testemunhos

Leitura:
Romanos 10:1-13

*Por meio de Jesus, pois, ofereçamos a Deus, sempre, sacrifício de louvor, que é o fruto de lábios que confessam o seu nome.*
—Hebreus 13:15

Márcio Trotter era um barbeiro alcoólatra cuja salvação não somente transformou a sua vida mas também alcançou milhares de outras. Ele foi salvo em 1897 e, não muito tempo depois, foi nomeado diretor de uma Missão.

Trinta e cinco anos mais tarde, numa reunião missionária, Trotter estava dirigindo o momento de testemunho, e pediu que as pessoas da multidão testemunhassem como haviam sido salvas por Jesus. Naquela noite, um menino de 14 anos se levantou e disse simplesmente: "Estou contente porque Jesus me salvou. Amém." Trotter comentou: "Este é o testemunho mais bonito que já ouvi." Encorajado pelas palavras de um líder tão importante, aquele adolescente, Rafael, prosseguiu em sua caminhada com Cristo e se tornou um líder cristão.

O jovem Rafael foi encorajado a testemunhar; e assim o fez. Foram poucas palavras, seguidas por um comentário encorajador. O seu testemunho naquele momento e o apoio recebido o conduziram a uma vida de serviço consagrado a Deus.

Busquemos as oportunidades para oferecer a Deus sacrifícios de louvor, que o fruto de nossos lábios seja dizer aos outros que Jesus é o Senhor que nos salvou. Conte a sua própria história e peça aos demais que compartilhem as deles, como um "sacrifício de louvor" (Hebreus 13:15). Não importa se somos crianças, adolescentes ou adultos. Nós, os que pertencemos a Jesus Cristo, precisamos nos levantar e dar testemunho. —*Dave Branon*

*Quanto mais você amar Jesus, mais vai querer falar dele.*

## 22 de janeiro
## Contra a correnteza

Leitura:
1 Pedro 4:1-5

*E não vos conformeis com este século, mas transformai-vos pela renovação da vossa mente...* —Romanos 12:2

Dois estudantes pintaram um mural em uma parede na universidade que frequentavam. No desenho havia um cardume de peixes, todos nadando na mesma direção, com a exceção de um único peixe, que ia em direção contrária.

Aquele peixe solitário representava o símbolo do cristianismo desde séculos. Junto dele estavam as palavras "Siga contra a correnteza." Os dirigentes da universidade argumentaram que o mural poderia ofender pessoas não cristãs, e mandaram que os estudantes apagassem aquela cena.

Em obediência ao nosso Mestre, devemos estar dispostos a nadar contra a correnteza da sociedade. Ao seguirmos a Cristo, nossos motivos, valores e hábitos certamente serão diferentes daqueles que não são cristãos. Assim era a forma de vida no primeiro século, e os pagãos ficavam perplexos pelo estilo de vida dos cristãos. Pedro escreveu: "Por isso, difamando-vos, estranham que não concorrais com eles ao mesmo excesso de devassidão" (1 Pedro 4:4).

Não dançando conforme a música, é claro que estaremos fora do compasso para certos aspectos da sociedade. Isso requer convicção, coragem e cortesia. Mas, pela Sua graça, Deus nos capacitará a sermos diferentes, eficientemente diferentes. —*Vernon Grounds.*

*Caminhando com o Senhor, estaremos fora de ritmo com o mundo.*

## 23 de janeiro
## Ansiosos pelo céu

Leitura:
Filipenses 1:19-26

*…A praça da cidade é de ouro puro, como vidro transparente.*
—Apocalipse 21:21

Minha vizinha Jéssica, de 9 anos, estava sentada ao meu lado na varanda, em frente à minha casa. De repente, ela começou a falar das suas más escolhas e de como precisava do perdão de Deus. Conversamos e oramos juntas, e ela pediu que Jesus se tornasse o seu Salvador.

As perguntas a respeito do céu começaram a fluir do seu coração: "Será que as ruas são realmente de ouro? Minha mãe também estará lá? E se ela não estiver? Vou ter uma cama lá ou vou dormir numa nuvem? O que vou comer?" Assegurei-lhe que o céu será um lar perfeito e que ela estará com Jesus, que lhe concederá tudo que necessitar. Sua resposta foi cheia de entusiasmo: "Bem, então vamos para lá agora mesmo!"

O apóstolo Paulo também tinha uma perspectiva celestial (Filipenses 1:23). Ele testemunhou: "Porquanto, para mim, o viver é Cristo, e o morrer é lucro" (v.21). Ele sabia que esta vida consiste em conhecer, confiar e servir a Deus. Mas também sabia que a vida no céu seria "incomparavelmente melhor", porque ele estaria "com Cristo" (v.23). Paulo queria permanecer aqui para poder ministrar aos filipenses e aos outros, mas estava preparado para ir ao céu a qualquer momento, para ver Jesus.

Jéssica está pronta para ir agora. Estamos tão ansiosos pelo céu quanto ela? —*Anne Cetas*

*Quem tem o coração arraigado ao céu se desprende das coisas deste mundo.*

## 24 de janeiro

## Bondade e graça

Leitura:
Jó 29

*Eu te conhecia só de ouvir, mas agora os meus olhos te veem. Por isso, me abomino e me arrependo no pó e na cinza.* —Jó 42:5,6

Um adolescente cujo pai lhe maltratava me disse: "Quero ser um homem bom, como o meu professor da Escola Dominical, e como você, não como meu pai."

Eu conhecia o professor da Escola Dominical e só pude concordar que era um "homem bom". Fiquei agradecido porque também fora visto como "bom". Quero mesmo ser reverente, amável, perdoador e ter um estilo de vida puro e obediente a Deus. Também sei, entretanto, quão pecaminoso é o meu coração e como dependo da bondade e da graça de Deus.

O Senhor disse que Jó era um "...homem íntegro e reto, temente a Deus e que se desvia(desviava) do mal..." (Jó 1:8). Contudo, depois de todas as suas provações, Jó declarou: "...me abomino e me arrependo no pó e na cinza..." (42:6). Mesmo depois de refletir em sua própria bondade (29:1-25), ele sabia qual era a condição do seu coração.

Da perspectiva humana, muitas pessoas podem ser descritas como "boas". Mas Deus vê a desobediência, o egoísmo e o ódio que se escondem no fundo dos corações. Ele também sabe que temos pontos de cegueira espiritual. Quando o Senhor abre os nossos olhos para nos vermos como Ele nos vê, compreendemos porque um "homem íntegro e reto" como Jó disse que menosprezava a si mesmo.

Senhor, ajuda-nos a sermos bons, e nunca perdermos de vista o quão pecaminosos e indignos somos. Obrigado pelo perdão que nos é oferecido em Cristo. —*Vernon Grounds*

*Até mesmo as melhores pessoas nada têm do que vangloriar-se.*

## 25 de janeiro
## O prazer de Deus

Leitura:
1 Timóteo 1:12-17

*Vendo ele as multidões, compadeceu-se delas, porque estavam aflitas e exaustas como ovelhas que não têm pastor.* —Mateus 9:36

Um pregador falou do evangelismo como uma comunhão de pecadores reconciliados e perdoados que não apenas pregam, mas vivenciam a sua fé na prática. Oferecem aos outros a mesma reconciliação e perdão que receberam de Deus.

O apóstolo Paulo expressou a mesma convicção: "…Cristo Jesus veio ao mundo para salvar os pecadores, dos quais eu sou o principal" (1 Timóteo 1:15). Antes um blasfemador e perseguidor dos cristãos, Paulo acreditava que a misericórdia de Deus tinha sido demonstrada a ele, o pior dos pecadores, para ser um exemplo a outros pecadores que mais tarde viriam a crer em Cristo (v.16).

Sempre que testemunhamos que Deus nos perdoou e nos deu a vida eterna por meio da fé em Seu Filho Jesus Cristo, estamos declarando que Ele é o Deus que salva. Todavia, quando observamos estilos de vida destrutivos nas pessoas, é fácil descartá-las. Mas deveríamos olhar para elas como Cristo as vê. "Vendo ele as multidões, compadeceu-se delas, porque estavam aflitas e exaustas como ovelhas que não têm pastor" (Mateus 9:36).

Jesus disse que não veio para condenar o mundo mas para salvá-lo (João 3:17). Em lugar de condenar as pessoas, deveríamos dizer: "Quem sou eu para condenar a outros, já que Deus me perdoou de forma tão generosa?" Deus tem prazer em usar pecadores perdoados para alcançar outros pecadores. —*Joanie Yoder*

*Amar os pecadores é ser como Jesus.*

## 26 de janeiro
## Testados e aprovados

Leitura:
Gálatas 5:22-26

*Muitos proclamam a sua própria benignidade;
mas o homem fidedigno, quem o achará?*
—Provérbios 20:6

Muitas vezes nos decepcionamos pela atitude de algumas pessoas. Um membro da família promete entrar em contato, mas os meses se passam sem uma única comunicação. Um pastor nos diz que fará uma visita quando estamos doentes, mas não aparece no hospital nem em nossa casa. Um amigo promete ficar ao nosso lado, mas nem sequer nos telefona. Outros dizem que vão orar por nós, mas se esquecem rapidamente das nossas necessidades. Alguém promete cumprir uma tarefa importante para nós, mas nunca a cumpre. Então nos perguntamos: "...o homem fidedigno, quem o achará?" (Provérbios 20:6).

Podemos fazer pouca coisa com relação à infidelidade dos outros, mas podemos fazer muito a respeito da nossa fidelidade para com os outros. Quando fazemos uma promessa, devemos cumpri-la. Quando dizemos a alguém que vamos orar, precisamos seguir em frente e cumprir o prometido. Quando proclamamos nossa lealdade e amor pelos outros, podemos fazer pequenas coisas que demonstrem a nossa sinceridade.

O apóstolo Paulo disse que o fruto do Espírito Santo é fidelidade (Gálatas 5:22). Deus criará em nós um espírito firme, se levarmos a sério e cumprirmos o que dizemos que queremos fazer pelos outros.

Peça a Deus que a transforme em alguém com quem os outros possam contar, uma pessoa que foi testada e aprovada. —*David Roper*

*A fidelidade nas pequenas circunstâncias
tem valor incalculável.*

## 27 de janeiro

## Cristianismo de consumo

Leitura:
Lucas 9:18-26

*...Se alguém quer vir após mim, a si mesmo se negue, dia a dia tome a sua cruz e siga-me.* —Lucas 9:23

Em seu livro *The Empty Church: The suicide of Liberal Christianity* (A igreja vazia: O suicídio do cristianismo liberal), o historiador Thomas C. Reeves diz: "O cristianismo na América moderna [...] tende a ser fácil, animado, conveniente e compatível. Não requer autossacrifício, disciplina, humildade, vestir-se de maneira diferente do mundo, nem zelo pelas almas. Há pouquíssima culpa e nenhum castigo, e a recompensa no céu está garantida. A melhor maneira de descrever o que temos hoje é chamá-lo de: "cristianismo de consumo". O custo é baixo e a satisfação do cliente parece garantida."

Se fôssemos somente clientes do Deus Todo-poderoso, poderíamos ser seletivos em nossa fé e rejeitar qualquer coisa que não nos agradasse. Mas não é esse o ensinamento que recebemos de Jesus. Ele nos apresenta uma cruz, não um balcão de atendimento espiritual. Ele disse a todos: "...Se alguém quer vir após mim, a si mesmo se negue, dia a dia tome a sua cruz e siga-me. Pois quem quiser salvar a sua vida perdê-la-á; quem perder a vida por minha causa, esse a salvará" (Lucas 9:23,24). Cristo morreu na cruz por causa dos nossos pecados, não para a nossa satisfação. Ele nos conclama a confiar nele e a segui-lo com uma vida de autorrenúncia.

Neste mundo onde o cliente sempre tem razão, precisamos obedecer radicalmente a Deus para não sermos enganados pelo "cristianismo de consumo". —*David McCasland*

*Seguir a Jesus nem sempre é fácil, mas é sempre o correto.*

## 28 de janeiro
## Formigas e elefantes-marinhos

Leitura:
Provérbios 6:6-11

*Tornai-vos à sobriedade, como é justo, e não pequeis; porque alguns ainda não têm conhecimento de Deus...* —1 Coríntios 15:34

Os leões-marinhos passam a maior parte da vida dormindo. A revista *Science News* (Notícias Científicas) registra: "os elefantes-marinhos machos medem quase cinco metros e pesam aproximadamente três toneladas. Só de vez em quando um elefante-marinho usa as nadadeiras frontais — extremamente pequenas para uma criatura tão grande — para coçar-se ou jogar areia da praia sobre o corpo para proteger-se do sol." Fora isso, estes enormes animais ficam basicamente imóveis.

O artigo segue afirmando que, pelo fato de não se alimentarem quando estão em terra, eles dormem a maior parte do tempo durante a época de procriação. Além de se coçarem, sujando-se ou rolando, esses animais pesados raras vezes se movem. Ao contrário deles, a pequena formiga parece incansável em seu dedicado trabalho de armazenar comida para a colônia. O escritor do livro de Provérbios elogia a diligência da formiga, citando seus esforços como modelo para as pessoas que queiram viver sabiamente. Aqui temos uma lição espiritual. Os cristãos que trabalham conforme o padrão das formigas realizam coisas para o Senhor. Mas os outros, como os elefantes-marinhos, quase não se movem.

Parece que mal conseguem manter-se vivos espiritualmente, como se estivessem conservando energia para algum grande esforço, mais adiante. Mas o tempo de estarmos ocupados para Cristo é agora, mesmo que os nossos talentos pareçam insignificantes. Imite a formiga, não o elefante-marinho. —*Dave Egner*

*Muitos cristãos nada fazem,
mas todo cristão tem o que fazer.*

*29 de janeiro*

## O sorveteiro

Leitura:
1 Coríntios 10:1-13

*Foge, outrossim, das paixões da mocidade. Segue a justiça, a fé, o amor e a paz com os que, de coração puro, invocam o Senhor.*
—2 Timóteo 2:22

O pequeno João estava fazendo o melhor que podia para guardar dinheiro a fim de comprar um presente para a sua mãe. Era uma luta terrível, porque ele cedia com facilidade à tentação de comprar um sorvete sempre que o carrinho colorido aparecia na vizinhança.

Certa noite, depois que sua mãe o colocou na cama, ela ouviu quando ele orou: "Por favor, Deus, me ajude a fugir quando o sorveteiro vier amanhã." Mesmo na sua tenra idade, ele aprendera que uma das melhores maneiras para vencer as tentações é evitar aquilo que mexe com as nossas fraquezas.

Todos os cristãos são tentados a pecar, mas não precisam ceder. O Senhor provê a maneira de sermos vitoriosos sobre males sedutores (1 Coríntios 10:13). Precisamos, entretanto, fazer a nossa parte, e isso, às vezes, envolve evitar situações que possam contribuir para a nossa derrota espiritual.

O apóstolo Paulo admoestou Timóteo a fugir dos desejos malignos da juventude (2 Timóteo 2:22). Ele deveria manter distância das tentações que, por causa da sua forte atração, pudessem fazê-lo ceder. Este é um bom conselho.

Se possível, nunca devemos nos permitir estar nos lugares errados ou com pessoas que nos induzirão a fazer as coisas que devemos evitar. Assegure-se de fugir do "sorveteiro". —Richard DeHaan

*Caímos na tentação quando não fugimos dela.*

## 30 de janeiro

## Bem-me-quer

Leitura:
Romanos 8:31-39

*Vede que grande amor nos tem concedido o Pai,
a ponto de sermos chamados filhos de Deus...*
—1 João 3:1

Lembro-me de quando estava na escola, me interessei por uma garota de olhos castanhos que estava sentada perto de mim. É difícil descrever com palavras, mas algo aconteceu. Foi o meu primeiro caso de "amor presumido". Naquela época era costume colher uma margarida e tirar as pétalas uma a uma, com uma pessoa em mente, dizendo: "Bem-me-quer; malmequer". E como doía quando a última pétala dizia "malmequer"!

Isso me recorda de uma menininha que um dia entrou correndo em casa, soluçando: "O que aconteceu, querida?", perguntou a sua mãe. Jogando-se nos braços dela, a criança chorava: "Deus não me ama mais." A mãe lhe assegurou: "Mas é claro que Deus ainda ama você." Mas a criança soluçava: "Não, sei que não, porque eu fiz o teste da margarida."

A única forma segura de reconhecer que Deus nos ama é considerar tudo o que Ele faz por nós a cada dia. E se ainda assim existir qualquer dúvida, pense no que Ele fez para nos salvar! A Bíblia diz: "Mas Deus prova o seu próprio amor para conosco pelo fato de ter Cristo morrido por nós, sendo nós ainda pecadores" (Romanos 5:8).

Podemos estar confiantes do amor infalível de Deus, porque Ele o provou acima de qualquer questionamento. Sim, o amor dele está garantido. —Richard DeHaan

*Deus ama a cada um de nós como se
só existisse uma única pessoa para amar.*

## 31 de janeiro
## Boas intenções

Leitura:
Tiago 4:13-17

*Portanto, aquele que sabe que deve fazer o bem
e não o faz nisso está pecando.* —Tiago 4:17

Em um desenho animado de *Snoopy e Charlie Brown*, Marcie dá algumas flores para a sua professora. Para não deixar de ser reconhecida, Patty Pimentinha diz à professora: "Pensei em fazer a mesma coisa, professora, mas nunca cheguei a fazer isso. Você aceitaria um vaso cheio de boas intenções?"

Todos nós já tivemos boas intenções em fazer algo de bom, mas ficamos só na intenção. Quem sabe telefonar para saber como está um amigo, visitar um vizinho doente, escrever um bilhete de encorajamento para um ente querido. Mas não investimos o tempo para fazê-lo.

Algumas pessoas sabem que Jesus Cristo é o único caminho para o céu e planejam confiar nele, algum dia. E vão adiando. Elas podem ter boas intenções, mas isso não lhes trará salvação.

Como cristãos, talvez afirmemos que queremos nos aproximar mais do Senhor, porém não investimos tempo para ler a Palavra de Deus ou orar.

Tiago tem palavras fortes em relação à nossas atitudes, quando não agimos: "Portanto, aquele que sabe que deve fazer o bem e não o faz nisso está pecando" (4:17).

Há algo que você está deixando de fazer? Envie hoje mesmo aquele cartão, carta ou *email* que você prometeu. Visite aquele amigo doente. Um vaso cheio de boas intenções nunca alegrou o dia de ninguém.

—Anne Cetas

*As boas intenções de nada valem
se não são colocadas em prática.*

## 1.º de fevereiro

## Um chamado claro

Leitura:
1 Samuel 3:1-10

*...Este respondeu: Fala, porque o teu servo ouve.*
—1 Samuel 3:10

Quando era estudante universitário, George W. Carver e um amigo seu planejaram ir como missionários para a África. Mas, à medida que progrediam em seus estudos em agricultura, Carver, cristão devoto, começou a sentir outro chamado de Deus.

Quando Booker T. Washington o convidou a integrar o corpo docente de um instituto, em Alabama, ele orou seriamente a respeito. Em 1896 Carver escreveu a Washington: "O grande ideal da minha vida tem sido oferecer o melhor possível para o maior número possível de pessoas; e para isso tenho me preparado durante todos estes anos". Ele prometeu fazer tudo o que podia, por meio do poder de Cristo, a fim de melhorar as condições dos negros no sul dos EUA, onde havia a segregação racial.

O coração sensível de Carver e a sua disposição em obedecer a Deus trazem à minha mente a experiência de Samuel. Sob a liderança de Eli, o sacerdote Samuel respondeu à voz de Deus e disse: "...Fala, porque o teu servo ouve" (1 Samuel 3:10).

Durante toda vida de serviço, o notável cientista afroamericano George Washington Carver honrou a Deus, obedecendo ao seu chamado. Deixou um grande legado e um exemplo duradouro para todos nós. —*David McCasland*

*Viver para Deus
deixa um legado duradouro.*

## 2 de fevereiro
## Meus cumprimentos

Leitura:
*Colossenses 1:3-8*

*Damos sempre graças a Deus [...] desde que ouvimos da vossa fé em Cristo Jesus e do amor que tendes para com todos os santos.* —Colossenses 1:3,4

Receber um elogio desperta um sentimento caloroso no meu interior. Houve ocasiões em que me senti culpado por desfrutar de um cumprimento. Afinal, isso não é uma forma de orgulho? Mas cheguei à conclusão de que não é errado sentir-se bem quando recebemos um elogio sincero por algo que fizemos.

Ao termos prazer em receber elogios, permitimos que os outros exercitem o dom do encorajamento. São palavras que podem animar o nosso espírito.

Demonstramos que o orgulho não controla nossas vidas quando também elogiamos outras pessoas. Alguém orgulhoso está tão preocupado consigo mesmo que não percebe o que os outros fazem e não tem nenhum desejo de cumprimentá-los.

Paulo elogiou espontaneamente os seus amigos em Colossos, porque sabia que isso iria encorajá-los. E nós deveríamos fazer o mesmo.

Dê uma palmadinha nas costas quando as pessoas merecem. Elogie a criança que faz algo bem feito. Dê os cumprimentos à mãe solteira que traz seus filhos regularmente à igreja. Encoraje o homem que sempre está ajudando a outros, mesmo que não receba nenhum reconhecimento por isso. Continue procurando agradar a Deus e aos outros.

Quando alguém o elogia, não há necessidade de sentir-se culpado.

— *Herb Vander Lugt*

*Elogie em voz alta, e critique em voz baixa.*

## 3 de fevereiro

## *A luz certa*

Leitura:
1 João 1:1-7

*Pôs também, na tenda da congregação, o candelabro defronte da mesa, ao lado do tabernáculo, para o sul.* —Êxodo 40:24

Comer no escuro não é nada agradável. Luzes indiretas e aconchegantes em um restaurante são uma coisa; comer num quarto sem nenhuma luz é outra. O mesmo se aplica à nossa jornada com Deus. A não ser que façamos uso da luz que Ele nos oferece, não conseguiremos ver o que Ele está fazendo por nós.

Temos uma ilustração disso no Antigo Testamento: o tabernáculo. Quando o sacerdote entrava em uma parte chamada Lugar Santo, conseguia enxergar apenas por causa da luz do candelabro de ouro (Êxodo 5:31-40).

Como tudo o que havia naquela câmara, o candelabro havia sido feito cuidadosamente, conforme o modelo que Deus dera a Moisés (v.40). O candelabro é uma figura que se compara à luz espiritual. O ouro demonstra seu grande valor. O óleo simboliza o Espírito Santo. Os seis braços que saem do centro do candelabro retratam a unidade na pluralidade. O símbolo da flor de amêndoa está relacionado ao sacerdócio ungido por Deus (Números 17:1-8). Quando tudo isso é combinado com uma referência do Novo Testamento, que usa um candelabro de ouro para representar a igreja (Apocalipse 1:20), temos o quadro completo. Deus nos dá a luz por meio do Espírito Santo, o qual age por meio da sua congregação de pessoas ungidas (1 Pedro 2:9).

Sim, o Espírito Santo provê para nós a luz de que necessitamos. Estamos investindo diariamente um tempo em oração e leitura da Palavra de Deus, para termos proveito desse privilégio? —*Mart DeHaan*

*A luz da santidade de Deus
convence o pecador e guia os santos.*

## 4 de fevereiro
## O fator obediência

Leitura:
Mateus 3:13-17

*...Deixa por enquanto, porque, assim, nos convém cumprir toda a justiça...* —Mateus 3:15

Gustavo se recusava a ser batizado. Ele resistia de forma resoluta, mesmo quando a sua esposa e suas duas filhas foram batizadas, numa tarde de domingo.

Anos mais tarde, o seu pastor pregava sobre o batismo de Jesus. Ele destacou que João Batista inicialmente se recusou a batizar o Mestre. Mas Jesus disse: "...Deixa por enquanto, porque, assim, nos convém cumprir toda a justiça..." (Mateus 3:15). Então o pastor acrescentou este comentário: "Se Jesus obedeceu à vontade do Pai, então nós também devemos fazê-lo."

Depois da mensagem, Gustavo pediu para ser batizado. Disse que deveria ter obedecido ao mandamento do Senhor muito antes e estava arrependido de ter sido tão obstinado.

Obviamente a questão ia além do mero ritual; tratava-se da obediência. O mesmo pode ser verdade em relação a nós. Quem sabe estamos desobedecendo obstinadamente ao Senhor em determinada área de nossa vida: mentindo, enganando, roubando no trabalho, não dando o que é do Senhor.

Veja o que precisamos considerar: Jesus obedeceu ao Pai em tudo. A submissão dele não lhe trouxe fama. Tirou-o da adoração do público para um sofrimento solitário. Levou-o para a sala de julgamento de Pilatos, para a terrível estrada do Calvário, para a cruz e para o túmulo.

Que hoje possamos decidir voluntariamente a obedecer ao Senhor, em tudo. —Dave Egner

*A verdadeira fé obedece sem demora.*

## 5 de fevereiro

## A escuridão

Leitura:
Apocalipse 20

*...estrelas errantes, para as quais tem sido guardada
a negridão das trevas, para sempre.*
—Judas 13

Quando eu era menino, a nossa família visitou uma antiga mina de cobre. Depois de descer por seus caminhos, o nosso guia desligou repentinamente a luz da lanterna e ficamos envolvidos por uma escuridão opressiva. Foi como se pudéssemos apalpá-la.

Com o passar dos anos, a lembrança da nossa descida àquele lugar sempre me faz lembrar das palavras de Jesus com relação aos perdidos, que são "...lançados para fora, nas trevas..." (Mateus 8:12). Aquela experiência de estar na caverna por algum tempo já era assustadora. Imagine estar assim por toda a eternidade!

Em nossos dias não se fala muito sobre o inferno, mas isso não significa que esse lugar não exista.

Você já pensou sobre onde passará a eternidade? Segundo as Escrituras, você estará num destes dois lugares: no céu ou no inferno.

Se não tiver a certeza de que irá para o céu, convido-o a fazer uma oração como esta agora mesmo: "Senhor Jesus, creio que Tu morreste na cruz pelos meus pecados e que ressuscitaste dos mortos. Quero recebê-lo agora como meu Salvador. Não quero estar perdido para sempre. Quero ir para o céu. Salva-me!"

Jesus prometeu: "...o que vem a mim, de modo nenhum o lançarei fora" (João 6:37). —*Richard DeHaan*

*Aquele que invocar o nome do Senhor
será salvo.*

## 6 de fevereiro
## Deus se descreve

Leitura:
Êxodo 33:18–34:8

*…Senhor, Senhor Deus compassivo, clemente e longânimo e grande em misericórdia e fidelidade…*
—Êxodo 34:6

As orações das crianças nos mostram o que elas pensam sobre Deus. Aqui estão duas que li recentemente:

"Querido Deus, por que dizem que você é um Deus ciumento? Eu pensei que você tinha tudo."

"Eu achava que laranja não combinava com roxo, até que vi o pôr do sol que você fez na terça-feira. Foi legal."

Essas crianças estão certas em pensar sobre Deus como o dono e Criador de tudo, Aquele que pode pintar maravilhosos fins de tarde. Mas como Deus descreve a si mesmo?

Moisés precisava de uma resposta a essa pergunta enquanto guiava os israelitas pelo deserto. Ele queria estar seguro da presença e da direção de Deus e, então, pediu que o Senhor se revelasse (Êxodo 33:13,18). Como resposta, Deus desceu numa nuvem e disse: "Senhor, Senhor Deus compassivo, clemente e longânimo e grande em misericórdia e fidelidade […] ainda que não inocenta o culpado…" (34:5-7). Ele é bom, mas também é justo.

Nós também podemos conhecer esse Deus. Ele não descerá numa nuvem, mas se revela a nós em Sua Palavra, a Bíblia. Podemos pedir-lhe que se revele a nós enquanto lemos e estudamos a Palavra. Vamos aprender que Ele é muito mais do que apenas dono e Criador de tudo.

—Anne Cetas

*Deus é o maior de todos os poderosos do mundo.*

## 7 de fevereiro

## Horário relativo

Leitura:
Gálatas 3:26–4:7

*...vindo, porém, a plenitude do tempo, Deus enviou seu Filho, nascido de mulher, nascido sob a lei.*
—Gálatas 4:4

Depois de estudar o comportamento de milhares de usuários de telefones celulares, James Katz, professor de comunicação em uma universidade americana, concluiu que este aparelho mudou a forma como pensamos sobre nossos compromissos. Pesquisadores nos EUA falam agora da relativização dos horários descrevendo a maneira de pensar do usuário do telefone celular que liga às 8h20 para avisar que se atrasará para a reunião das 8h30, chega às 8h45 e acha que está no horário porque ligou avisando.

Ao contrário de nós, Deus sempre é pontual. Mesmo que não entendamos por que Ele não interfere nos eventos do mundo ou em nossas vidas quando achamos que deveria. A Bíblia proclama a pontualidade do Altíssimo, conforme o Seu plano. A carta de Gálatas 4:4,5 diz: "vindo, porém, a plenitude do tempo, Deus enviou seu Filho, nascido de mulher, nascido sob a lei". E na carta aos Romanos 5:6 lemos: "Porque Cristo, quando nós ainda éramos fracos, morreu a seu tempo pelos ímpios."

Podemos confiar nesse mesmo Deus sábio e amoroso, que nunca se atrasou no Seu plano eterno. Ele será pontual em cada detalhe das nossas vidas. —*David McCasland*

*O relógio de Deus está sempre certo.*

## 8 de fevereiro

## Qual é a conexão?

Leitura:
Colossenses 3:1-14

*...tudo o que é verdadeiro [...] tudo o que é amável, tudo o que é de boa fama [...] seja isso o que ocupe o vosso pensamento.* —Filipenses 4:8

A imagem na tela da TV prende a nossa atenção. Existe alguma ligação entre o que decidimos assistir e o que está em nosso coração, enquanto mudamos de canais? A nossa fé em Cristo tem alguma coisa a ver com as nossas escolhas de programas de TV?

Em um mundo onde os padrões morais estão desmoronando, precisamos pensar nesta questão: Como o nosso relacionamento com Cristo afeta os nossos hábitos diante da TV?

Um escritor secular, ao falar sobre a programação televisiva atual, disse: "A noção de indecência se tornou obsoleta." Com isso estava dizendo que determinado padrão foi abandonado. Que padrão é esse? Eu creio que é o padrão moral encontrado nos ensinamentos bíblicos.

A maioria das produções de TV não são governadas pelos princípios que Deus deseja que sigamos. A Bíblia nos diz: "...tudo o que é verdadeiro, tudo o que é respeitável, tudo o que é justo, tudo o que é puro, tudo o que é amável, tudo o que é de boa fama, se alguma virtude há e se algum louvor existe, seja isso o que ocupe o vosso pensamento" (Filipenses 4:8). É difícil fazer isso quando somos bombardeados pelas imagens deturpadas apresentadas na televisão.

Vamos pedir que Deus nos ajude a fazer as escolhas certas ao decidirmos o que vamos assistir na TV. —*Dave Branon*

*O caráter é formado por escolhas feitas em certa direção.*

*9 de fevereiro*

## Congelamento rápido

Leitura:
Deuteronômio 9:9-16

*Desça imediatamente, pois o seu povo, que você tirou do Egito, corrompeu-se. Eles se afastaram bem depressa do caminho que eu lhes ordenei.* —Deuteronômio 9:12

Graças à tecnologia da internet, posso acompanhar a formação de gelo no Lago Michigan do meu escritório aquecido, acerca de 48 km de distância. A mudança do ângulo dos raios solares, no inverno, esfria a terra. As temperaturas geladas transformam águas agitadas em gelo num período surpreendentemente curto de tempo. Essa rápida transformação lembra-me de quão depressa os nossos corações podem esfriar com relação a Deus.

Foi isso o que aconteceu aos antigos israelitas. Depois que Deus os livrou milagrosamente da escravidão, eles ficaram impacientes quando Moisés subiu o Monte Sinai para encontrar-se com o Senhor e não voltou no tempo esperado. Então se uniram e criaram o seu próprio deus (Êxodo 32:1). O Senhor disse a Moisés para voltar depressa da montanha, porque o povo havia se desviado rapidamente dele (Deuteronômio 9:12).

Quando as coisas não acontecem dentro do tempo que previmos, podemos achar que Deus perdeu o interesse por nós. Nossos corações podem esfriar quando não mais nos sentimos próximos dele. Mas Deus está sempre conosco. Como escreveu o salmista: "Para onde me ausentarei do teu Espírito? Para onde fugirei da tua face?" (Salmo 139:7).

Mesmo quando o Senhor parece distante, Ele não está. A Sua presença enche os céus e a terra (vv.8-10). Nunca há razão para pensarmos que Deus está longe. —Julie Ackerman Link

*A pergunta não é onde Deus está, mas onde Ele não está.*

## 10 de fevereiro

## A aposentadoria

Leitura:
Filipenses 1:12-21

*Porquanto, para mim, o viver é Cristo,
e o morrer é lucro.*
—Filipenses 1:21

Quando o nosso avião aterrissou no aeroporto, aplausos irromperam dentre um grupo de empregados da companhia aérea. Eu achei isso um pouco estranho, até que me contaram que o piloto acabara de fazer o último voo da sua carreira. Iria se aposentar no dia seguinte e os colegas estavam expressando alegria por ele.

Para muitas pessoas a aposentadoria significa fazer tudo o que sempre desejaram fazer: pescar, praticar esportes, viajar. Outros trabalham duro para se aposentar cedo e poder usufruir dos frutos do seu trabalho enquanto ainda são jovens e saudáveis.

O cristão olha para a aposentadoria de forma diferente. Um amigo ancião, que ama o Senhor, colocou desta maneira: "Esta é a primeira noite em que dormirei aposentado. Amanhã cedo, se o Senhor me der ainda mais vida, vou acordar e servi-lo."

Ele tinha a mesma perspectiva de Paulo: "Porquanto, para mim, o viver é Cristo, e o morrer é lucro" (Filipenses 1:21). O único propósito de Paulo era glorificar a Cristo. Qualquer que fosse o sofrimento, prisão ou privação, esta seria mais uma oportunidade de propagar o evangelho e viver para Ele.

Sempre haverá trabalho a ser feito para o Senhor. Enquanto vivermos, Cristo pode fazer Sua obra por meio de nós se adotarmos o ponto de vista de Paulo sobre a vida e a morte. Para ele, não havia aposentadoria do serviço para o Senhor. —*Albert Lee*

*Aposentadoria dos nossos empregos:
sim, de servir a Cristo, nunca!*

## 11 de fevereiro

## A lista do amor

Leitura:
1 Coríntios 13:4-7

*O amor é paciente, é benigno...*
—1 Coríntios 13:4

Fernanda usa versículos da carta de 1 Coríntios 13 para ajudá-la a lidar com as frustrações de uma vida familiar bastante atarefada. Ela chama os versículos 4 a 7 de "a lista de controle do amor" e procura lembrar-se deles quando a ira se acumula em seu interior.

Ela nos deu um exemplo de como faz uso desta lista. Certa manhã, estava fazendo compras, antes da família sair para a viagem de férias. Seu marido estava em casa cuidando dos filhos e fazendo os últimos preparativos para saírem no começo daquela tarde. Quando Fernanda chegou à casa, depois de passar no supermercado, na casa da sua mãe, no correio, no banco e no hospital para visitar uma amiga, viu que tudo o que seu marido tinha feito durante toda a manhã fora lavar e polir um carro, com o qual nem iriam viajar!

Ela irou-se e disse coisas ásperas ao marido. Dentro de alguns minutos, as palavras da "lista de controle do amor" vieram à sua mente: "O amor é paciente, o amor é bondoso". Ela orou, e em seguida, pediu desculpas ao marido pela explosão de ira. Ele também lhe pediu desculpas e eles saíram de férias naquela tarde — só um pouco mais tarde.

Da próxima vez que você disser coisas com ira e amargura, lembre-se da lista de controle do livro de 1 Coríntios 13. Melhor ainda: pense nela antes de dizer qualquer palavra. —*Dave Egner*

*Sentimentos amargos podem ser adoçados quando os levamos ao Senhor em oração.*

## 12 de fevereiro

## O lembrete de Levítico

Leitura:
Levítico 11:41-45

*Eu sou o Senhor, vosso Deus; portanto, vós vos consagrareis e sereis santos, porque eu sou santo...* —Levítico 11:44

Se você estiver seguindo o programa de leitura bíblica em um ano do *Pão Diário*, deve estar lendo o livro de Levítico. Esse pode ser um dos livros menos lidos da Bíblia, e você talvez esteja se perguntando qual o seu verdadeiro propósito. Por que todas estas leis e regulamentos com relação a animais puros e impuros? (Capítulo 11). Que mensagem Deus estava transmitindo aos israelitas e a nós?

O comentarista bíblico Gordon Wenham diz: "Assim como as leis distinguiam animais puros dos impuros, assim Deus lembrava ao Seu povo de que eles tinham sido separados de todas as outras nações da terra, para serem o Seu povo... O maior dever do homem é imitar o seu Criador."

Deus diz cinco vezes no livro de Levítico: "...sereis santos, porque eu sou santo" (11:44,45; 19:2; 20:7,26). E quarenta e cinco vezes: "Eu sou o Senhor [...] vosso Deus". Um dos temas mais importantes do livro é o chamado de Deus para que Seu povo seja santo. Jesus repetiu isso quando disse: "Portanto, sede vós perfeitos como perfeito é o vosso Pai celeste" (Mateus 5:48).

Ao ler o livro de Levítico 11, lembre-se de que você é especial para Deus, e deve "...proclamar as virtudes daquele que o chamou das trevas para a sua maravilhosa luz" (1 Pedro 2:9).

Precisamos deste lembrete do livro de Levítico todos os dias.

—Anne Cetas

*Estude a Bíblia para ser sábio; pratique o que ela diz para ser santo.*

## 13 de fevereiro
## Eu espero Jesus

Leitura:
Atos 27:9-25

*Creio em Deus que acontecerá
do modo como me foi dito.*
—Atos 27:25

Um professor da Escola Dominical deu a cada menino da sua classe uma Bíblia e lhes incentivou a escrever seus nomes na contracapa.

Algumas semanas mais tarde, depois de convidar os meninos repetidas vezes a receber Cristo como seu Salvador, ele disse àqueles que o tinham feito para escreverem estas palavras abaixo de onde estava seu nome: "Eu aceito Jesus." Um menino, todavia, escreveu o seguinte: "Eu espero Jesus." Quando o professor conversou com ele, compreendeu que o menino entendia o que tinha escrito. Ele não tinha apenas confiado na salvação de seu Senhor. Também esperava Jesus para estar com Ele eternamente e para que visse se cumprir tudo o que Ele prometeu.

A afirmação daquele menino nos mostra de forma simples, porém profunda o significado da fé.

No livro de Atos 27 vemos retratada a esperança da fé do apóstolo Paulo. Ele era prisioneiro e estava sendo transportado de navio para Roma quando irrompeu uma violenta tempestade que ameaçava destruir o navio. Durante a noite, um anjo do Senhor disse-lhe que todos iriam sobreviver (vv.23,24). Ele sabia que podia confiar na palavra do Senhor. Em meio à tempestade, Paulo disse: "...Pois eu confio em Deus que sucederá do modo por que me foi dito" (v.25). E assim aconteceu.

Não deveríamos nos surpreender quando Deus cumpre a Sua Palavra. Devemos esperar por isso! —*Richard DeHaan*

*Tente fazer grandes coisas para Deus
e espere grandes coisas dele.*

## 14 de fevereiro

## Amor sacrificial

Leitura:
João 15:9-17

*Ninguém tem maior amor do que aquele que dá a sua vida pelos seus amigos.* —João 15:13

O que significa darmos a vida por amor a Cristo e nossos amigos? Veja a lógica de Jesus quando falou sobre o amor sacrificial no evangelho de João 15.

Primeiro, Ele disse: "O meu mandamento é este: que vos ameis uns aos outros, assim como eu vos amei" (v.12). Depois descreveu toda a dimensão de tal amor: "Ninguém tem maior amor do que este: de dar alguém a própria vida em favor dos seus amigos" (v.13). Jesus morreu de boa vontade por nós, e nós deveríamos estar dispostos a morrer por Ele e pelos nossos amigos.

Então acrescentou: "Vós sois meus amigos, se fazeis o que eu vos mando" (v.14). Jesus não disse que seremos Seus amigos apenas se morrermos por Ele. Também seremos Seus amigos se o obedecermos. Para Deus, quando o obedecemos como um sacrifício vivo, estamos dando a nossa vida por ele (Romanos 12:1).

De forma semelhante, pode ser que não precisemos morrer pelos nossos amigos, mas há outras formas de fazer sacrifícios por eles. Podemos renunciar aos nossos planos ou compromissos inadiáveis para nos dedicarmos a alguém que está em necessidade. Ou podemos dar o que temos aos pobres.

Tais sacrifícios, embora pequenos, podem ser meios poderosos de dar nossas vidas pelos nossos amigos, se os fizermos voluntariamente e no espírito do amor de Cristo. —*Joanie Yoder*

*Quanto mais próximo você estiver de Deus, maior será seu coração para as pessoas.*

## 15 de fevereiro

## O ano todo

Leitura:
Isaías 58:6-12

*Porventura, não é este o jejum que escolhi [...]
que repartas o teu pão com o faminto?...*
—Isaías 58:6,7

Durante os 40 dias que antecedem a Páscoa, muitos cristãos seguem a prática de renunciar a algo e reservar um tempo para refletir no sacrifício de Jesus por nós.

Um grupo de cristãos de uma igreja de classe média decidiu viver com o menor salário possível. O objetivo era identificar-se com aqueles que vivem com bem pouco a fim de experimentar a alegria de dar. Eles pediram que Deus os ajudasse a mudar suas atitudes com relação ao dinheiro e desafiaram outros de sua igreja a fazer o mesmo. Como temática do seu estudo, eles escolheram o texto do livro de Isaías 58.

Depois disso, um dos líderes do grupo disse que eles aprenderam uma lição importante. Viver com menos "faz você compreender o quanto pode doar. Faz você olhar para o quanto dá normalmente e entender que isso está muito longe de ser uma doação sacrificial".

O que eles aprenderam está de acordo com a ideia de Deus do que realmente é jejum e vida sacrificial. O Senhor disse a Israel: "Porventura, não é este o jejum que escolhi [...] que repartas o teu pão com o faminto, e recolhas em casa os pobres desabrigados, e, se vires o nu, o cubras, e não te escondas do teu semelhante?" (Isaías 58:6,7). Deus estava admoestando o Seu povo porque o jejum havia se tornado um ritual vazio, sem preocupação com o próximo.

Vamos doar de forma sacrificial para os outros, não somente durante a quaresma, mas durante no ano. —*Anne Cetas*

*O seu padrão de doação é mais importante
do que o seu padrão de vida.*

## 16 de fevereiro
## Lágrimas temporárias

Leitura:
1 Pedro 5:6-11

*Ora, o Deus de toda a graça, que em Cristo vos chamou
à sua eterna glória, depois de terdes sofrido por um pouco...*
—1 Pedro 5:10

O autor George MacDonald escreveu: "Deus veio para enxugar as nossas lágrimas. Ele o está fazendo, e terminará o mais breve possível; e, até fazê-lo, quer que elas jorrem sem amargura; e nos diz que chorar é uma bênção por causa do conforto que já está a caminho."

Enquanto esperamos por esse conforto, podemos estar seguros de que Deus não permitirá que sejamos provados além da nossa habilidade de suportar a provação. Cada circunstância difícil é controlada com precisão. Cada situação árdua é permeada pelo Seu perfeito amor. Não vamos sofrer um momento a mais, e nem vamos sofrer com mais intensidade do que o necessário. Um antigo ditado dizia: "A uma ovelha bem tosquiada Deus dá o vento na medida certa." Em outras palavras, Deus não vai permitir que os mais vulneráveis às dificuldades da vida sejam esmagados por elas.

As águas pelas quais você tem que passar podem ser profundas; podem surgir incêndios que vão aperfeiçoar o seu caráter. Mas, em meio a tudo isso, Deus promete ser o seu sócio, companheiro e amigo fiel. Ele restaurará, confirmará, dará forças e o porá sobre alicerces firmes (1 Pedro 5:10).

E, quando terminar a Sua obra, vai levar você para casa, no céu, e enxugar todas as suas lágrimas, para sempre (Apocalipse 21:4). —*David Roper*

*As lágrimas são, muitas vezes, o telescópio
pelo qual podemos enxergar o céu.*

## 17 de fevereiro
## "Deus ajude"

Leitura:
Salmo 32

*Bem-aventurado aquele cuja iniquidade é perdoada, cujo pecado é coberto.* —Salmo 32:1

Um homem, preso por homicídio de uma menina de 12 anos, também era suspeito de ter assassinado outras pessoas. Quando a polícia investigou seu computador, encontraram um arquivo intitulado "Meus Pecados". Eles não conseguiram abri-lo porque estava protegido por senha. Um perito em computação trouxe um software para a quebra do sigilo. Depois de 16 horas e bilhões de combinações, a senha encontrada foi: "Deus Ajude." O arquivo detalhava seis crimes brutais, incluindo estupro e homicídio.

Pergunto-me se esse homem criou o arquivo e sua senha peculiar por causa do fardo esmagador de culpa pelo que tinha feito. Talvez soubesse que somente Deus poderia ajudá-lo a lidar com a imensidão dos seus crimes.

Todos nós temos pecados do passado que nos esmagam. Quem sabe nos sentimos como Davi, quando disse que a mão de Deus pesava sobre ele dia e noite, e sua força "...se tornou em sequidão de estio" (Salmo 32:4). Mas podemos experimentar alívio. O salmista também disse: "Confessei-te o meu pecado [...] confessarei ao Senhor as minhas transgressões; e tu perdoaste a iniquidade do meu pecado" (v.5).

O milagre do perdão de Deus não remove as consequências dos nossos pecados. Mas, quando confessarmos nossos pecados ao Senhor, Ele nos perdoará e nos purificará (1 João 1:9). Sua misericórdia e ajuda são certas. —David McCasland

*Quando Deus perdoa,
Ele remove o pecado e restaura o pecador.*

## 18 de fevereiro

## Ouvir e fazer

Leitura:
Tiago 1:19-27

*Tornai-vos, pois, praticantes da palavra e não somente ouvintes, enganando-vos a vós mesmos.* —Tiago 1:22

Li a respeito de um homem que morreu na cidade de Nova Iorque com 63 anos sem nunca ter tido um emprego. Passara toda a sua vida adulta na universidade. Havia obtido tantos diplomas acadêmicos que eles pareciam ser um alfabeto de abreviações antes do seu nome.

Por que gastara toda a sua vida na universidade? Quando criança, um parente rico o nomeou como beneficiário do seu testamento. O testamento dizia que ele receberia dinheiro suficiente para sustentá-lo, a cada ano, enquanto continuasse na escola. E essa ajuda seria suspensa quando terminasse seus estudos.

O homem seguiu os termos do testamento. Porém, ao permanecer na escola indefinidamente, transformou uma falha de redação em um meio permanente de vida, o que não havia sido a intenção original do seu benfeitor. Infelizmente, gastou milhares de horas ouvindo professores e lendo livros, mas nunca "fazendo". Ele adquiriu mais e mais conhecimentos, mas não os pôs em prática.

Isso me lembra do que Tiago disse: "Tornai-vos, pois, praticantes da palavra e não somente ouvintes…" (1:22). Se lemos a Bíblia ou ouvimos algo sobre ela, mas falhamos em praticar o que aprendemos, somos tão maus como aquele homem, com sua coleção de diplomas. A sua instrução não teve benefício prático para ninguém.

O ouvir deve ser acompanhado pelo fazer. —*Richard DeHaan*

*Abra a Bíblia em oração, leia-a cuidadosamente e obedeça-a com alegria.*

## 19 de fevereiro
## Servir com limitações

Leitura:
Hebreus 11:8-19

*...A minha graça te basta, porque o poder se aperfeiçoa na fraqueza...* —2 Coríntios 12:9

Antes de completar 4 anos de vida, Itzhak Perlman adoeceu com a poliomielite, o que o incapacitou de usar suas pernas. Mas ele compensou essa perda dedicando-se ao violino. Nos anos que se seguiram, entreteve multidões de pessoas com a sua música. Perdeu a capacidade de usar as suas pernas, mas a música lhe deu asas. Que exemplo inspirador de devoção!

Alguns dos servos de Deus mostraram devoção semelhante ao seu Senhor. Sofreram a perda de certas habilidades, mas foram inspirados a desenvolver outras capacidades de servir. Por exemplo, quando William Booth, o fundador do Exército da Salvação, descobriu que ficaria cego, ele não se entregou ao desespero. Com uma perspectiva positiva, disse aos seus colegas que havia servido a Cristo enquanto podia enxergar e que faria tudo o que fosse possível para servi-lo, mesmo quando estivesse cego.

O que motiva os cristãos a continuar servindo e seguindo a Jesus com o melhor das suas habilidades, mesmo em face de perdas e sofrimento? Como Abraão, vivemos pela fé. Olhamos para além desta vida e esperamos "...a cidade [...] da qual Deus é o arquiteto e edificador" (Hebreus 11:10). Trata-se de "uma pátria superior" celestial (v.16).

Que o Espírito Santo nos capacite a glorificar a Cristo, quaisquer que sejam as nossas limitações. —*Vernon Grounds*

*As circunstâncias que nos aprisionam não podem limitar a obra de Deus por meio de nós.*

## 20 de fevereiro
## Já agradeceu hoje?

Leitura:
Salmo 100

*Entrai por suas portas com ações de graças [...]*
*rendei-lhe graças e bendizei-lhe o nome.* —Salmo 100:4

Certo dia vi um adesivo de carro que dizia: "Você agradeceu a alguma planta hoje?" As plantas são essenciais para o equilíbrio da natureza. Elas liberam oxigênio no ar. Também são uma fonte de nutrição, combustível, remédios e materiais de construção.

Será que o adesivo de carro estava sugerindo que, por dependermos tanto das plantas, deveríamos realmente agradecer-lhes? Se é nisso que acredita o motorista daquele carro, ele certamente tem muito a aprender a respeito de quem deveria receber a nossa gratidão.

A natureza é um testemunho maravilhoso da sabedoria do Criador. A interdependência de uma forma de vida e outra nos faz compreender que fazemos parte de um sistema complexo, caracterizado por beleza e equilíbrio. Mas direcionar nossa gratidão à natureza nos lembra da acusação de Paulo àqueles que adoraram e serviram "...a criatura em lugar do Criador..." (Romanos 1:25). Somente Deus é digno da nossa gratidão! Ele colocou o nosso mundo em movimento e é Ele que o sustenta com o Seu poder.

Sim, é maravilhoso estar vivo, e muitas vezes sentimos profundos sentimentos de gratidão. Mas sempre devemos centralizar a nossa devoção àquele que não provê somente o ar que respiramos, mas também nos dá a vida eterna pela fé em Cristo.

Gostaria que o adesivo daquele carro fosse modificado para: "Você agradeceu a Deus hoje?" —*Dennis DeHaan*

*Quando você pensar em tudo o que é bom,*
*dirija os agradecimentos a Deus.*

## 21 de fevereiro
## Plantão de notícias

Leitura:
Deuteronômio 7:6-16

*...não será demorado para com o que o odeia; prontamente, lho retribuirá.*
—Deuteronômio 7:10

O plantão de notícias chamava a atenção. Diversos internos haviam escapado de uma penitenciária. Estavam armados e eram considerados extremamente perigosos. Um porta-voz da polícia expressou à comunidade a importância de serem cautelosos. Ele disse: "Estes homens estão desesperados. Eles não têm nada a perder. Já mataram e podem matar novamente."

O livro de Deuteronômio 7 nos traz uma advertência bem mais séria. De forma geral, a passagem é uma expressão positiva de benção. Ela mostra a disposição de Deus em ajudar àqueles que confiam nele. Mas esse não é o quadro completo. Você percebeu o "plantão de notícias" do versículo 10? O Senhor alertou Israel a tomar cuidado, não com homens maus perambulando pelas ruas, mas com um Deus bom que irá destruir a todos os que o odeiam.

É verdade. Homens maus não são os únicos que devem ser temidos. Também devemos temer ao nosso bom Deus. Embora Ele seja misericordioso e cheio de compaixão, a Sua maravilhosa santidade faz todos os outros tipos de medo parecerem pequenos.

Talvez não gostemos muito de encarar essa séria verdade, mas Deus não será paciente para sempre com as pessoas que não o amam nem o respeitam. Esse é um plantão de notícias que não podemos ignorar.

—Mart DeHaan

*Viva hoje como se você fosse estar diante de Deus amanhã.*

## 22 de fevereiro
## Razão para o otimismo

Leitura:
João 16:16-33

*O coração alegre é bom remédio...*
—Provérbios 17:22

A Bíblia não é um livro didático de psicologia, mas nos dá conselhos sábios para experimentarmos a felicidade, aqui e agora. O livro de Provérbios 17:22, por exemplo, nos assegura de que "O coração alegre é bom remédio, mas o espírito abatido faz secar os ossos...".

Essa simples afirmação foi recentemente corroborada pela grande pesquisa do Dr. Daniel Mark, um especialista do coração numa universidade americana. O artigo de um renomado jornal que apresentou as suas descobertas tinha o seguinte título: "O otimismo pode significar a vida para os pacientes cardíacos; e, o pessimismo, a morte". O artigo começa com estas palavras: "Uma perspectiva sadia ajuda a curar o coração."

Mas a Dra. Nancy Frasure-Smith, uma especialista do coração que estuda os efeitos da depressão, ansiedade e ira, admitiu: "Nós não sabemos como podemos mudar as emoções negativas."

No entanto, a fé em Deus pode produzir essa transformação. Pessoas que olham além das suas dificuldades presentes e colocam a sua confiança na bondade de Deus não podem deixar de ser alegres.

É de grande significado o que nosso Salvador disse em diversas ocasiões: "...tende bom ânimo..." (Mateus 9:2,22; 14:27; Atos 23:11). Sabendo que a vida está cheia de muitas crises, Ele nos encoraja com esta palavra de certeza: "...tende bom ânimo; eu venci o mundo" (João 16:33).

—*Vernon Grounds*

*Não importa o que aconteça, você pode encontrar alegria no Senhor.*

## 23 de fevereiro
## Boas-novas e ética

Leitura:
2 Reis 7:3-9

*…Não fazemos bem; este dia é dia de boas-novas,
e nós nos calamos…* —2 Reis 7:9

Se um cientista descobrisse a cura do câncer, nós esperaríamos que a descoberta fosse compartilhada com o mundo. Os princípios básicos da ética requerem que boas notícias não sejam mantidas em segredo.

Quando o rei da Síria cercou a cidade de Samaria, o suprimento de comida foi cortado. Quatro homens leprosos acharam que seria melhor morrer nas mãos dos sírios do que passar fome, e foram entregar-se ao inimigo. Mas, quando chegaram ao acampamento, eles o encontraram abandonado. O exército tinha fugido durante a noite.

Encontraram comida em todo lugar. Os quatro homens se saciaram e estavam propensos a permanecer calados sobre essas boas notícias. Mas veio-lhes à mente a lembrança de Samaria, com os seus habitantes famintos. Então disseram um ao outro: "…Não fazemos bem…" (2 Reis 7:9). Assim, tornaram-se evangelistas: divulgadores de boas notícias. Em última análise, o evangelismo consiste nisso: uma pessoa faminta conta a outra onde encontrar comida.

Descobrimos que a salvação se encontra em Jesus Cristo. Manter essa verdade somente para nós, significa violar um princípio básico de integridade. Se encontramos a cura para uma consciência culpada, se encontramos o pão da vida, temos a obrigação de compartilhar isso com outros. —*Haddon Robinson*

*Evangelismo é um necessitado dizer a outro
onde encontrar pão.*

## 24 de fevereiro
## Cante o seu amor

Leitura:
Apocalipse 5:8-14

*Cantarei para sempre as tuas misericórdias...*
—Salmo 89:1

Estava dirigindo meu carro ouvindo uma estação de rádio cristã. Em meio aos louvores costumeiros da programação, foi tocada uma música que dizia "Cantarei teu amor para sempre."

Logo que aquela canção motivadora começou, senti lágrimas rolando pela minha face. Eu estava próximo ao local de trabalho e quase não enxergava mais nada para dirigir, por causa de uma canção. O que estava acontecendo?

Após chegar ao meu destino, fiquei sentado dentro do carro, procurando descobrir o porquê daquela comoção. Depois percebi que a canção me lembrou de que, embora para mim aquele fosse o começo de mais um dia de atividades normais aqui na terra, minha filha Melissa estava vivenciando aquelas palavras, no céu. Eu a imaginei cantando alegremente do amor de Deus e adiantando-se ao resto de nós nessa canção eterna. Foi um momento de alegria, mas triste. Ao mesmo tempo em que compreendi a alegria de Melissa, lembrei-me da nossa tristeza por não tê-la mais conosco.

Grande parte da vida é assim. Alegrias e tristezas se misturam, tornando os lembretes da glória de Deus tão vitais. Nós precisamos dessas antevisões de um futuro promissor e cheio de louvor, na presença do nosso Salvador. Nas tristezas da vida, precisamos antecipar a alegria de cantar do amor de Deus e de desfrutar para sempre da Sua presença.

—*Dave Branon*

*Os que conhecem Cristo agora cantarão os Seus louvores para sempre.*

## 25 de fevereiro
## Lidando com a ira

Leitura:
Tiago 4:1-6

*De onde procedem guerras e contendas que há entre vós? De onde, senão dos prazeres que militam na vossa carne?* —Tiago 4:1

Na carta de Tiago 4, o escritor ataca com seu machado a raiz de um dos nossos problemas mais profundos: uma dedicação sufocante aos nossos próprios desejos; conseguir o que queremos e tratar de satisfazer às nossas próprias necessidades. Quando essa expectativa não se realiza, ela pode rapidamente tornar-se em um furor cego que agride outros e nos faz regredir. Pode ser que alcancemos o que queremos, mas acabamos nos sentindo insatisfeitos.

É melhor pedir a Deus para suprir as nossas necessidades, com as Suas mãos, no Seu tempo, da Sua maneira; entregar nossa vontade ao controle dele e orar como Jesus orou: "…não se faça a minha vontade, e sim a tua" (Lucas 22:42).

Não faz bem algum refletir sobre injustiças, tentar acertar as coisas por conta própria ou deixar que os desejos lascivos determinem nossas decisões. Submeter-nos aos próprios anseios por prazer trará guerras e contendas, em nós e aos que nos cercam (Tiago 4:1).

Antes que a nossa ira se acumule, podemos "dar um tempo" e conversar com aquele que nos entende melhor do que nós mesmos nos entendemos, que se preocupa conosco muito mais do que imaginamos. Podemos contar ao Senhor sobre a nossa ira e ponderar sob a Sua direção.

Podemos pedir que Deus supra as nossas necessidades à Sua maneira, pois, como disse Tiago: "…ele dá maior graça…" (v.6), um dom muito maior do que qualquer coisa que possamos obter por conta própria.

—David Roper

*Cada minuto de ira, são 60 segundos a menos de alegria.*

## 26 de fevereiro
## Bem conhecidos

Leitura:
Salmo 139:1-12

*...O Senhor conhece os que lhe pertencem...*
—2 Timóteo 2:19

Uma espécie de pássaros marinhos do Ártico vive nos penhascos rochosos da costa marítima, onde milhares deles se reúnem em pequenas áreas. Por causa da superlotação, as fêmeas põem seus ovos lado a lado, em uma longa fileira. É incrível que uma ave possa identificar os ovos que lhe pertencem. Estudos mostram que, mesmo quando um deles é removido para certa distância, ela o encontra e o leva de volta ao seu local original.

Nosso Pai celestial está muito mais ligado intimamente com cada um de Seus filhos e filhas. Ele conhece cada pensamento, emoção e decisão que tomamos. Desde a manhã até à noite, Ele dá atenção pessoal aos nossos afazeres diários. Tomado por essa gloriosa realidade, o salmista exclamou maravilhado: "Tal conhecimento é maravilhoso demais para mim: é sobremodo elevado, não o posso atingir" (Salmo 139:6).

Isso não somente evoca o nosso louvor, mas também deveria trazer grande conforto aos nossos corações. Jesus disse aos Seus discípulos que o Pai sabe quando um único pardal cai por terra. Como as pessoas têm valor muito maior do que os pássaros, os filhos de Deus podem estar seguros do Seu constante cuidado.

Como é maravilhoso ser uma pessoa tão amada e tão bem conhecida!

—Mart DeHaan

*Com Deus você nunca está perdido na multidão.*

## 27 de fevereiro
## Nosso Criador

Leitura:
Gênesis 1

*No princípio, criou Deus os céus e a terra.*
—Gênesis 1:1

O primeiro capítulo da Bíblia trata das questões mais fundamentais da vida. Declara que Deus criou todas as coisas. Isso deve ter influência na maneira como vivemos.

O escritor do livro de Gênesis fez uma afirmação radical de que existe somente um Deus. Essa verdade contrastava fortemente com o politeísmo e a idolatria do mundo da antiguidade. A descrição de cada dia da criação contestava a existência dos vários deuses que os pagãos adoravam nos dias de Moisés e declarava que estes não eram divindades de forma alguma, apenas elementos da natureza criados pelo único Deus vivo e verdadeiro.

No primeiro dia são contestados os deuses da luz e da escuridão; no segundo dia, os deuses do mar e do céu. No terceiro, os deuses da terra e da vegetação; no quarto, os deuses do sol, da lua e das estrelas; no quinto e sexto dia, os deuses animais. E, finalmente, os seres humanos. Embora todas as pessoas apresentem semelhança com o divino, elas também não passam de seres criados, que nunca devem ser adorados.

Esse relato dá os fundamentos do pacto de Israel com Deus. Por exemplo: por que os Dez Mandamentos proíbem a adoração a outros deuses? Porque somente Deus é quem fez os céus e a terra. Por que o homicídio é errado? Porque os seres humanos foram criados à imagem de Deus.

Que o nosso propósito seja conhecer o Deus vivo e verdadeiro.

—Haddon Robinson

*No princípio: Deus.*

## 28 de fevereiro
## Brincadeira de criança

Leitura:
Mateus 18:1-11

*…Em verdade vos digo que, se não vos converterdes e não vos tornardes como crianças, de modo algum entrareis no reino dos céus.* —Mateus 18:3

Depois que uma tormenta inesperada trouxe muita neve, uma foto de jornal mostrou quatro militares sorrindo, enquanto construíam um boneco de neve, do lado de fora dos muros de um quartel. O tempo frio também forçou o cancelamento de um protesto e fez ser adiado um debate sobre questões parlamentares de urgência. Homens vestindo sobretudos, e mulheres, com seus vestidos tradicionais pretos e lenços de cabeça, brincavam na neve. Existe algo na neve que traz para fora a criança que existe dentro de todos nós.

E existe algo no evangelho, que nos conclama a abandonar nossas profundas hostilidades e sentimentos de valorização própria a favor de uma humildade e fé como as de uma criança. Quando perguntaram a Jesus: "…Quem é, porventura, o maior no reino dos céus?" (Mateus 18:1), Ele chamou uma criança e disse: "…Em verdade vos digo que, se não vos converterdes e não vos tornardes como crianças, de modo algum entrareis no reino dos céus" (v.3).

Tem-se dito que a idade diminui a nossa imaginação, nossas esperanças e possibilidades. Quanto mais avançamos em idade, mais fácil é dizermos: "Isso nunca poderia acontecer." Mas, na mente de uma criança, Deus pode fazer qualquer coisa. A fé como de uma criança, cheia de admiração e confiança em Deus, abre as portas do Reino dos céus. —David McCasland

*A fé brilha mais intensamente em um coração como o de uma criança.*

## 29 de fevereiro
## Ele se preocupa?

Leitura:
Mateus 6:25-34

*...esse viver que, agora, tenho na carne,
vivo pela fé no Filho de Deus, que me amou e
a si mesmo se entregou por mim.* —GÁLATAS 2:20

Se alguma vez você estiver desenvolvendo a tendência de ver-se a si mesma como insignificante, em meio aos bilhões de pessoas deste mundo, considere isto — você é uma criatura única para Deus (Salmo 139:13,14), mesmo se for gêmeo totalmente idêntico. Jamais houve ou haverá outra pessoa exatamente igual a você.

Mais importante ainda é saber que Deus a valoriza (Mateus 6:26-30) e deu grandes passos para demonstrar o Seu amor. A Bíblia diz que o Seu Filho, Jesus Cristo, a ama de tal maneira que entregou Sua vida por você (Gálatas 2:20).

Se perguntássemos a uma mãe com muitos filhos, qual deles ela estaria disposta a entregar, tenho certeza de que ela acharia sua pergunta absurda. Susannah Wesley, por exemplo, teve 19 filhos. Entre eles, estiveram John e Charles, que foram fundamentais para o reavivamento evangélico do século 18, na Inglaterra. Mas se você lesse as cartas que ela escreveu a cada um de seus filhos, ficaria maravilhada pela preocupação com as personalidades e problemas individuais. Era como se cada um fosse filho único.

Deus também se preocupa com você, individualmente. Se duvidar alguma vez de que Ele a conhece ou vê o que lhe acontece, lembre-se do que Jesus fez por você na cruz. Esta é a medida do Seu amor.
—*Vernon Grounds*.

*Deus a ama como se você fosse
a Sua filha única.*

## 1.º de março
## Apenas um vislumbre

Leitura:
Apocalipse 22:1-5

*Nunca mais haverá qualquer maldição.
Nela, estará o trono de Deus e do Cordeiro.
Os seus servos o servirão.* —Apocalipse 22:3

Como somos gratos pelas maravilhas do mundo que Deus criou para nós — como nosso lar temporário. Embora assolada pelo mal e pela dor, esta terra está cheia de coisas bonitas que deslumbram nossos sentidos. Faça uma caminhada em um jardim florido, numa manhã de verão, e absorva a sua beleza e fragrância. Então pense em todo o seu encanto e você terá um vislumbre da glória do céu.

Há alguns anos, eu estava nas montanhas, parado do lado de fora de uma cabana. Tanto quanto podia olhar à distância, todos os picos das montanhas estavam cobertos de neve e brilhavam sob a luz da lua cheia. Que espetáculo grandioso! Mesmo assim, foi apenas um vislumbre da glória do céu.

Ouça a harmonia emocionante de uma cascata na nona Sinfonia de Beethoven. Então imagine o som glorioso dos coros angelicais.

O Salvador assegurou aos Seus discípulos que voltaria para o Pai celestial e Seu lar eterno a fim de preparar um lugar para aqueles que simplesmente cressem. Será um lugar de tamanho esplendor que não pode ser comparado a nada nesta terra.

O único requisito para entrar no lar eterno é uma fé pessoal em Cristo, em Sua morte expiatória e em Sua ressurreição. Confie no Seu sacrifício, e um dia Ele lhe dará as boas-vindas naquele lugar de beleza e alegria. —*Vernon Grounds*

*Cristo abre a porta do céu para aqueles que lhe abrem o seu coração.*

## 2 de março

### Pouco a pouco

Leitura:
Êxodo 23:20-33

*Pouco a pouco, os lançarei de diante de ti, até que te multipliques e possuas a terra por herança.* —Êxodo 23:30

Quando eu ainda era menina, minha mãe me deu um de seus livros preferidos para me ajudar, assim como tinha sido para ela anos atrás. Eu gostava de uma história em particular, mas nunca imaginei como ela me afetaria anos mais tarde.

Um menino com uma pequena pá estava tentando abrir caminho em meio à neve que se acumulara recentemente à frente de sua casa. Um homem parou para observar a grande tarefa da criança e perguntou: "Menino, como alguém tão pequeno como você pode achar que irá terminar uma tarefa tão grande?" O menino olhou para ele e respondeu confiante: "Como? Pouco a pouco!" E continuou a remover a neve.

Deus me lembrou desta história numa época em que estava me recuperando de uma crise.

Lembro-me de como meu ego "adulto" zombava da criança "fraca" dentro de mim: "Como pode uma pessoa limitada como você pensar em dar conta de uma montanha tão grande como esta?" A resposta do menino tornou-se a minha resposta: "Como? Pouco a pouco!" E eu consegui — dependendo de Deus. Mas foi por meio de pequenas vitórias, uma após a outra.

Os obstáculos que estavam diante dos filhos de Israel quando se encontravam à porta da terra que Deus havia lhes prometido devem ter dado a impressão de ser insuperáveis. Mas Deus não pediu que o povo fizesse tudo de uma vez.

"Pouco a pouco" é a estratégia para chegar à vitória. —Joanie Yoder

*Confie que Deus irá mover a sua montanha – mas continue escalando-a.*

## 3 de março
## Para onde olhar

Leitura:
Romanos 8:35-39

*...corramos, com perseverança, a carreira que nos está proposta, olhando firmemente para o Autor e Consumador da fé...*
—Hebreus 12:1,2

Vejamos. Qual é a crise do dia? Poderia ser o terrorismo e as suas ameaças ocasionais. Ou a economia e o medo de não termos mais dinheiro antes do final do mês. Quem sabe estamos no meio de uma crise pessoal, sem uma solução previsível — uma tragédia ou um fracasso grande demais para se suportar.

Antes de desabarmos sob o peso de nossos temores acumulados, faríamos bem em olhar para uma mulher do século 20 que suportou tristeza, dores e sofrimento, com gratidão.

Corrie ten Boom viveu no inferno dos campos de concentração nazistas — um lugar onde não havia esperança para a maioria das pessoas. Ela sobreviveu para contar a sua história de fé inabalável e firme esperança em Deus.

Esta mulher viu o rosto do mal bem de perto e presenciou alguns dos atos mais desumanos que um homem pode realizar. Quando saiu disso tudo, disse o seguinte: "Se você olhar para o mundo, ficará angustiado. Se olhar para dentro de si, ficará deprimido. Mas se olhar para Cristo, encontrará descanso."

Para onde você está olhando? Você está concentrando o seu olhar no mundo e nos perigos? Está fixando o olhar em si mesmo, esperando encontrar suas próprias respostas? Ou está olhando para Jesus, o autor e consumador da sua fé? (Hebreus 12:1,2). Neste mundo incerto, temos que continuar a olhar para Ele, o autor da nossa fé. —Dave Branon

*Quando o seu mundo estiver desabando, confie que Jesus irá segurá-lo.*

## 4 de março
## Diga "Misericórdia!"

Leitura:
Filipenses 4:1-7

*Não andeis ansiosos de coisa alguma; em tudo, porém, sejam conhecidas, diante de Deus, as vossas petições, pela oração e pela súplica...* —Filipenses 4:6

Quem sabe você também fazia esta brincadeira quando criança. Entrelaçava os seus dedos com os de outra pessoa e cada um tentava dobrá-los até que um dos dois gritasse: "misericórdia!" O vencedor era aquele que conseguia fazer com que o outro desistisse.

Muitas vezes, quando oramos, tentamos brincar de "misericórdia" com Deus. Temos um pedido e gostaríamos desesperadamente que fosse respondido de certa maneira e então "tentamos dobrar os Seus dedos" e fazer com que Ele ceda. Quando vemos que não estamos ganhando, tentamos com um pouco mais de força a fim de convencê-lo a atender os nossos pedidos e súplicas. Quem sabe até desistimos, mas sentindo rancor e dizemos: "Deus, o Senhor sempre ganha! Isso não é justo!"

Deus tem prazer em um coração honesto, mas em determinadas ocasiões o que se manifesta, junto a nossa honestidade, é um espírito impositivo. Bem lá no íntimo sabemos que a oração não é um meio de competir com Deus.

Em momentos de sabedoria, entendemos que devemos levar nossos pedidos diante do Senhor, entregando-os a Ele, confiando na Sua graça (Filipenses 4:6,7). A autora Hannah Whitall Smith diz: "Fique contente e desejoso em lançar-se sem reservas nos Seus braços amorosos entregando as rédeas a Ele."

Em vez de orar com resignação e rancor: "Deus, o Senhor sempre ganha...", entregue-se a Ele. Diga: "Misericórdia!" —Anne Cetas

*A oração não é um tempo para darmos ordens – mas de nos apresentarmos a Ele!*

## 5 de março
## As plantas da graça

Leitura:
Isaías 55:6-13

*Em lugar do espinheiro, crescerá o cipreste, e em lugar da sarça crescerá a murta...* —Isaías 55:13

O texto de hoje afirma que Deus faz o pinheiro e a murta florescerem onde o chão estava repleto de espinhos e roseiras bravas. Esta analogia nos faz lembrar que Ele pode criar beleza e graça onde anteriormente florescia o mal.

Onde antes crescia o cinismo, pode começar a emergir esperança e otimismo. Onde prosperava o sarcasmo, podem brotar palavras gentis de reconciliação. Onde havia a busca pelo prazer implacável e desenfreado, pode florescer o puro amor. Uma vida transformada é um sinal vivo e duradouro da obra de Deus, a lembrança (o sinal eterno) que Ele quer estabelecer (Isaías 55:13).

Você anseia por esse tipo de transformação em sua vida? Então "Buscai o Senhor enquanto se pode achar..." (v.6). Há momentos em que ficamos cansados do mal que está dentro de nós e nosso coração deseja a santidade. Isso é Deus nos chamando, lembrando-nos de que Ele está perto de nós. Em tais situações, precisamos firmar nossas raízes profundamente na Palavra de Deus e pedir que nos ajude a sermos como Ele. O Senhor diz que "Porque, assim como descem a chuva e a neve dos céus e para lá não tornam, sem que primeiro reguem a terra, e a fecundem, e a façam brotar [...] assim será a palavra que sair da minha boca..." (vv.10,11).

Busque o Senhor enquanto é possível achá-lo. As flores da graça podem substituir os espinhos da nossa natureza pecaminosa.
—*David Roper*

*Deus pode transformar uma alma manchada de pecado.*

## 6 de março

## Deixe o órgão tocar

Leitura:
1 Coríntios 12:20-26

*Pelo contrário, os membros do corpo
que parecem ser mais fracos são necessários.*
—1 Coríntios 12:22

Há muitos anos, um habilidoso organista estava tocando num concerto (naquela época, outra pessoa tinha que bombear grandes foles a fim de prover o ar para os tubos do órgão). Depois de cada hino, a plateia aplaudia calorosamente. Antes de tocar a última peça, o organista ficou de pé e disse: "Agora eu irei tocar..." e disse o nome da peça. Sentou-se e colocou a partitura no órgão. Com seus pés nos pedais e as mãos sobre o teclado, começou com um acorde grandioso. Mas o instrumento permaneceu em silêncio. Então ouviu-se uma voz que vinha dos bastidores: "Diga 'Nós'".

No trabalho para o Senhor, há espaço suficiente para a realização pessoal. Nossas habilidades nos foram dadas por Deus e o Espírito Santo nos ajuda a identificarmos o que sabemos fazer bem. Mas um espírito autossuficiente que não vê as contribuições dos outros pode arruinar tudo. Jamais um cristão alcançou o sucesso sozinho. Com eles havia mães, pais, amigos, marido, esposa ou filhos que oraram, sacrificaram-se e fizeram todo o possível para ajudar.

Conscientes da nossa profunda dívida uns com os outros, deveríamos ser gratos pelo seu papel vital na obra do Senhor em nós e por meio de nós. Um cartão de sincera gratidão, uma palavra honesta de reconhecimento ou um ato de amor contribuirá para que "o órgão continue tocando". —Dennis DeHaan

*É lindo o que pode ser feito quando não nos preocupamos com quem vai receber o crédito.*

## 7 de março

## *Aborrecido?*

Leitura:
Números 11:1-9

*Agora, porém, seca-se a nossa alma, e nenhuma coisa vemos senão este maná.* —Números 11:6

Muitas das nossas repetidas queixas estão centralizadas não no que não temos, mas no que temos e achamos que não é interessante. Seja em relação ao nosso trabalho, igreja, casa ou cônjuge, nos queixamos achando que não é isso o que queremos ou necessitamos. Essa frustração por causa da repetição das mesmas coisas tem sido, desde o início, uma característica do espírito humano.

Observe o protesto do povo de Deus com relação ao seu cardápio no deserto. Relembrando a variedade de comida que recebiam como escravos no Egito, desprezaram a provisão de Deus naquele momento: "Agora, porém, seca-se a nossa alma, e nenhuma coisa vemos senão este maná" (Números 11:6).

Deus providenciou exatamente o que eles precisavam a cada dia, mas eles queriam algo diferente. Será que estamos propensos a fazer o mesmo? O escritor e capelão do exército, Oswald Chambers disse: "O trabalho monótono é um teste do nosso caráter. Existem épocas nas quais não há iluminação nem emoção, mas simplesmente a rotina diária, a tarefa comum. A rotina é a maneira de Deus de nos guardar em meio aos tempos de iluminação. Não espere que Deus sempre dê a você minutos de vibração, mas aprenda a viver mesmo na rotina pelo poder de Deus."

Durante as épocas monótonas da vida, Deus está agindo para incutir em nós o Seu caráter. A rotina é a nossa oportunidade de experimentarmos a presença do Senhor. —*David McCasland*

*Encontramos as bênçãos ao longo do caminho.*

## 8 de março
## Diminuindo o peso

Leitura:
Hebreus 11:30; 12:1

*...desembaraçando-nos de todo peso e do pecado que tenazmente nos assedia... —Hebreus 12:1*

O exército de Alexandre, o Grande, estava avançando pela Pérsia. Em determinado ponto crítico, parecia que as tropas seriam derrotadas. Os soldados estavam levando consigo tantos despojos das batalhas anteriores que ficaram sobrecarregados e estavam perdendo a sua eficácia nos combates.

Alexandre ordenou que todas as posses desnecessárias fossem amontoadas e queimadas. Os homens reclamaram amargamente, mas pouco depois viram a sabedoria daquela ordem. Alguém escreveu: "Foi como se adquirissem asas — eles caminharam novamente com mais facilidade." A vitória estava assegurada.

Como soldados de Cristo, devemos nos desfazer de tudo que nos atrapalha no conflito com o nosso inimigo espiritual. Para combatê-lo com eficácia, devemos nos revestir apenas com a armadura de Deus (Efésios 6:11-17). A Bíblia também compara os cristãos aos corredores. A fim de ganhar a corrida, precisamos livrar-nos de "...todo peso e do pecado que tenazmente nos assedia..." e que pode nos abater e tirar as nossas forças e nossa perseverança (Hebreus 12:1). Esse peso pode ser um desejo excessivo por posses, o amor ao dinheiro, a busca por prazer, escravidão a paixões pecaminosas ou o fardo do legalismo. Se queremos combater o bom combate da fé e correr a corrida espiritual com perseverança, devemos considerar o que diz a Bíblia: devemos nos livrar de todo peso! —*Richard DeHaan*

*Se a sua vida cristã é cansativa, os pesos deste mundo podem estar segurando você.*

## 9 de março
## Pensamento cauteloso

Leitura:
Ageu 1

*Assim diz o Senhor dos Exércitos:
Considerai o vosso passado.* —Ageu 1:7

Você já esqueceu as suas chaves dentro do carro? Enviou um *email* e se esqueceu de anexar o arquivo? Experimentou uma nova receita de bolo e não acrescentou um dos principais ingredientes?

Esse tipo de coisa ocorre conosco quando não estamos prestando a devida atenção. Desatenção significa que estamos fazendo algo que não deveríamos ou que falhamos em algo que tínhamos obrigação de realizar. Essas coisas podem ser apenas pequenas inconveniências, e podem ter consequências duradouras.

Quem sabe você acredita que o povo de Israel não cometeria erros por descuido nos tempos de Ageu. Vinte anos antes, eles ainda estavam vivendo no exílio na Babilônia por terem desobedecido a Deus. Agora, de volta a Jerusalém, viviam como se todo aquele episódio nunca tivesse ocorrido.

Por isso, Deus disse a eles por meio do profeta Ageu: "…Considerai o vosso passado" (Ageu 1:7). Então Ele mostrou o erro do povo: eles estavam vivendo de forma egoísta e no luxo em vez de terminarem a construção do templo de Deus. Os pensamentos desatentos os haviam conduzido à decisões erradas e à falta de ação.

Deus quer que sejamos cautelosos com o que pensamos em relação aos nossos atos, palavras e relacionamentos. Ele quer que tomemos decisões que o glorifiquem. Seja o que for que você fizer hoje, faça-o de forma cautelosa. —*Dave Branon*

*Seja cautelosa com os seus pensamentos
ou eles a desviarão do rumo.*

## 10 de março

## Cristãos-coelhos

Leitura:
Lucas 19:1-10

*Quando Jesus chegou àquele lugar, olhando para cima, disse-lhe: Zaqueu, desce depressa, pois me convém ficar hoje em tua casa.* —Lucas 19:5

Os coelhos são criaturas tímidas que saem de suas tocas todas as manhãs, tentam se esconder de tudo (com exceção de outros coelhos), alimentam-se e voltam apressadamente aos buracos, todas as noites. "Nossa!" Nós conseguimos por mais um dia", diriam, se pudessem falar.

Muitos cristãos têm atitudes semelhantes as deles. Eles almoçam com outros cristãos no trabalho e se relacionam quase que exclusivamente com aqueles que compartilham a mesma fé. Evitam o contato com pessoas descrentes e nem pensam em aceitar um convite para uma de suas festas. Não é de admirar que os descrentes relacionam os cristãos a pessoas com justiça própria, alienada de todos.

Não podemos dizer isso de Jesus. Na verdade, Ele até mesmo disse que queria ir à casa de Zaqueu, um notável cobrador de impostos. A Sua cordialidade em meio as pessoas de má fama deu-lhe o título de *amigo de publicanos e pecadores* (Mateus 11:19).

Jesus buscou tais pessoas porque sabia que não poderia ajudá-las sem tornar-se amigo delas. Cristo nunca disse algo que não deveria ter dito, nem zombou de histórias que as pessoas vinham lhe contar. As pessoas o respeitavam porque se interessava por elas e as cuidava.

O Mestre nos equipou com o Espírito Santo e nos assegurou de que estaria conosco de modo que poderíamos seguir o Seu exemplo. Vigiemos para não nos tornarmos "cristãos-coelhos". —*Herb Vander Lugt*

*Jesus nos deixa neste mundo a fim de sermos testemunhas.*

## 11 de março
## Buscas triviais

Leitura:
2 Pedro 1:1-4

*Visto como, pelo seu divino poder, nos têm sido doadas todas as coisas que conduzem à vida e à piedade...*
—2 Pedro 1:3

Há alguns anos, eu estava na livraria de uma prestigiada universidade, quando ao caminhar pelos corredores cheios de livros, passei por uma série de pequenos cubículos para estudos que ficavam um pouco à parte. Na ocasião, espiei um estudante que estava lendo um livro cômico para crianças e quase ri em voz alta. Ali estava um jovem, rodeado pela sabedoria de muitas eras, que se deleitava com trivialidades infantis.

Não há nada de errado com livros divertidos e todos nós precisamos de uma pausa dos estudos de vez em quando — todavia, alguns nunca chegam a ir além dessa busca por banalidades. Livros, revistas e outros recursos da mídia são a sua preocupação e a sua maior influência. Que insensatez! Temos em nossas mãos a Palavra da Vida — o livro que nos diz como conhecer a Deus e viver de forma abundante, e o negligenciamos.

A grande causa da nossa negligência com relação à Bíblia não é a falta de tempo, mas a falta de vontade no coração. As palavras dos outros estão tomando o lugar da palavra de Cristo. Existem muitos bons livros e revistas — entretanto não devemos negligenciar os mistérios da graça e do amor de Deus que estão escritos em cada página da Bíblia. É ali que encontramos tudo que necessitamos (2 Pedro 1:3).

Peça a Deus que lhe dê o desejo de estudar a Sua Palavra e a fome para experimentar a Sua bondade a cada dia. —*David Roper*

*Possuir uma Bíblia significa uma enorme responsabilidade.*

## 12 de março
## A tempestade vai passar

Leitura:
Êxodo 5:1-14, 22,23

*O que confia no seu próprio coração é insensato, mas o que anda em sabedoria será salvo.* —Provérbios 28:26

O meteorologista da TV local apontava de vez em quando para o mapa e dizia algo como: "Temo que as coisas piorem antes de melhorarem."

Tal prognóstico também poderia ter sido dito sobre Israel quando Deus enviou Moisés para libertar o Seu povo da escravidão do Egito. A escuridão e o céu ameaçador da opressão em breve irromperiam numa tempestade cruel desencadeada por Faraó.

Moisés havia rogado ao Faraó que deixasse os hebreus saírem do Egito em direção ao deserto para adorarem a Deus, mas o rei os acusou de negligenciarem o seu trabalho (Êxodo 5:1,17). Por isso, ele multiplicou a quantidade de tarefas e a situação passou de mal a pior (v.18). Moisés amargurado clamou ao Senhor, pedindo-lhe uma explicação (vv.22,23). Foi difícil para aquele homem de Deus crer que uma gloriosa libertação estava para acontecer muito em breve.

Os planos do Senhor não falharam. Antes das condições se tornarem melhores para o povo, Deus os provou permitindo que o sofrimento deles aumentasse.

Mesmo quando somos obedientes ao Senhor, os céus da adversidade nem sempre se clareiam imediatamente. As circunstâncias podem piorar antes de melhorar. Mas louvado seja Deus. Sua graça nos sustentará e a tempestade passará. —*Mart DeHaan*

*A hora mais escura precede o amanhecer.*

## 13 de março
## Estrelas e areia

Leitura:
Salmo 147:1-11

*Conta o número das estrelas, chamando-as todas pelo seu nome.*
—Salmo 147:4

Uma equipe liderada por um astrônomo australiano calculou o número de estrelas no universo conhecido: aproximadamente 70 sextilhões — um 7 seguido de 22 zeros. Diz-se que esse número inimaginável é maior do que os grãos de areia em todas as praias e em todos os desertos da terra. O cálculo foi o resultado de pesquisas sobre o desenvolvimento das galáxias. Um membro da equipe disse: "Encontrar o número de estrelas não foi, na verdade, a pesquisa que estávamos fazendo, mas foi um resultado bom para brincar com elas."

Ter uma estimativa do número de estrelas pode nos ajudar a louvar a Deus com maior admiração e espanto. O Salmo 147 diz: "Louvai ao Senhor, porque é bom e amável cantar louvores ao nosso Deus; fica-lhe bem o cântico de louvor [...] Conta o número das estrelas, chamando-as todas pelo seu nome. Grande é o Senhor nosso e mui poderoso; o seu entendimento não se pode medir" (Salmo 147:1,4,5).

Este salmo não apresenta somente a majestade de Deus, mas também mostra a Sua preocupação pessoal por cada um de nós. Ele "...sara os de coração quebrantado" (v.3), "ampara os humildes" (v.6) e "Agrada-se [...] dos que o temem e dos que esperam na sua misericórdia" (v.11).

Vamos louvar o grande Deus das estrelas e da areia, que nos conhece e se preocupa com cada um de nós. —David McCasland

*Toda a criação demonstra o poder do Criador Todo-poderoso.*

## 14 de março
## Mudar o mundo?

Leitura:
Mateus 25:34-40

*Porque tive fome, e me destes de comer; tive sede, e me destes de beber...* —Mateus 25:35

Quando o meu filho Rodrigo voltou para casa, recentemente, após assistir a um concerto, trouxe consigo uma camiseta e o folheto de uma organização que ajuda crianças carentes num continente distante. Um dos cantores havia feito um desafio aos participantes.

Ele disse: "Queremos transformar o mundo com a nossa música, mas a única coisa que temos feito é cantar. Decidimos agir a fim de mudar algumas vidas e por isso começamos a apoiar financeiramente algumas crianças carentes." Ele lançou o desafio e meu filho o aceitou. Ele falou com as pessoas do seu grupo de estudo bíblico na igreja para que todos colaborassem dando um apoio mensal a uma criança.

A maioria de nós quer mudar e melhorar o mundo, mas a tarefa parece ser demasiadamente grande. Por que então não tomar a decisão de fazer pelo menos uma coisa para melhorar o que está ruim, nem que seja somente pela vida de uma pessoa?

Jesus disse que ajudar uma pessoa em Seu nome seria o mesmo que fazê-lo a Ele próprio (Mateus 25:35,36). Então por que não ajudarmos uma pessoa com comida, roupa ou transporte? E se essa pessoa perguntar sobre os nossos motivos e indagar por que a s ajudamos, poderíamos contribuir para mudar a sua vida por toda a eternidade, apresentando-lhe o Salvador.

Mudar o mundo? Comecemos por mudar para melhor a vida de uma pessoa em nome de Jesus —*Dave Branon*

*Onde quer que exista um ser humano, ali há a oportunidade de ser amável.* –Sêneca

## 15 de março
## Amor ao próximo

Leitura:
Efésios 4:29-32

*...Amarás o teu próximo como a ti mesmo.*
—Mateus 22:39

Uma fundação descobriu que apenas 15% do sucesso profissional de uma pessoa é determinado por seus conhecimentos do trabalho e habilidades técnicas. Os outros 85% do sucesso são determinados pela atitude do indivíduo e por sua capacidade de relacionamento com outras pessoas.

As Escrituras nos ensinam a sermos "...uns para com os outros benignos, compassivos, perdoando-vos uns aos outros, como também Deus, em Cristo, vos perdoou" (Efésios 4:32). Na verdade, ela nos diz para amarmos nosso "próximo" assim como amamos a nós mesmos (Mateus 22:39). E o próximo não é somente alguém que vive perto de nós ou trabalha conosco, mas qualquer pessoa que encontrarmos na jornada da vida, especialmente aquelas com necessidades.

Portanto, um princípio bíblico básico é ter atitude de cortesia, cuidado e preocupação com os outros. Ele também é a diretriz mais importante para relacionamentos agradáveis e felizes. De fato, significa até mesmo a chave de ouro para o sucesso profissional.

Todavia, o nosso propósito em demonstrar um espírito de amor ao próximo, à semelhança de Cristo, é o de obedecer a Deus, e não apenas conseguir sucesso no emprego. Afinal, a nossa suprema vocação como cristãos é incorporar e praticar o caráter de amor do nosso Senhor ao próximo. —*Vernon Grounds*

*Aqueles que amam a Deus amam o seu próximo.*

## 16 de março
## Consciência limpa

Leitura:
Romanos 2:12-16

*Por isso, também me esforço por ter sempre consciência pura diante de Deus e dos homens.* —Atos 24:16

Pinóquio, uma das história favoritas das crianças, mostra uma marionete de madeira cujo nariz fica comprido quando conta alguma mentira. Seu amigo, o Grilo Falante, diz-lhe: "Deixe a sua consciência ser o seu guia." O boneco segue este conselho, se arrepende e volta para Gepeto, seu criador. Este lhe dá um coração de carne e o livra do emaranhado de fios.

Nessa história, há um princípio para os filhos de Deus. Se não dermos ouvidos àquela voz bem no nosso íntimo que nos diz o que deveríamos ou não fazer, estaremos vivendo na escravidão. Porém, a consciência limpa traz liberdade.

Algumas pessoas não têm base sólida para tomar boas decisões. A sua consciência é fraca e podem ser facilmente influenciadas pelo comportamento dos outros. Outras pessoas têm a consciência deturpada. O padrão pelo qual medem o bem e o mal está corrompido, poluído e impuro (Tito 1:15). Mas o mais triste são as que têm sua consciência "cauterizada" (1 Timóteo 4:2). Elas resistiram à voz interior por tanto tempo que já não ouvem o que ela tem a lhes dizer.

Mas você pergunta: "Como podemos obter uma consciência limpa?" Precisamos nos arrepender dos nossos pecados e voltar-nos ao nosso Criador. Temos que pedir a Ele que ajuste os nossos desejos e comportamentos à Sua Palavra, e em seguida, ter o cuidado de obedecê-la. —*David Roper*

*A consciência é uma bússola digna de confiança quando a Bíblia é o seu verdadeiro guia.*

## 17 de março
## Manchas e buracos

Leitura:
Salmo 104:1-15

*Bendize, ó minha alma, ao S<small>ENHOR</small>, e não te esqueças de nem um só de seus benefícios.* —S<small>ALMO</small> 103:2

Um pastor que pregava a um grupo de homens pegou uma folha de papel e fez um grande ponto bem no centro. Então ergueu o papel e perguntou o que as pessoas estavam vendo.

Uma pessoa respondeu: "Vejo uma mancha preta". O pastor disse: "Certo!" "O que mais?" Seguiu-se um longo silêncio. Então o palestrante comentou: "Estou realmente surpreso. Vocês deixaram de ver a coisa mais importante de todas — o pedaço de papel."

Muitas vezes enxergamos apenas as pequenas decepções, simples manchas na folha de nossa vida e nos esquecemos das inúmeras bênçãos que recebemos do Senhor. Mas, à semelhança do pedaço de papel, as coisas boas são muito mais importantes do que as adversidades que monopolizam a nossa atenção.

Isto me lembra um verso que contém um bom conselho: "Ao caminhar pelas veredas da vida, que este sempre seja o seu objetivo: fixe seu olhar na rosca e não no buraco que ela tem!"

Sim, em vez de nos concentrarmos nas provações da vida, deveríamos fixar nossa atenção nas bênçãos. Digamos como o salmista: "Bendito seja o Senhor que, dia a dia, leva o nosso fardo…" (Salmo 68:19).

Vamos seguir louvando-o para não sermos atrapalhados pelas manchas e pelos buracos. —*Richard DeHaan*

*Invista o seu tempo contando as bênçãos
– e não externando as suas queixas.*

## 18 de março
## O medo é saudável?

Leitura:
2 Crônicas 17:3-10

*O temor do Senhor é a instrução da sabedoria…*
—Provérbios 15:33

Durante uma forte tempestade, certa mãe colocou o filho na cama e apagou a luz. Amedrontado com a trovoada, a criança perguntou: "Mamãe, você não quer dormir comigo?" Abraçando-o, ela respondeu: "Querido, não posso. Tenho que dormir com o papai." Quando saía do quarto, ouviu seu filho dizer: "Aquele grande medroso!"

O medo é algo real, mas nem sempre é negativo. No livro de 2 Crônicas 17:3-10, lemos a respeito de um medo saudável e positivo que contribuiu para que os países vizinhos não guerreassem contra Judá. O que causou este medo? O texto nos conta que "Veio o terror do Senhor sobre todos os reinos das terras que estavam ao redor de Judá, de maneira que não fizeram guerra contra Josafá" (v.10).

Um temor respeitoso do Senhor também foi o que o rei Josafá desejou para o seu próprio povo. Por isso, ele colocou como prioridade que a Palavra de Deus fosse ensinada aos israelitas. O rei sabia que se vivesse no temor do Todo-poderoso, o povo seria humilde e o obedeceria. Ao fazer o que é certo, Judá experimentaria a prosperidade e o respeito dos países vizinhos.

O livro de Provérbios 15:33 declara: "O temor do Senhor é a instrução da sabedoria, e a humildade precede a honra." Aqueles que o temem, agem com sabedoria e caminham com fidelidade diante dele, obedecendo os Seus mandamentos. —*Albert Lee*

*O temor na medida certa nos impede de cometer erros.*

## 19 de março
## Montanha-russa

Leitura:
Gálatas 6:1-10

*E não nos cansemos de fazer o bem, porque a seu tempo ceifaremos, se não desfalecermos.* —Gálatas 6:9

Se você ama alguém que está lutando contra o uso abusivo de alguma substância, sabe que suas emoções e as da outra pessoa se assemelham a uma montanha-russa — para cima e para baixo. Hoje ela quer ajuda; amanhã está bebendo ou usando drogas. Hoje, está sendo honesta; amanhã fugindo da verdade.

O Espírito Santo nos ajuda a aprender a amar as pessoas nessa condição, mesmo em meio aos seus pecados e lutas. Aqui estão alguns princípios que podemos colocar em prática:

- Trate a pessoa com respeito. Seja gentil enquanto tenta restaurá-la (Gálatas 6:1). Mas não faça por ela o que ela mesma deveria estar fazendo. Não procure impedir que sofra as consequências de seus atos, já que Deus pode usá-los para operar uma transformação.
- Lembre-se de que você não tem o poder de mudar a outra pessoa. Em vez disso, peça que Deus a ajude a se tornar a pessoa que Ele quer que você seja (vv.4,5).
- Procure ajudar com amor. Busque a sabedoria de Deus para saber o que dizer e fazer em cada encontro (Tiago 1:5). Aconselhe ou permaneça calada — com amor.
- Dependa de Deus. Você cometerá erros, mas firme-se na Palavra de Deus e entregue-se a si mesma e os seus entes queridos continuamente ao Senhor, em oração (Filipenses 4:6).

Ao fazer algumas dessas escolhas, você diminuirá a frequência dos altos e baixos das suas emoções. —Anne Cetas

*O amor ajuda as pessoas, mesmo quando dói.*

## 20 de março

## Como louvá-lo

Leitura:
Lucas 19:28-38

*...Bendito é o Rei que vem em nome do Senhor...*
—Lucas 19:38

A entrada triunfal de Jesus em Jerusalém, alguns dias antes de Sua morte, apresentou Cristo como Senhor. Quando o Mestre enviou Seus discípulos a fim de buscarem o jumentinho no qual montaria, instruiu-os para que dissessem ao dono do animal: "O Senhor precisa dele" (v.31). E quando as multidões o louvavam em alta voz, elas estavam citando o Salmo 118:26, dizendo: "...Bendito é o rei que vem em nome do Senhor..." (Lucas 19:38).

Jesus é Senhor. O Seu nome "está acima de todo nome" (Filipenses 2:9). A palavra "Senhor" se refere à Sua soberania. Ele é o Rei e todo aquele que nele crê é parte do Seu reino. Cristo se torna o Senhor das nossas vidas quando nos curvamos diante da Sua autoridade como Rei. Isto significa que vivemos em obediência a Ele.

Não sejamos como o homem que dizia ser cristão mas preferia viver em pecado. Quando o seu pastor o confrontou, ele respondeu: "Não se preocupe, pastor. Está tudo bem. Sou apenas um mau cristão". Não, não está tudo bem. De forma nenhuma! Não para um membro do Reino de Cristo (Lucas 6:43-49). Neste Domingo de Ramos, assegure-se de que você o está honrando com seus atos bem como com as suas palavras. Então você poderá se unir aos que proclamam "Jesus é Senhor!" —*Dave Egner*

*Seguir a Cristo é aceitá-lo como seu Salvador e Senhor.*

## 21 de março
## *Estrada esburacada*

Leitura:
Filipenses 1:27-30

*Porque vos foi concedida a graça de padecerdes por Cristo e não somente de crerdes nele.* —Filipenses 1:29

Quando me dizem que a vida é difícil, sempre respondo: "É claro que é." Acho que esta resposta é mais satisfatória do que qualquer outra coisa que eu possa dizer. O escritor Charles Williams disse certa vez: "O mundo é dolorido em todas as situações; mas seria insuportável se alguém nos dissesse que deveríamos gostar dele."

Às vezes, o caminho pelo qual Deus nos conduz parece nos levar para longe daquilo que achamos que seria bom para nós e assim nos faz pensar que tomamos a direção errada em alguma encruzilhada. Pensamos deste modo, porque a maioria de nós aprendeu que, se estivermos andando na direção certa, a bondade de Deus fará com que tenhamos uma vida livre de problemas.

Mas isso é um sonho impossível, muito distante da perspectiva bíblica. O amor de Deus nos conduz, muitas vezes, por estradas onde não encontramos os confortos terrenos. Paulo disse: "Porque vos foi concedida a graça de padecerdes por Cristo e não somente de crerdes nele" (Filipenses 1:29). Quando chegarmos ao fim de todos os nossos vales escuros, compreenderemos que todas as circunstâncias ocorreram para o nosso bem.

O professor de estudo bíblico F. B. Meyer afirmou: "Nenhuma outra estrada teria sido mais segura e mais certa do que aquela pela qual viemos. Se pudéssemos ver o caminho como Deus sempre o viu, teríamos escolhido o mesmo". —*David Roper*

*Se soubéssemos a razão por Deus ter permitido uma provação não nos desesperaríamos.*

## 22 de março

## Nosso Deus misterioso

Leitura:
Juízes 13:15-23

*Havendo Deus [...] falado, muitas vezes e de muitas maneiras, aos pais, pelos profetas, nestes últimos dias, nos falou pelo Filho...* —Hebreus 1:1,2

Na leitura bíblica de hoje, vemos que um visitante misterioso e majestoso apareceu a Manoá e à sua esposa, pais de Sansão. Quando Manoá perguntou: "Qual é o teu nome?", o visitante não respondeu diretamente à pergunta, mas em vez disso o Anjo do Senhor subiu ao céu na chama que saiu do altar (Juízes 13:17-20). Então este homem reconheceu que havia visto Deus em forma humana.

Quem pode entender o Deus que criou o código de 3 bilhões de letras na molécula do DNA dentro de cada célula humana? Quem pode compreender completamente o Deus que sabe tudo, até mesmo os nossos pensamentos mais íntimos? Muitos santos do Antigo Testamento conheceram e amaram este Deus. Eles experimentaram a alegria de Sua graça e perdão, mesmo sem compreender totalmente como, em Sua santidade, Ele poderia perdoar-lhe os pecados.

Como cristãos, também ficamos pasmos diante da majestade e do mistério de um Deus incompreensível. Mas temos uma grande vantagem porque o vemos revelado em Jesus, o qual disse: "...Quem me vê a mim vê o Pai..." (João 14:9). E quando Cristo estava pendurado na cruz revelou a compaixão e o amor de Deus, pois morreu ali por nós.

Mistério? Sim. Mas como é maravilhoso podermos conhecer o amor deste Deus incompreensível! —*Herb Vander Lugt*

*É impossível entender Deus
— mas é indispensável adorá-lo.*

## 23 de março
## A Bíblia aberta

Leitura:
Salmo 119: 41-48

*Também falarei dos teus testemunhos na presença dos reis e não me envergonharei.* —Salmo 119:46

Muitos hotéis em países de todo o mundo têm uma Bíblia em cada quarto. É só abrir uma gaveta e você irá encontrá-la.

Mas recentemente, enquanto estive hospedado num determinado hotel, fiquei surpreso ao ver uma Bíblia aberta num lugar proeminente em uma mesa no saguão do estabelecimento. E quando cheguei ao meu quarto, não a encontrei na gaveta mas aberta sobre a mesa. Acho que o proprietário queria chamar a atenção das pessoas, muitas vezes sozinhas e com grandes necessidades, para a presença de Deus e para a Sua Palavra.

Isso me levou a pensar sobre a minha própria atitude em relação às Escrituras. A Bíblia está aberta em meu coração de maneira que as pessoas podem vê-la? Será que os meus atos evidenciam que estou meditando na Palavra de Deus?

O Salmo 119 está repleto de louvor pela maravilha desta Palavra, com a promessa do escritor de viver segundo a mesma e compartilhá-la com outros. Ele escreveu: "...andarei com larguza, pois me empenho pelos teus preceitos. Também falarei dos teus testemunhos na presença dos reis e não me envergonharei. Terei prazer nos teus mandamentos, os quais eu amo […] e meditarei nos teus decretos" (vv.45-48).

Já que cada vida é um livro aberto, vamos procurar demonstrar o amor e o poder da Palavra de Deus, para que todos o reconheçam.

—David McCasland

*De todos os comentários das Escrituras, os melhores são os bons exemplos.* —John Donne

## 24 de março
## O início dos festejos

Leitura:
Lucas 1:26-38

*Eis que conceberás e darás à luz um filho, a quem chamarás pelo nome de Jesus.*
—LUCAS 1:31

Muitas igrejas festejam o dia 25 de março como o Dia da Anunciação. Elas comemoram a vinda do anjo Gabriel que veio anunciar a Maria que ela seria a mãe de Jesus, o Messias. Em nossa sociedade voltada para o sucesso, esta comemoração é um lembrete necessário para reconhecermos e nos regozijarmos com o início da obra de Deus na vida de uma pessoa, em vez de apenas aplaudir o que ela já realizou.

Como geralmente lemos essa passagem do evangelho de Lucas, no Natal, talvez esqueçamos que 9 meses de confiança e espera separaram o nascimento de Jesus da resposta de Maria ao anjo. Quando lemos as suas palavras de entrega sob a perspectiva deste espaço de tempo, elas adquirem novo significado: "...Aqui está a serva do Senhor; que se cumpra em mim conforme a tua palavra..." (Lucas 1:38). Maria deve ter sido grandemente encorajada quando a sua prima Isabel lhe disse: "Bem-aventurada a que creu, porque serão cumpridas as palavras que lhe foram ditas da parte do Senhor" (v.45).

Nós podemos festejar "os começos" dando um abraço ou aperto de mão a um novo cristão. Podemos escrever um cartão de encorajamento a um amigo que decidiu obedecer à Palavra de Deus.

Aproveitemos todas as oportunidades para celebrar os inícios da obra de Deus nas vidas de outras pessoas. —*David McCasland*

*Nos enchemos de esperança quando somos animados por uma palavra de encorajamento.*

## 25 de março

## Rei das nossas vidas

Leitura:
João 19:16-22

*Antes de tudo, vos entreguei o que também recebi: que Cristo morreu pelos nossos pecados, segundo as Escrituras.* —1 Coríntios 15:3

Há mais de 2 mil anos, em Jerusalém, Pilatos ordenou que fosse colocada uma placa na cruz de Cristo que dizia: "Jesus Nazareno, o Rei dos Judeus." Quem sabe Pilatos procurou infundir o medo nas pessoas e assim fazer com que desistissem de coroar o seu rei.

Rei dos Judeus. Será que este foi um pensamento que surgiu naquele momento? Ou, quem sabe, teve início quando os magos do Oriente perguntaram: "Onde está o recém-nascido rei dos judeus?" (Mateus 2:2). Estes homens haviam esperado pelo cumprimento desta promessa: "Porque um menino nos nasceu […] o governo está sobre os seus ombros; e o seu nome será: Maravilhoso Conselheiro, Deus Forte, Pai da Eternidade, Príncipe da Paz" (Isaías 9:6). Eles criam que Jesus era esta criança.

Mais tarde, quando Cristo foi crucificado, alguns zombaram: "…Salva-te a ti mesmo, se és Filho de Deus, e desce da cruz" (Mateus 27:40). Eles queriam ver se Jesus era realmente rei. Mas o Senhor não desceu da cruz e lá "…morreu pelos nossos pecados…" (1 Coríntios 15:3). Pagando por nossos pecados com Seu sofrimento, Ele tornou possível que Deus nos perdoasse.

Aqueles que aceitam o perdão de Deus e pedem que Jesus Cristo seja o seu Salvador e Senhor podem ter certeza de que Ele os receberá em Seus braços de amor. Ele é o Rei das nossas vidas. —*Albert Lee*

*Jesus é o rei das nossas vidas, por isso devemos servi-lo por toda a nossa vida.*

## 26 de março

## Graça para perdoar

Leitura:
Romanos 12:14-21

*...amai os vossos inimigos e orai pelos que vos perseguem.*
—Mateus 5:44

É difícil entender como o Senhor Jesus podia orar para que Seus executores brutais fossem perdoados (Lucas 23:34). Muitas vezes procuramos desculpas para a nossa falta de perdão argumentando que Jesus era Deus, e nós somos criaturas pecadoras. Mas o Senhor nos conclama a seguir o Seu divino exemplo.

Não é fácil colocar em prática as diretrizes da Bíblia. Por exemplo, é difícil orar sinceramente para que Deus perdoe os nossos inimigos e àqueles que nos humilham e menosprezam. Mas a Palavra de Deus é muito clara: "...amai os vossos inimigos e orai pelos que vos perseguem" (Mateus 5:44).

Ao orarmos ao Senhor, o Espírito Santo nos capacitará a colocar em prática Suas diretrizes mais difíceis. Pense em uma pessoa pela qual você sente amargura. Procure lembrar-se. Ao analisar os seus sentimentos por causa daquela pessoa, ore: "Senhor, encha o meu coração com compaixão e afasta de mim o espírito que não quer perdoar. Ajuda-me a viver em paz 'com todos os homens' (Romanos 12:18)."

Se multidões de cristãos agirem assim, teremos uma diferença transformadora nos nossos casamentos, lares e igrejas. Podemos ser uma enorme influência neste mundo cheio de ódio. —*Vernon Grounds*

*Um solo cheio de raízes de amargura
necessita ser arado pela graça de Deus.*

## 27 de março

## É fato, não fábula

Leitura:
1 Coríntios 15:1-19

*E, se Cristo não ressuscitou, é vã a vossa fé,
e ainda permaneceis nos vossos pecados.*
—1 Coríntios 15:17

A ressurreição de Jesus Cristo é a pedra angular da fé cristã. Sem ela, não temos esperança para esta vida nem para o porvir. Por isso é importante reconhecer que a nossa crença na ressurreição de Cristo não está baseada em sentimentos religiosos ou em rumores sem fundamento, mas em um fato histórico com evidências sólidas para sustentá-lo.

Há um século, um grupo de advogados se encontrou na Inglaterra para discutir os relatos bíblicos da ressurreição de Jesus. Aqueles profissionais queriam verificar se as informações disponíveis sobre Sua ressurreição eram suficientes para sustentá-la diante de uma corte de justiça. Concluíram que esse é um dos fatos da história com as melhores evidências.

Em seu livro *Countdown: A Time to Choose* (Contagem regressiva: tempo de escolher), G. B. Hardy apresenta algumas perguntas para reflexão sobre a ressurreição e declara que somente o túmulo de Jesus está vazio. E assim como Cristo venceu o pecado e a morte, nós os que confiamos nele também experimentaremos a ressurreição.

Paulo escreveu na carta de 1 Coríntios 15:17: "E, se Cristo não ressuscitou, é vã a vossa fé, e ainda permaneceis nos vossos pecados". Evidências históricas e inúmeras vidas transformadas testificam que a ressurreição de Jesus é um fato. Você já colocou a sua esperança no Cristo ressurreto? —*Dave Egner*

*A ressurreição de Cristo é mais do que um fato
da história – é a prova da nossa salvação.*

## 28 de março
## O centro da história

Leitura:
Mateus 16:13-20

*Respondendo Simão Pedro, disse:*
*Tu és o Cristo, o Filho do Deus vivo.*
—Mateus 16:16

Em seus arquivos biográficos, um renomado jornal identifica as pessoas famosas com uma simples nota como "o vencedor" ou "a grande estrela". Segundo um repórter, um destes arquivos está marcado como "Jesus Cristo — o mártir."

Todo indivíduo que pondera sobre Jesus Cristo faz algum julgamento sobre Ele. O filósofo e historiador francês Ernest Renan disse: "Toda a história é incompreensível sem Cristo". O autor americano Ralph Waldo Emerson concluiu: "O Seu nome [...] está infiltrado na história do mundo."

Kenneth Scott Latourette, antigo presidente do departamento religioso de uma universidade americana escreveu: "A breve vida de Jesus exerceu a maior influência de que temos conhecimento. Por meio dele, milhões de pessoas foram transformadas e começaram a viver do modo como Ele o fez. Medindo-as pelas consequências que se seguiram, o nascimento, a vida, morte e ressurreição de Jesus têm sido os eventos mais importantes da história da humanidade."

Que rótulo você coloca em Jesus Cristo? Se você concorda que Ele é quem Ele mesmo reivindicou ser, então permita que Ele também seja aquele a quem você oferece lealdade e amor. —Haddon Robinson

*A sua decisão com relação a Jesus*
*determina o seu destino.*

## 29 de março
## A floresta e a árvore

Leitura:
Gênesis 3:17-24

*Bem-aventurado o homem que suporta,
com perseverança, a provação...*
—Tiago 1:12

Todos nós já nos aproximamos tanto de uma tentação que perdemos a perspectiva correta. Isto acontece mesmo com coisas tão pequenas como um boato que não deveríamos ter espalhado, mas o impulso de fofocar bloqueou o nosso sentimento de amor e bom senso.

Adão e Eva enfrentaram um problema semelhante. Eles se tornaram tão obcecados por uma árvore no jardim que, por causa dela, ficaram cegos para a floresta inteira.

Veja o que isto lhes custou. O Jardim do Éden havia sido criado especialmente para eles. Neste jardim não conheciam o mal, nem provações, nem enfermidades, nem morte. Desfrutavam da companhia do próprio Criador. Entretanto, renunciaram a tudo o que tinham — apenas para comer a fruta daquela árvore proibida.

O seu erro ainda nos atormenta. Quantas vezes deixamos de ver toda a floresta da bondade de Deus por causa de uma única árvore de provação? O momento da tentação é tão envolvente, a ideia tão irresistível e, diante de nossa lógica distorcida, tão justificável.

Reflita sobre tudo o que Adão e Eva deixaram para trás no Jardim do Éden. Ocupe sua mente com as verdades da Palavra de Deus e confie na orientação do Espírito Santo, dia após dia. Então você experimentará a alegria duradoura das bênçãos de Deus em vez de ter apenas prazeres temporários. —Mart DeHaan

*A sua resposta à tentação a sustentará
ou irá quebrantá-la.*

## 30 de março
## Presença invisível

Leitura:
João 14:19-28

*Aquele que tem os meus mandamentos e os guarda, esse é o que me ama; e [...] será amado por meu Pai, e eu também o amarei e me manifestarei a ele.*
—João 14:21

Às vezes me sinto desconfortável com pregadores que sempre dizem: "O Senhor me falou", como se tivessem ouvido diretamente de Deus. Eles dão a impressão de que precisamos crer que tudo o que dizem é verdade. Afinal, como podemos contradizer a Deus?

Ao contrário, sou profundamente tocado quando pessoas em grande tristeza, ou lutando com uma grave doença, me contam que o Senhor falou ao seu coração e mostrou-se muito real. Percebo que elas experimentaram verdadeiramente a presença invisível de Deus.

G. K. Chesterton, pensando em uma analogia em relação ao que esses cristãos sentem, escreveu: "Platão contou-lhes uma verdade; mas Platão está morto. Shakespeare surpreendeu vocês com uma peça de teatro; mas não irá mais surpreendê-los. Então, imagine que esses homens ainda estivessem vivos e amanhã você pudesse participar de uma conferência com Platão, ou a qualquer momento Shakespeare comovesse a todos com um simples poema."

Jesus está vivo no sentido literal da palavra e está plenamente consciente de cada um de nós existe e de nossas necessidades. Ao vivermos em obediência a Ele, podemos contar com o fato de que Ele cumprirá a Sua promessa de manifestar-se a nós (João 14:21). Então poderemos dizer com humildade: "O Senhor falou comigo". —*Herb Vander Lugt*

*Deus fala a quem está disposto a ouvi-lo.*

## 31 de março
## Comportamento sábio

Leitura
1 Samuel 18:1-5

*Saía Davi aonde quer que Saul o enviava e se conduzia com prudência [...] e era ele benquisto de todo o povo e até dos próprios servos de Saul.* —1 Samuel 18:5

No livro de 1 Samuel, o escritor nos conta quatro vezes que Davi agia com sabedoria (18:5,14,15,30). Na verdade, ele "...lograva mais êxito do que todo os servos de Saul, portanto, o seu nome se tornou muito estimado" (v.30).

A expressão "muito estimado" sugere um respeito incomum. Davi era honrado por todo o povo, mas o mais importante era o fato de ser altamente respeitado por aqueles que faziam parte da corte de Saul e que ficaram impressionados com seu caráter nobre.

Quando os cristãos conhecem a Jesus por meio da obediência à Sua Palavra, eles começam a mostrar qualidades de caráter que os distinguem de outros, pois a verdadeira sabedoria consiste em viver como Cristo. Isto não é algo corriqueiro; trata-se de um comportamento incomum.

Tiago disse em sua carta "A sabedoria, porém, lá do alto é, primeiramente, pura; depois pacífica, indulgente, tratável, plena de misericórdia e de bons frutos, imparcial, sem fingimento" (3:17). Esta forma agradável de caminharmos pelo mundo vem somente "do alto".

A experiência de Davi também pode ser a nossa. A promessa que Deus fez a ele se aplica igualmente aos cristãos de hoje. O Senhor disse: "Instruir-te-ei (darei sabedoria) e te ensinarei o caminho que deves seguir..." (Salmo 32:8).

Estamos aprendendo a ter comportamento sábio? —*David Roper*

*Nosso caráter será tão forte quanto é o nosso comportamento.*

## 1.º de abril
## Coisas quebradas

Leitura:
Salmo 31:9-24

*...sou como vaso quebrado.*
—Salmo 31:12

São poucas as pessoas que Deus usa e que não foram, de alguma maneira, "quebradas" neste mundo. Poucos homens e mulheres alcançaram, ao longo de suas vidas, a realização de suas esperanças e planos sem que antes tivessem passado por frustrações e decepções.

Mas as decepções pelas quais passamos são, muitas vezes, experiências planejadas por Deus. Aquilo que chamamos de tragédia pode ser justamente a oportunidade por meio da qual Deus exibe Seu amor e graça. Observando a vida das pessoas que passaram por quebrantamento podemos ver que, por causa das provações, se tornaram cristãos melhores e mais efetivos do que seriam sem estas experiências.

E você, cara amiga, está quebrantada hoje? Foi-lhe tirada a coisa mais querida da sua vida? Lembre-se de que se pudesse ver tudo o que aconteceu, sob o ponto de vista de Deus, você o louvaria.

As melhores coisas que nos acontecem não são aquelas que alcançamos por causa do nosso esforço, mas aquelas que Deus nos dá conforme o Seu querer. O caminho através de provações e tristezas é expressão do amor de Deus, embora pareça duro e cruel, e no final será o melhor para nós.

Lembre-se de que temos esta promessa: "...o Senhor [...] nenhum bem sonega aos que andam retamente" (Salmo 84:11). —*Mart DeHaan*.

*Para um cristão, o aperfeiçoamento sempre vem depois do quebrantamento.*

## 2 de abril
## O amigo das crianças

Leitura:
Mateus 19:13-15

*Jesus, porém, disse: Deixai os pequeninos, não os embaraceis de vir a mim, porque dos tais é o reino dos céus.* —Mateus 19:14

Hoje, pessoas em todo o mundo vão se lembrar do aniversário do nascimento do grande contador de histórias, Hans Christian Andersen. As lições e o encorajamento dos seus contos, tais como A Pequena Sereia, O Patinho Feio e a A Roupa Nova do Imperador ainda são considerados um grande presente para as crianças em qualquer lugar do globo.

Todavia, devemos nos lembrar de que Jesus Cristo é o maior amigo das crianças que o mundo já conheceu. Ninguém fez mais por elas do que o Mestre.

Quando os discípulos repreenderam as pessoas por trazerem os pequeninos a Ele, o Senhor disse: "...Deixai os pequeninos, não os embaraceis de vir a mim, porque dos tais é o reino dos céus" (Mateus 19:14).

Jesus via nas crianças pessoas de valor. Depois da Sua entrada triunfal em Jerusalém, o Senhor aceitou o seu louvor e lembrou àqueles que as criticavam que Deus mesmo ordenara este louvor vindo da "...boca de pequeninos e crianças de peito" (Mateus 21:16; Salmo 8:2).

Todos os que confiam no Salvador com a fé simples de uma criança gozam do privilégio de Sua companhia. Os Seus braços amorosos e o coração meigo estão prontos para abraçar toda criança que o aceita. Ele recebe de boa vontade a todos que lhe abrem o coração. Jesus é o Amigo das crianças. —David McCasland

*O Criador guarda os Seus segredos dos sábios, mas pode ser conhecido pelas crianças.*

## 3 de abril
## Teias de aranha

Leitura:
Romanos 10:11-17

*E como crerão naquele de quem nada ouviram?*
—Romanos 10:14

Conta-se a história de um pintor que foi incumbido de fazer um quadro representando uma igreja decadente. Em vez de retratar uma igreja velha e deteriorada, entretanto, ele pintou um templo magnífico em estilo moderno. Por uma das janelas podia-se ver uma caixa muito bonita, mas coberta por teias de aranha, que era destinada a receber as ofertas dos membros para missões.

A igreja ou o indivíduo cujo coração e vida não está envolvido na proclamação do evangelho está decadente e a caminho da ruína. Podemos estar envolvidos em belas atividades cristãs, mas nossas energias podem não estar sendo usadas de forma apropriada se a missão de anunciar a salvação — o objetivo de Deus para esta era — não estiver sendo cumprido.

Deus elaborou de tal forma o Seu plano para a evangelização do mundo que cada cristão pode se envolver nele de forma eficaz. Todos nós deveríamos rogar "...ao Senhor da seara que mande trabalhadores para a sua seara" (Mateus 9:38).

Alguns ouvirão o chamado pessoal do Senhor para serem pregadores — pois, "...como ouvirão, se não há quem pregue?" (v.14).

Outros serão doadores e participarão do envio de pessoas para os campos missionários, pois "como pregarão, se não forem enviados?" (v.15).

Que não permitamos que, por causa da nossa falta de envolvimento, se formem teias de aranha sobre a causa das missões mundiais.

—Paul Van Gorder

*Incontáveis milhões estão perecendo – incontáveis.*

## 4 de abril
## Sabedoria na Bíblia

Leitura:
Provérbios 8:12-21

*Onde está o sábio? [...] Porventura, não tornou Deus louca a sabedoria do mundo?*
—1 Coríntios 1:20

Estimamos as Escrituras, porque são a Palavra inspirada de Deus e nos ensinam como alcançar uma vida abundante neste mundo e a vida eterna no porvir. De fato, nela encontramos a fonte de sabedoria que vai além da sabedoria dos maiores filósofos (1 Coríntios 1:20). Mas, em nossa cultura, este fato raras vezes é reconhecido.

Por isso, fiquei contente em ler um artigo de David Brooks, colunista de um renomado jornal norte-americano, elogiando a sabedoria bíblica. Ele falou das ideias de Martin Luther King, extraídas das Escrituras, quanto à natureza humana.

Afirma que King "...tinha uma visão mais acertada das realidades políticas do que os seus aliados seculares liberais, porque demonstrava ter sabedoria bíblica com relação à natureza humana". E segue dizendo: "A sabedoria bíblica é mais profunda e mais exata do que a sabedoria apresentada pelas Ciências Sociais seculares."

Estamos buscando nessa fonte a sabedoria para as nossas vidas? Nós necessitamos da sabedoria das Escrituras para lidar com os nossos problemas pessoais e com as questões políticas. Se estudarmos e obedecermos a Bíblia, seremos capazes de testemunhar, com humildade, como o salmista: "Compreendo mais do que todos os meus mestres, porque medito nos teus testemunhos" (Salmo 119:99). —*Vernon Grounds*

*Uma verdade da Bíblia vale mais do que toda a sabedoria do homem.*

*5 de abril*

## Em quem você confia?

Leitura:
Jeremias 17:5-10

*Bendito o homem que confia no Senhor e cuja esperança é o Senhor.* —Jeremias 17:7

Vamos ser honestos: somos capazes de confiar em nós mesmos, sempre e em tudo? Até o apóstolo Paulo disse com ênfase a respeito de si mesmo: "Mas esmurro o meu corpo e o reduzo à escravidão, para que, tendo pregado a outros, não venha eu mesmo a ser desqualificado" (1 Coríntios 9:27). Ele não confiaria em si mesmo para fazer a coisa certa a não ser que mantivesse o seu corpo sob rígida disciplina.

A leitura bíblica de hoje nos lembra que "Enganoso é o coração, mais do que todas as coisas, e desesperadamente corrupto; quem o conhecerá?" (Jeremias 17:9). Não é possível para qualquer um de nós compreender a extensão dos enganos do nosso coração. Como poderemos então confiar completamente em nós mesmos ou numa outra pessoa?

Jeremias advertiu os últimos reis de Judá para que não colocassem a sua confiança em reis terrenos (vv.5,6). Mas eles buscaram continuamente a ajuda do Egito. Como foram insensatos! Deveriam ter se arrependido de sua maldade e se voltado para o Deus Todo-poderoso, para que Ele os ajudasse.

Em quem podemos confiar e pedir ajuda em tempos difíceis e incertos? A Palavra de Deus nos diz que aqueles que depositam a sua confiança em Deus são como árvores plantadas junto às águas. Mesmo em tempos de seca eles não vão deixar de dar frutos (vv.7,8).

Vamos confiar em Deus a fim de produzir frutos em nossa vida.

—*Albert Lee*

*Não deixe que a autoconfiança substitua a sua confiança em Deus.*

## 6 de abril

## Volte e conte

Leitura:
Lucas 8:26-39

*Volta para casa e conta aos teus tudo o que Deus fez por ti...*
—Lucas 8:39

Guilherme e Gabriel eram amigos desde a infância. Guilherme era cristão, Gabriel não. Gabriel estava para embarcar em um navio para realizar uma longa viagem. Foi então que Guilherme sentiu a necessidade de falar-lhe a respeito de Cristo antes do amigo partir. Prometeu para si mesmo: "Vou falar de Cristo ao meu amigo a caminho do porto." Mas não o fez.

Chegando ao navio, pensou: "Quando levarmos a bagagem à sua cabine, vou falar com ele." Mas o carregador levou as malas, de modo que eles não chegaram a ir ao aposento. Finalmente aquele cristão disse a si mesmo: "Tenho a certeza de que vou testemunhar para ele em algum lugar tranquilo, antes do navio partir."

Entretanto, ouviu-se repentinamente um aviso para que todos os visitantes deixassem o navio a fim de que o mesmo pudesse partir. Dois meses depois, Willian recebeu a notícia de que Gabriel havia morrido durante a viagem.

Lemos sobre um homem possuído por muitos demônios que foi restaurado milagrosamente por Jesus. Em gratidão, ele queria permanecer com o Senhor para adorá-lo. Mas Jesus disse: "Volta para casa e conta aos teus tudo o que Deus fez por ti…" (Lucas 8:38,39).

Você vai aplicar as palavras de Jesus à sua vida e falar a alguém da Sua graça e salvação, começando em sua própria casa? Não adie esta responsabilidade. Fale agora para alguém a respeito de Jesus!

—Mart DeHaan

*Qualquer lugar é o lugar certo para testemunhar.*

## 7 de abril
## Você está lutando?

Leitura:
Hebreus 12:1-7

*Considerai [...] aquele que suportou tamanha oposição dos pecadores [...] para que não vos fatigueis, desmaiando em vossa alma.* —Hebreus 12:3

Depois de dois anos de viuvez, eu estava lutando muito. Manhã após manhã, a minha vida de oração consistia num único pensamento: "Senhor, eu não deveria estar sofrendo desta maneira!". "E por que não?", a voz de Deus me perguntava suavemente dia após dia.

Então veio a resposta que eu não havia reconhecido — orgulho! De alguma maneira, achei que uma pessoa com a minha maturidade espiritual deveria estar muito além destas lutas interiores. Que pensamento ridículo! Eu nunca tinha sido viúva antes e necessitava da liberdade de ser uma verdadeira aprendiz — mesmo que fosse uma aprendiz relutante.

Ao mesmo tempo, lembrei-me da história de um homem que ficou observando o casulo de uma borboleta para ver como ela emergiria dele atravessando uma pequena abertura. O homem tentou ajudá-la aumentando a abertura com um pequeno corte. O inseto saiu com facilidade, mas as suas asas se enrugaram.

A luta para passar pela abertura estreita é a maneira que Deus criou para forçar o fluido a passar do corpo do inseto para as suas asas. O "corte" misericordioso, na realidade, foi danoso. A carta aos Hebreus 12 descreve a vida cristã como uma corrida que envolve perseverança, disciplina e correção. Algumas vezes, esta luta é exatamente o que precisamos para nos tornarmos aquilo que Deus quer. —Joanie Yoder

*Experimentamos as forças de Deus na tensão das nossas lutas.*

## 8 de abril

## Ambição fiel

Leitura:
Gálatas 6:12-18

*Mas longe esteja de mim gloriar-me, senão na cruz de nosso Senhor Jesus Cristo...* —Gálatas 6:14

No final do século 19, um ex-aluno de uma conceituada universidade britânica tornou-se o primeiro-ministro da Inglaterra. Um dos seus colegas, tornou-se o ministro das Relações Exteriores. Outro, obtete reputação internacional como escritor. Outro ainda, Temple Gairdner, talvez o mais dotado dentre todos os seus colegas, não chegou a ser famoso ou de grande influência. Por quê? Ele aceitou a Jesus como seu Salvador e viveu como missionário em lugares obscuros e perigosos.

Gairdner também poderia ter se tornado tão conhecido quanto os seus colegas. Mas quando decidiu tornar-se missionário, escreveu para a sua irmã: "Encontro muita dificuldade em lidar com a ambição. Parece tão natural, especialmente quando se tem os meios e a formação necessária, procurar tornar-se ilustre e conhecido, e é difícil renunciar-se a si mesmo para viver e morrer em algum lugar distante".

Provavelmente, não seremos chamados para fazer esse tipo de sacrifício, mas será que estamos dispostos a servir ao nosso Salvador em obediência radical? Para servi-lo com fidelidade, devemos colocar de lado os nossos próprios interesses, como o apóstolo Paulo o fez: "Mas longe esteja de mim gloriar-me, senão na cruz de nosso Senhor Jesus Cristo..." (Gálatas 6:14).

Não precisamos ser famosos, mas precisamos ser fiéis onde quer que o Senhor nos colocar. —*Vernon Grounds*

*O mundo recompensa o sucesso rápido;*
*Deus recompensa a fidelidade em longo prazo.*

## 9 de abril

## A cruz e a coroa

Leitura:
Marcos 11:1-11

*...eis aí te vem o teu Rei, justo e salvador, humilde, montado em jumento, num jumentinho, cria de jumenta.* —Zacarias 9:9

Quando entrou em Jerusalém montado em um jumento, Jesus apresentou-se a Israel como o seu Rei. Talvez se estivesse montado em um cavalo teria transmitido melhor a imagem de um rei, mas Zacarias havia profetizado que Ele viria de uma forma humilde, assim como o fez.

Por quê? Os reis do Oriente montavam jumentos quando estavam em missões de paz. O cavalo era usado nas guerras.

A multidão pensava em termos de prosperidade terrena e libertação de Roma. Por isso eles gritavam: "Hosana, nas maiores alturas!" (Marcos 11:10). Todavia, alguns dias mais tarde, os gritos da multidão se transformaram em: "Crucifica-o!" (Marcos 15:13). Alguns que diziam ser admiradores de Jesus, mas não o reconheciam como o Salvador dos pecadores.

Enquanto o problema do pecado não é resolvido, não podemos satisfazer a nossa mais profunda necessidade. Por essa razão, Cristo entrou em Jerusalém em um jumento, com o rosto voltado para a cruz, sabendo muito bem o tipo de morte vergonhosa e dolorida que sofreria ali.

Agora, após ter pago o preço pelo pecado da humanidade, Jesus está exaltado à direita de Deus e voltará novamente como o Rei dos reis e Senhor dos senhores. A Sua cruz tinha que preceder a Sua coroa.

Se queremos fazer parte do Seu Reino celestial, precisamos confiar nele como nosso Salvador. —*Herb Vander Lugt*

*Ninguém receberia a coroa no céu se Cristo não tivesse carregado a cruz aqui na terra.*

## 10 de abril
## Solte o seu balão!

Leitura:
2 Samuel 22:1-8

*Celebrar-te-ei, pois, entre as nações, ó Senhor, e cantarei louvores ao teu nome.* —2 Samuel 22:50

Em uma igreja, os participantes de uma conferência receberam balões com gás e foram instruídos a soltá-los durante a adoração, quando quisessem expressar a sua alegria. Durante o culto os balões subiam, um após o outro. Mas quando terminou a reunião, um terço das pessoas não havia soltado os seus balões. Será que eles não conseguiram se lembrar de um motivo sequer para louvar a Deus?

O rei Davi teria soltado o balão quando cantou a sua canção de louvor registrada no livro de 2 Samuel 22. Deus o havia libertado de todos os seus inimigos (v.1). Anteriormente, se escondendo do rei Saul no deserto rochoso, ele aprendera que encontramos a verdadeira segurança somente na Rocha verdadeira — em Deus (1 Samuel 23:25). Seu coração tinha que "louvar" e "cantar louvores" pois o Senhor havia se tornado a sua Rocha, Fortaleza, Libertador, Escudo, Refúgio e Salvador (2 Samuel 22:2,3,50).

O que o Senhor, ao longo de toda a sua vida, tem sido para você? Sua paz em tempos caóticos? O seu conforto em meio às perdas? O perdoador nas suas escolhas pecaminosas? A sua fortaleza diante de tarefas difíceis?

Pegue uma folha de papel e faça uma lista de coisas para agradecer. Então tome tempo para louvar a Deus por tudo o que Ele é e tem feito.

Solte o seu balão! —Anne Cetas

*O louvor é o transbordar de um coração alegre.*

## 11 de abril
## Livre-se das lagartas

Leitura:
Provérbios 3:19-26

*...guarda a verdadeira sabedoria e o bom siso [...].*
*Então, andarás seguro no teu caminho...* —Provérbios 3:21,23

Um homem estava frustrado pois tinha um jardim cheio de toupeiras. Tentou de tudo para derrotar aqueles inimigos subterrâneos, mas estava perdendo a batalha. Por fim, um amigo o informou de que ele estava tentando resolver o problema da maneira errada. Os verdadeiros culpados não eram as toupeiras. O problema eram as lagartas que as toupeiras comiam. O dono do jardim deveria se livrar das lagartas e as toupeiras não teriam mais nenhuma razão para ficar ali.

O livro de Provérbios nos apresenta uma situação semelhante. Entretanto, neste texto, o problema não são as toupeiras, mas o medo — o medo que nos priva de energia durante o dia e do sono durante a noite (3:24,25).

O que também se torna evidente neste capítulo é que podemos eliminar os nossos temores atacando as "lagartas" que os alimentam. Devemos nos desfazer da autossuficiência e da irreverência (3:5-8). Temos de tratar a nossa maneira má e insensata de ser adquirindo a sabedoria divina e o entendimento (3:13-18). Então, e somente então o medo perderá a sua força.

O importante é conhecer o verdadeiro problema, de maneira que este possa ser tratado. Quando se trata do medo, temos que tomar decisões sábias baseadas na Palavra de Deus e construir um relacionamento de amor e confiança com Cristo. É disso que precisamos para nos livrarmos das "lagartas". —*Mart DeHaan*

*Mantenha os olhos em Deus e em breve*
*você perderá os temores de vista.*

## 12 de abril
## Casas de esplendor

Leitura:
Ageu 2:1-9

*Acaso, é tempo de habitardes vós em casas apaineladas, enquanto esta casa permanece em ruínas?* —Ageu 1:4

A profecia de Ageu muitas vezes passa despercebida nas Escrituras, mas ela tem muito a nos dizer. Este livro tão curto consiste de quatro mensagens de Deus aos judeus que haviam retornado do exílio na Babilônia. A missão primordial do povo era reconstruir o templo em Jerusalém.

Eles começaram bem, mas o seu entusiasmo diminuiu e eles se dedicaram a construir casas para si mesmos. Em sua primeira mensagem, Ageu perguntou: "Acaso, é tempo de habitardes vós em casas apaineladas, enquanto esta casa permanece em ruínas?" (1:4).

Na segunda mensagem (Ageu 2:1-9), Ageu perguntou se alguém se lembrava do templo que Salomão havia construído e que o rei Nabucodonosor destruíra. Alguns poucos idosos ainda se lembravam da glória daquele templo magnífico. Comparado ao templo de Salomão, o templo daquele momento parecia lamentável.

Vamos pensar por um instante acerca do nosso trabalho de construção da igreja. Para nós, a igreja é o corpo de Cristo — os próprios cristãos (1 Coríntios 12:27). Como seguidores de Jesus, temos a missão de nos tornarmos uma igreja forte, dedicada, que cresce e dá testemunho.

Como está a sua congregação local? Está ocupada em fazer o trabalho de Deus? Você está envolvida pessoalmente nessa edificação? Ou está distraída construindo "casas apaineladas" para você mesma?

—*Dave Egner*

*O compromisso com Cristo envolve o compromisso com a Sua igreja.*

*13 de abril*

# O dia mais escuro

Leitura:
Mateus 26:17-30

*A pedra que os construtores rejeitaram, essa veio a ser a principal pedra, angular.* —Salmo 118:22

Ao celebrar a Páscoa, os adoradores judeus cantam os Salmos 113 a 118. Na cerimônia, eles começam agradecendo pela liberdade e beleza da vida que Deus dá. A cerimônia termina quando os participantes cantam e louvam a Deus a fim de agradá-lo e expressar a sua própria alegria. Um rabino explica este louvor afirmando que ele exprime a "alegria da liberdade".

Quando a refeição da Páscoa está para terminar, eles cantam a segunda parte destes salmos. Jesus e Seus discípulos cantaram um hino e saíram para o monte das Oliveiras (Mateus 26:30) depois de celebrarem a última Páscoa juntos. Talvez eles tenham cantado juntos este salmo: "A pedra que os construtores rejeitaram, essa veio a ser a principal pedra, angular; isto procede do Senhor é maravilhoso aos nossos olhos. Este é o dia que o Senhor fez; regozijemo-nos e alegremo-nos nele" (Salmo 118:22-24).

Qualquer que tenha sido o hino que eles cantaram, a confiança que Jesus tinha na bondade de Seu Pai celestial é impressionante. Ele foi capaz de louvá-lo mesmo sabendo que estava para vivenciar o dia mais escuro da sua vida. —*Julie Ackerman Link*

*O louvor tem o poder de aliviar os nossos fardos mais pesados.*

## 14 de abril
## Por que pecar é ruim?

Leitura:
Isaías 53:4-10

*Mas ele foi traspassado pelas nossas transgressões…*
—Isaías 53:5

Dor. Dor horrível e torturante. Insuportável. Inexprimível. Cada chicotada nas costas de Jesus e cada passo ao subir a ladeira de Gólgota, com seus músculos ardendo, significaram para o nosso Salvador o castigo pelos nossos pecados.

Olhamos muitas vezes para o pecado e perguntamos: Por que fazer disso um grande problema? Afinal, nossos pecados não são tão ruins assim. Se mentimos um pouco ou enganamos alguém — que mal há nisso? Se fofocarmos sobre outros ou usarmos algumas vezes de uma linguagem grosseira — quem se ferirá com isso? O que há de tão mau com relação ao pecado?

Ele é mau por causa daquilo que Jesus teve que sofrer para nos resgatar do pecado. Sim, os nossos pecados foram a razão do tormento que Jesus sofreu ao seguir em direção à cruz — e por estar pendurado naquele madeiro e ter tido uma morte horrível.

É claro, jamais poderemos desfazer o que foi feito; aquela dor é irreversível. Todavia, precisamos compreender que se continuarmos pecando de forma consciente, na realidade, estamos voltando nossas costas para Jesus e Sua dor. Isso significa que não nos importamos com o que Jesus teve que suportar e faremos o que quisermos. Pecar diante da cruz é o mesmo que dizer a Jesus que o Seu sofrimento mais intenso nada nos ensinou sobre a gravidade do pecado.

Por que o pecado é ruim? Veja o que ele fez com Jesus. —*Dave Branon*

*Jesus carregou os nossos pecados
para que pudéssemos ter a salvação.*

## 15 de abril

## Os que passavam

Leitura:
Marcos 15:24-38

*Os que iam passando, blasfemavam dele...*
—Marcos 15:29

Pense nas pessoas que passavam insensíveis pelo Salvador quando Ele estava pendurado na cruz. Como eram cruéis! Mas antes de julgá-las, vamos nos lembrar que muitas ainda hoje fazem exatamente o mesmo. E estas se enquadram em três grupos:

**Aqueles que querem a cruz sem Cristo.** É possível reverenciar o símbolo, mas não o Salvador. Alguns, quem sabe, seguram em suas mãos uma cruz em miniatura, feita de madeira ou ouro, mas este emblema nunca representará a expiação por algum pecado. Somente Cristo redime as nossas almas com o Seu precioso sangue.

**Aqueles que querem Cristo sem a cruz.** Eles querem um vencedor e não um Cordeiro que está para morrer. São os que gritariam: "Desça da cruz!" (Marcos 15:30). Muitos desejam um bom exemplo, um grande mestre ou um rei triunfante. O seu evangelho é o das obras, e desprezam o evangelho que declara que somos justificados pela fé naquele que derramou o Seu sangue na cruz.

**Aqueles que não querem nem Cristo nem a cruz.** Eles permanecem insensíveis diante da Sua tristeza, não se comovem com o Seu sofrimento nem se arrependem dos seus pecados, os quais Ele os carregou. Jamais disseram as palavras de um antigo hino: "Cantarei de Jesus Cristo, que sofreu pra me salvar; Ele sobre a cruz foi morto para da pena me livrar." —*Paul Van Gorder*

*Jesus tomou o nosso lugar a fim de que pudéssemos ter a Sua paz.*

## 16 de abril

### Deus moverá a pedra

Leitura:
Marcos 16:1-14

*E, olhando, viram que a pedra já estava removida; pois era muito grande.* —Marcos 16:4

As mulheres que queriam ungir o corpo sem vida de Jesus merecem ser admiradas pelo seu terno amor e afeto pelo Salvador. Mas, quando elas se aproximaram do sepulcro, ficaram ansiosas pensando sobre como iriam retirar a pesada pedra que estava à frente do túmulo. Seus temores não tinham razão de ser, pois a pedra já tinha sido removida.

Assim como elas, nós muitas vezes estamos preocupados desnecessariamente, em relação às dificuldades que Deus removerá ou nos ajudará a superar graciosamente. Exercitemos a fé ao enfrentarmos obstáculos em nosso caminho ou em nossas tarefas. Podemos estar seguros da assistência do Senhor em tais situações quando clamarmos pelo Seu nome e buscarmos a Sua glória.

Veja algumas admoestações práticas que se aplicam à leitura de hoje:

*No esplendor da luz brilhante de hoje,*
*Deixe as preocupações do amanhã.*
*Não desperdice as alegrias do presente perguntando:*
*"Quem as removerá?"*
*Muitas vezes, antes de enfrentarmos as provações*
*Temos que dizer a nós mesmos: "Anjos desceram dos céus*
*E já a removeram."* —Anônimo

Siga em frente, continue servindo, sem medo dos possíveis obstáculos futuros. Anime o seu coração com a certeza de que diante de qualquer dificuldade que você enfrentar, Deus removerá a pedra. —*Henry Bosch*

*Se Deus não remover um obstáculo, Ele a ajudará a encontrar um caminho para contorná-lo.*

## 17 de abril
## Obra inacabada

Leitura:
Hebreus 7:23–8:2

*...vivendo sempre para interceder por eles.*
—Hebreus 7:25

Ouvimos frequentemente a respeito da salvação que Cristo nos concedeu no Calvário ao morrer por nossos pecados. Mas fala-se pouco do Seu contínuo ministério de oração para o nosso crescimento espiritual. Assim como Jesus orou por Pedro num momento de severa tentação (Lucas 22:31,32), Ele também intercede a nosso favor diante do trono do Pai. Esta obra vital do Salvador vai continuar enquanto tivermos a necessidade de Sua ajuda, conforto e bênçãos.

Robert Murray McCheyne, o amado pastor escocês do século 19, escreveu: "Se eu pudesse ouvir Cristo orando por mim no quarto ao lado, não temeria milhões de inimigos. Mesmo assim, a distância não faz qualquer diferença. Ele está orando por mim!"

Durante uma profunda crise pessoal, compreendi de maneira nova e maravilhosa a verdade contida na carta aos Hebreus. Satanás parecia estar me atacando de todos os lados. Então pedi que o Senhor suplicasse por mim. No dia seguinte, o problema foi resolvido e soube que fora o resultado da intervenção especial do Senhor. Jamais eu tinha estado tão consciente do ministério de sumo sacerdote do Salvador (Hebreus 8:1).

Se você está enfrentando uma grande dificuldade, diga-a para Jesus. Ele as apresentará diante do Pai. Pela intercessão de Cristo, você experimentará os resultados extraordinários que somente as Suas orações podem efetuar. —*Henry Bosch*

*O poder da oração de Cristo
é maior do que o poder de Satanás.*

## 18 de abril

## A ajuda está a caminho

Leitura:
1 João 3:11-20

*Ora, aquele que [...] vir a seu irmão padecer necessidade, e fechar-lhe o seu coração, como pode permanecer nele o amor de Deus?* —1 João 3:17

Nossos amigos estavam fazendo uma longa viagem numa van alugada. Na metade do caminho o carro estragou ao entrar em um enorme buraco na estrada. Outros carros também sofreram o mesmo dano e a cena se tornou caótica.

Enquanto nossos amigos pensavam sobre o que fazer, um policial se ofereceu para deixá-los num restaurante nas proximidades. Quando lá chegaram, sentaram-se em um canto esperando por notícias das pessoas que estavam arrumando o seu carro. Como o trabalho deles era servir aos outros, eles não tinham muito dinheiro disponível.

Enquanto isso acontecia, eles nos telefonaram contando sobre a dificuldade, mas não podíamos fazer muito, a não ser orar e confiar que Deus cuidaria deles. Quando estavam ali sentados com seus filhos, um homem aproximou-se com pacotes contendo cachorros-quentes e batatas fritas. Ao entregá-los à família, ele explicou: "Deus me disse que deveria dar-lhes este alimento."

Quantas vezes vimos que Deus nos enviou ajuda quando estávamos em necessidade. E, por outro lado, quantas vezes vimos a necessidade de ajudar alguém — e nada fizemos?

Somos as mãos de Deus aqui na terra — criados tanto para receber ajuda como para ajudar. Você conhece alguém que está precisando da ajuda de Deus por seu intermédio? —*Dave Branon*

*Uma mão que ajuda pode aliviar o fardo de outra pessoa.*

## 19 de abril
## Lição de uma abelha

Leitura:
2 Reis 7:1-11

*Digam-no os remidos do Senhor...*
—Salmo 107:2

Anos atrás, coloquei uma caixa com mel para alimentar algumas abelhas que tinham uma colmeia por perto. Para começar o processo, capturei uma delas com um copo, coloquei-a na caixa e esperei até que ela descobrisse o tesouro.

Depois de satisfeita, voou diretamente para a colmeia. Depois de algum tempo, voltou com uma dúzia de outras abelhas. E estas trouxeram outras até que, finalmente, um enxame cobriu a caixa. Em pouco tempo elas haviam levado todo o mel para a colmeia.

Que lição para nós! Estamos contando aos outros sobre aquele que nós encontramos? Cristo nos incumbiu de proclamar as boas-novas. Nós que encontramos mel na Rocha — Cristo Jesus — haveríamos de ser menos atenciosos para com os outros do que as abelhas?

Os quatro leprosos encontraram comida abundante nas tendas vazias dos soldados sírios, que tinham abandonado o cerco da cidade de Samaria fugindo precipitadamente. Eles disseram uns aos outros: "...Não fazemos bem; este dia é dia de boas-novas, e nós nos calamos [...] vamos e o anunciemos à casa do rei" (2 Reis 7:9).

O filho de Deus que conhece as boas-novas do evangelho não estará agindo certo se não as anunciar aos outros. Fale a uma alma sedenta sobre Cristo hoje. —*Mart DeHaan*

*Se você sentiu o sabor do Pão da Vida, desejará compartilhá-lo com os outros.*

## 20 de abril
## Deus dos absolutos

Leitura:
Malaquias 3:6-12

*Porque eu, o Senhor, não mudo...*
—Malaquias 3:6

Eu tinha minhas dúvidas com relação à balança no nosso banheiro. Por isso, aprendi a regulá-la por meio de um pequeno botão de ajuste de modo a obter uma leitura correta do meu peso — com a esperança de que esta mostrasse alguns quilos a menos.

Vivemos numa época em que muitas pessoas creem que não existem valores absolutos. Os comportamentos que visam apenas a autossatisfação são perniciosos e desfazem a lei moral que foi dada para a proteção da sociedade. A nossa cultura se orgulha da sua "liberdade" que, na realidade, é escravidão ao pecado (Romanos 6:16,17).

Mas existe um Deus de absolutos cuja balança nunca perde os ajustes. Com Ele, um quilo é um quilo, o certo é certo e o errado, errado. Ele diz: "Porque eu, o Senhor, não mudo..." (Malaquias 3:6).

Par os cristãos, isso significa a firmeza para a nossa "coluna vertebral" espiritual. Adquirimos confiança diante de dificuldades e estamos seguros do cumprimento de toda promessa divina.

Se Deus se deixasse influenciar por todo capricho ou opinião, nosso destino eterno estaria em constante perigo. Mas como Ele é o Imutável, não somos destruídos (v.6). "...as suas misericórdias não têm fim; renovam-se cada manhã..." (Lamentações 3:22,23). —*Paul Van Gorder*

*A Terra muda, mas Deus e a Sua Palavra jamais!*
—Browning

## 21 de abril
## Passe-o adiante

Leitura:
Salmo 71:12-18

*Não me desampares, ó Deus, até à minha velhice [...];
até que eu tenha declarado à presente geração a tua força
e às vindouras o teu poder.* —Salmo 71:18

Ficar velho não significa tornar-se obsoleto. Pode significar crescimento, amadurecimento, serviço, ministério, empreendimentos, o desfrutar da vida até o fim dos nossos dias. O autor T. S. Eliot disse: "Homens velhos devem ser exploradores." Um dos meus amigos disse: "Aproveite enquanto estiver aqui neste mundo."

Desperdiçar os nossos últimos anos significa nos privarmos do que poderiam ser os melhores anos de nossa vida e privar a igreja dos dons que Deus nos deu para enriquecê-la. Ainda há serviço para ser feito e vitórias a serem conquistadas.

Algumas pessoas mais idosas talvez não tenham a energia e a propensão para serem líderes, mas ainda assim têm valor incalculável para a próxima geração de líderes. Quando perguntaram a John Wesley o que ele faria se soubesse que o seu tempo de vida seria curto, ele respondeu: "Eu me reuniria com os mais jovens até o momento de entregar o meu espírito novamente àquele que o deu."

O salmista também desejava passar para os outros o seu conhecimento do Senhor, e orou: "Não me desampares, pois, ó Deus, até à minha velhice e às cãs; até que eu tenha declarado à presente geração a tua força e às vindouras o teu poder" (Salmo 71:18).

Deveríamos continuar abertos para sermos usados por Deus a fim de enriquecer a vida de nosso próximo. Nossa maior tarefa é passar para os outros o nosso conhecimento de Deus. —*David Roper*

*Esquecer os idosos é ignorar a sabedoria
conquistada durante anos.*

## 22 de abril
## Feridas e ouvidos abertos

Leitura:
Êxodo 6:1-9

*Disse ainda o SENHOR: Certamente, vi a aflição do meu povo, que está no Egito, e ouvi o seu clamor por causa dos seus exatores...* —Êxodo 3:7

Quando estamos passando por uma profunda tristeza ou por circunstâncias difíceis, talvez nos sintamos ofendidos se alguém nos disser que algo bom pode emergir da nossa adversidade. Uma pessoa com boas intenções, que procura nos encorajar a confiar nas promessas de Deus, pode ser vista por nós como insensível ou até pouco realista.

Isto aconteceu com os filhos de Israel quando Deus estava agindo para libertá-los do Egito. À medida que Faraó endurecia o seu coração, não deixando o povo de Israel sair e não obedecendo às ordens de Deus, ele aumentou a carga de trabalho forçado dos escravos hebreus (Êxodo 5:10,11). Eles ficaram tão desanimados que não conseguiram aceitar as palavras de Moisés que lhes assegurava de que Deus ouvira o seu clamor e prometera levá-los para uma terra que seria deles (6:9).

Há épocas nas quais nossas feridas e temores podem fechar nossos ouvidos às palavras de esperança de Deus. Mas o Senhor não deixa de nos falar quando temos dificuldades em ouvir. Ele continua a agir a nosso favor assim como fez com o povo de Israel, ao libertá-lo do Egito.

Ao experimentarmos a compaixão de Deus e Seu cuidado amoroso, podemos voltar a ouvir a Sua voz novamente ainda que a dor não tenha passado por completo. —*David McCasland*

*Mesmo quando não sentimos a presença de Deus, o Seu cuidado amoroso está ao nosso redor.*

## 23 de abril
## Deus pode

Leitura:
João 3:1-16

*...quem não nascer [...] do Espírito não pode entrar no reino de Deus.* —João 3:5

Um pastor estava animado conversando com um homem chamado Jacó, que conhecera numa academia de ginástica. A conversa iniciou depois que Jacó subiu na bicicleta ergométrica, ao seu lado. O pastor perguntou: "Você vai assistir ao filme "A Paixão de Cristo"? "Não!", foi a resposta rápida daquele homem.

Ao pedalarem lado a lado, os dois discutiram por meia hora sobre o propósito da morte de Jesus. Quando se despediram, Jacó disse: "Ainda acho que não vou assistir ao filme." Naquele momento, o pastor sentiu-se frustrado, pois nada o agradaria mais do que saber que seu novo amigo poderia abrir o coração para Cristo. Mas não era possível distinguir qualquer sinal de que aquele homem cederia.

Como cristãos, às vezes ficamos frustrados quando pessoas não cristãs se recusam a confiar em Jesus Cristo. Quando isto acontece, devemos nos lembrar de que a nossa tarefa é obedecer ao mandamento de falar de Cristo aos outros, enquanto a obra do Espírito Santo é convencer do pecado e salvá-los.

As pessoas precisam nascer do Espírito (João 3:5,7); não podemos crer por elas nem redimi-las. É o Senhor quem as convence do pecado, perdoa e concede a nova vida do alto. Somos incapazes de fazer mais — a não ser orar. Nós testemunhamos com fidelidade e oramos, e Deus opera o milagre da salvação. —*Dave Egner*

*Nós plantamos a semente –
Deus dá a colheita.*

## 24 de abril
## Adoração e obediência

Leitura:
Salmo 95

*Vinde, cantemos ao Senhor, com júbilo [...] não endureçais o coração, como em Meribá...* —Salmo 95:1,8

Milhões de cristãos se reúnem todos os domingos para adorar a Deus como seu Criador e Redentor. Seja de uma maneira mais formal e litúrgica ou mais descontraída e espontânea, os cultos nas igrejas são ocasiões para declarar a dignidade de Deus e louvá-lo. Mas os séculos de história da igreja revelam como a adoração pode se transformar rapidamente num ritual vazio. Isto ocorre sempre que o povo de Deus endurece o seu coração e não obedece à Sua Palavra.

O salmista sabia que isto era verdade por causa da experiência do povo de Israel. Liderados por Moisés, foram milagrosamente libertos da escravidão no Egito e louvaram com fervor ao Senhor (Êxodo 12–15). Mas quase simultaneamente começaram a duvidar da bondade de Deus e começaram a se questionar se Ele era digno de confiança.

Os hebreus se queixaram amargamente e criticaram o Senhor e o Seu servo Moisés. Ignoraram as Suas instruções, e seus cultos de adoração se tornaram rotineiros. Isto deixou Deus irado, e eles, que poderiam ter chegado em pouco tempo ao seu destino, tiveram que vagar por 40 anos pelo deserto. A maioria não pôde entrar na Terra Prometida.

Senhor, enche-nos com admiração e gratidão pela Tua maravilhosa salvação. Ajuda-nos a dar-te o louvor que mereces e capacita-nos a sermos fiéis em nosso amor e obediência a ti. —*Herb Vander Lugt*

*Somente quando andamos com Deus, adoramos corretamente.*

## 25 de abril
## O poder dos limites

Leitura:
Êxodo 4:10-17

*Vai, pois, agora, e eu serei com a tua boca e te ensinarei o que hás de falar.* —Êxodo 4:12

Moisés apresentou várias desculpas na ocasião do seu chamado por Deus. "Ah! Senhor! Eu nunca fui eloquente, nem outrora, nem depois que falaste a teu servo; pois sou pesado de boca e pesado de língua" (Êxodo 4:10).

Estas palavras sugerem que este profeta tinha algum problema de fala — quem sabe fosse gago. Mas o Senhor lhe disse: "Quem fez a boca do homem? Ou quem faz o mudo, ou o surdo, ou o que vê, ou o cego? Não sou eu, o Senhor?" (v.11).

Nossas limitações e incapacidades não são acidentais; fazem parte do plano de Deus, que usa cada uma de nossas insuficiências para a Sua glória. O Senhor não remove aquilo que nós chamamos de "limitações", mas nos ajuda a superar e a usá-las para o bem.

No Novo Testamento, o apóstolo Paulo se referiu a um "espinho na carne" não especificado, pedindo diversas vezes ao Senhor que o removesse (2 Coríntios 12:7,8). Mas Deus disse: "A minha graça te basta, porque o poder se aperfeiçoa na fraqueza..." (2 Coríntios 12:9).

Paulo até aprendeu a "gloriar-se" nos seus problemas. "...De boa vontade, pois, mais me gloriarei nas fraquezas, para que sobre mim repouse o poder de Cristo" (2 Coríntios 12:9). "...Porque, quando sou fraco, então, é que sou forte" (v.10). —*David Roper*

*A força de Deus é melhor vista em nossas fraquezas.*

## 26 de abril

## Medo de minhocas e guerras

Leitura:
Juízes 6:11-16,33-40

*Porém o Senhor lhe disse: Paz seja contigo!
Não temas! Não morrerás!* —Juízes 6:23

Quando meu filho, de 10 anos, foi pescar pela primeira vez, ao olhar no balde das iscas pareceu animado para começar e disse ao meu esposo: "Pai, me ajude!" Quando meu marido perguntou qual era o problema, o pequeno respondeu: "Eu tenho medo de minhocas!" O seu medo o impediu de agir.

O medo também pode paralisar os adultos. Gideão teve medo do anjo do Senhor que apareceu quando ele malhava secretamente o trigo a fim de escondê-lo dos inimigos midianitas (Juízes 6:11). O anjo lhe disse que ele havia sido escolhido por Deus para liderar o Seu povo na batalha contra os midianitas (vv.12-14).

Qual foi a resposta de Gideão? "Ai, Senhor meu! Com que livrarei Israel? Eis que a minha família é a mais pobre em Manassés, e eu, o menor na casa de meu pai" (v.15). Depois de ter certeza da presença do Senhor, Gideão ainda parecia temeroso e pediu a Deus sinais de que Ele iria usá-lo para salvar Israel como havia prometido (vv.36-40). O Senhor respondeu os seus pedidos. Os israelitas foram vitoriosos na batalha e desfrutaram de paz por 40 anos.

Todas nós temos medos — de minhocas e guerras. A história de Gideão nos ensina que podemos estar certas de uma coisa: se Deus nos pede para fazermos algo, Ele nos dará forças e poder para fazê-lo.

—Anne Cetas

*Para eliminar o medo de sua vida,
coloque a sua fé no Deus vivo.*

## 27 de abril
## O legado dos mestres

Leitura:
2 Coríntios 6:1-10

*...em tudo recomendando-nos [...] como ministros de Deus [...] na muita paciência [...] na bondade, no Espírito Santo, no amor não fingido.*
—2 Coríntios 6:4,6

Um pastor compartilhou esta experiência de sua infância: "Durante toda a minha vida, tive muitos professores diferentes nas Escolas Dominicais, entretanto somente um ficou na minha memória. Era um ex-marinheiro, alto, de rosto vermelho, que, provavelmente, não conhecia técnicas pedagógicas. Mas o que mais me recordo dele foi como nos amava...".

"Dizia no final de cada classe: 'Meninos, vamos agora reservar esse tempo para ajoelhar e falar com o Senhor.' Então, tentava colocar seus braços enormes ao redor de nós, nove meninos, e orava citando o nome da cada um. Você se admira em saber que sete daqueles meninos estão hoje em algum ministério e que eu sou um deles?"

Se você é professora de Escola Dominical, líder de um pequeno grupo ou tem qualquer outra responsabilidade de ensino, será que você demonstra um interesse amoroso e pessoal por seus alunos? O apóstolo Paulo disse que recomendava a si mesmo como ministro de Deus "...em tudo [...] na bondade, no Espírito Santo, no amor não fingido" (2 Coríntios 6:4,6).

Não precisamos copiar os métodos usados pelo professor daquele pastor, mas a atenção que dava aos alunos e a preocupação espiritual que demonstrava por cada um deles é um belo exemplo da importância de ensinarmos com amor. —Henry Bosch

*Gostar de ensinar é uma coisa – amar aqueles a quem você ensina é outra.*

## 28 de abril
## Deixe brilhar

Leitura:
Mateus 5:1-16

*Assim brilhe também a vossa luz diante dos homens, para que vejam as vossas boas obras e glorifiquem a vosso Pai que está nos céus.* —Mateus 5:16

Em minha infância, quando ia à igreja, eu gostava de cantar hinos que usavam imagens de naufrágios e perigos no mar, imagens que ilustravam a nossa responsabilidade espiritual em relação à outras pessoas. Mas eu nunca tinha visto o mar. Minha experiência marítima se limitava a barcos feitos de caixas de fósforos em poças de lama. Conhecia a letra dos hinos, mas tinha pouco conhecimento prático em como resgatar um "pescador desmaiado e em lutas".

Na Escola Dominical, quando entoávamos o cântico "Minha pequena luz, vou deixar brilhar", eu sabia claramente o que eu tinha que fazer. "Vós sois a luz do mundo [...] Assim brilhe a luz de vocês diante dos homens, para que vejam as suas boas obras e glorifiquem ao Pai de vocês, que está nos céus" (Mateus 5:14,16). Nós decoramos as Bem-aventuranças (Mateus 5:3-12) para aprender como as nossas vidas poderiam brilhar para Cristo.

Como criança, compreendi que não deveria me envergonhar de viver para Jesus. Um cristão secreto é como uma lâmpada escondida debaixo de uma vasilha, que não brilha para ajudar os outros a enxergarem (v.15).

Hoje, muitos ao nosso redor estão em perigos espirituais e na escuridão. Sendo jovens ou idosos, podemos deixar a nossa luz brilhar para Jesus e para as pessoas. —*David McCasland*

*Uma única luz pode trazer a esperança na noite mais escura.*

## 29 de abril
## Não o oculte

Leitura:
Marcos 7:24-30

*...Tendo entrado numa casa, [Jesus] queria que ninguém o soubesse; no entanto, não pôde ocultar-se.* —Marcos 7:24

Attar of Roses é uma fragrância de óleo; um dos produtos mais valiosos da Bulgária cujas taxas de exportação são bastante elevadas. Um turista, não querendo pagar a taxa alfandegária, escondeu dois frascos da preciosa fragrância em sua mala. Aparentemente, um pouco do perfume vazou. Quando chegou à estação de trem, o aroma que estava exalando da bagagem, revelou a presença do tesouro escondido. As autoridades perceberam imediatamente o que o homem havia feito e confiscaram os caros souvenirs.

O Senhor Jesus também não podia permanecer oculto. As multidões o cercavam constantemente para ouvir as Suas palavras de sabedoria, receber os benefícios de Suas obras de misericórdia e conseguir ajuda por meio da Sua amorosa compaixão.

Depois que subiu aos céus para estar junto ao Pai, a influência de Jesus continuou na vida dos Seus discípulos. As pessoas "...reconheceram que haviam eles estado com Jesus" (Atos 4:13). O seu comportamento e atitudes indicavam que eram verdadeiros seguidores do Mestre.

Você está vivendo totalmente para Jesus? O amor de Cristo está sendo tão óbvio em sua vida que aqueles que o conhecem sabem que você é um seguidor daquele que não conseguiu manter em segredo a Sua presença? (Marcos 7:24). Se for assim, então o mundo perceberá imediatamente que você está do lado de Deus. A sua influência não permanecerá oculta. —Henry Bosch

*Você não pode esconder a sua influência.*

## 30 de abril

## Uma experiência perdida

Leitura:
Salmo 51:1-13

*Restitui-me a alegria da tua salvação...*
—Salmo 51:12

Um pastor visitou um homem e perguntou se ele era cristão. Ele respondeu: "Oh, sim, fui membro de uma igreja em minha cidade e quando pedi o meu certificado de membro também escrevi o testemunho de minha experiência cristã. Guardei o certificado e o meu testemunho numa caixinha. Quero mostrá-los para você."

Mas quando o homem pegou a caixa, percebeu que um rato tinha destruído os papéis. Disse, então, para o pastor: "Perdi o meu testemunho e o certificado de membro."

Se tudo o que aquele homem perdeu foram apenas dois documentos, então não perdeu muito. Muitas pessoas dão grande valor ao certificado de batismo ou ao fato de serem membros de uma igreja, mas nunca experimentaram a obra genuína da graça no seu coração. Somente a fé no Salvador pode dar a salvação.

Os cristãos genuínos também têm algo a aprender desta história. A sua antiga "experiência" com Cristo pode ter sido "colocada numa caixinha" e pode ter se deteriorado. Fracassaram em mantê-la viçosa e vibrante por meio da comunhão diária com o Senhor, pela oração e estudo da Bíblia.

Se isto a descreve, clame com Davi: "Restitui-me a alegria da tua salvação..." (Salmo 51:12). —*Paul Van Gorder*

---

*A fé em um credo pode se deteriorar – a fé em Cristo pode se renovar todos os dias.*

## 1.º de maio
## Trabalho pesado

Leitura:
2 Tessalonicenses 3:7-13

*Tudo quanto fizerdes, fazei-o de todo o coração, como para o Senhor e não para homens.* —Colossenses 3:23

É irônico que no Dia do Trabalho a maioria dos trabalhadores têm um dia livre. Uma boa maneira de recompensar aqueles que trabalham tanto é lhes dar um feriado!

O dia de hoje é adequado para verificarmos o que é necessário para oferecer o nosso melhor aos nossos empregadores.

1. Qualquer que seja a nossa tarefa, nossa obrigação é trabalhar para a glória de Deus (Colossenses 3:23). Nesse sentido, nenhum trabalho é melhor do que o outro. Cada um deve ter como resultado a honra a Deus.

2. A maneira como trabalhamos pode despertar o respeito dos que não seguem a Cristo (1 Tessalonicenses 4:11,12). Um chefe não deveria ter que dizer a um cristão que faça uso adequado do tempo ou trabalhe com diligência.

3. Nosso trabalho é uma maneira de cumprirmos dois propósitos: amar a Deus e aos outros. Ao demonstrarmos amor ao próximo evidenciamos que amamos a Deus (Mateus 22:37-40).

4. Precisamos trabalhar para sustentar os que estão sob nossa responsabilidade. O apóstolo Paulo critica duramente os que não cuidam da sua família (1 Timóteo 5:8).

Nosso trabalho pode ser árduo. Portanto, mesmo aqueles que realmente gostam dos seus empregos, devem ter um tempo para pausa. Mas até o dia quando todo nossa obra estiver concluída, a nossa tarefa é fazer de nosso trabalho um testemunho para a glória de Deus. —*Dave Branon*

*O que conta não são as horas que você trabalha, mas o que você faz com essas horas.*

## 2 de maio
## O prato de sopa

Leitura:
Mateus 4:1-11

*Quando ele [o diabo] profere mentira, fala do que lhe é próprio, porque é mentiroso e pai da mentira.* —João 8:44

Quando meus genros e eu estávamos caminhando em um parque no último outono, percebemos uma placa que indicava a direção para um lugar chamado: "O Prato de Sopa do Diabo". Intrigados, nos dirigimos àquela formação geológica. Enquanto estávamos indo, ríamos sobre o tipo de sopa que encontraríamos naquele prato.

Ao chegarmos, descobrimos que se tratava de uma enorme área de terra que afundou — algo semelhante a um lago sem nenhuma água. Ficamos desapontados ao descobrir que aquela formação geológica estava repleta de árvores e ervas daninhas.

O "Prato de Sopa do Diabo" é um nome adequado para uma proposta que parece ser interessante, mas no fim acaba não oferecendo nada, porque o diabo é um enganador. O seu cardápio é um "prato" cheio de enganos que contém apenas promessas vazias e sonhos que não se realizam.

Satanás começou sua obra no jardim do Éden, onde enganou Eva, fazendo parecer que o nada tivesse algum valor. E o seu plano continua o mesmo. Ele tentou essa estratégia com Jesus, mas o Senhor resistiu e "Com isto, o deixou o diabo…" (Mateus 4:11).

De que maneira você pode perceber quando Satanás lhe oferece uma de suas mentiras? Compare qualquer nova ideia com as Escrituras. Consulte pessoas nas quais você confia e que sejam piedosas e sábias. E ore.

Não se engane com o prato de mentiras vazias de Satanás. —*Dave Branon*

*Satanás não oferece nada — apenas enganos e fraudes.*

## 3 de maio

## Diga a palavra

Leitura:
Salmo 14

*Todos se extraviaram e juntamente se corromperam; não há quem faça o bem, não há nem um sequer.* —SALMO 14:3

As pessoas raramente usam a palavra "pecado". Quando fazemos algo errado, dizemos que tivemos um "comportamento inapropriado" ou que fizemos "um erro tático" ou que "foi um engano". Talvez até digamos: "Fiz uma coisa muito má ou errada." Parece que as pessoas chegaram ao ponto de crer em sua própria bondade.

Fazemos isto apesar das evidências físicas e espirituais que demonstram o contrário. Enquanto escrevo esta meditação, no distante Sudão o genocídio está sendo implacável. Atrocidades incríveis têm ocorrido na Bósnia e em Ruanda. Quem pode esquecer os campos cheios de mortos no Camboja? E o que dizer dos milhões de bebês que não nasceram porque foram mortos em nome da conveniência? O mal está bem presente na face da terra.

Como seguidores de Jesus, devemos resistir resolutos aos esforços do nosso mundo em minimizar a realidade do pecado. Temos que concordar com Deus de que "…não há quem faça o bem, não há nem um sequer" (Salmo 14:3).

Reconhecer os pecados das nações é mais fácil do que admitir os pecados pessoais. Necessitamos, entretanto, confessar aqueles que cometemos, especificamente, contra o Deus santo. "Se dissermos que não temos cometido pecado, fazemo-lo mentiroso, e a sua palavra não está em nós" (1 João 1:10).

Chame o seu pecado de pecado e confesse-o a Deus. —*Dave Egner*

*O sangue de Jesus pode limpar todo o pecado.*
*Não se autojustifique.*

## 4 de maio
## Exercício piedoso

Leitura:
1 Timóteo 4:6-16

*...Exercita-te, pessoalmente, na piedade.*
—1 Timóteo 4:7

O defensor da boa forma física, Jhannie Tolbert, disse que você não precisa ter em casa uma esteira ou um equipamento especializado para entrar em forma. Tolbert usa uma caixa de ferramentas para exercitar as pernas, ergue pacotes de arroz para desenvolver os músculos dos ombros e emprega outros utensílios domésticos simples e comuns nos seus exercícios diários. Outros treinadores concordam com ele. Eles veem os exercícios como uma questão de força de vontade — e não de capacidade financeira.

O mesmo princípio se aplica à boa forma espiritual. Embora dicionários bíblicos, comentários e outros livros sejam uma ajuda, podemos começar a nos exercitar espiritualmente com nada mais do que a Bíblia e a orientação do Espírito Santo. Paulo incentivou o seu discípulo Timóteo, dizendo: "...Exercita-te, pessoalmente, na piedade. Pois o exercício físico para pouco é proveitoso, mas a piedade para tudo é proveitosa, porque tem a promessa da vida que agora é e da que há de ser" (1 Timóteo 4:7,8).

Para colocar em prática as verdades espirituais que conhecemos não precisamos gastar dinheiro. Não necessitamos de um equipamento especial para orar por um amigo, dar graças a Deus ou cantar louvores ao Senhor. Precisamos apenas começar onde estamos, com o que temos, agora mesmo. —*David McCasland*

*O exercício da piedade é a chave
para um caráter piedoso.*

## 5 de maio
## Somente uma porta

Leitura:
João 10:7-10

*Eu sou a porta. Se alguém entrar por mim, será salvo...*
—João 10:9

O erudito do Antigo Testamento, George Adam Smith, disse que quando visitou a Terra Santa encontrou um pastor com suas ovelhas, parado diante de um curral. Não havia porta no cercado, somente uma abertura da largura do corpo de um homem.

Smith perguntou ao pastor por que não havia nenhuma porta, e ele explicou: "Eu sou a porta. Fico parado na abertura e as ovelhas passam por mim e entram no curral. Quando todas estão do lado de dentro, eu me deito atravessado nesta abertura. Nenhum ladrão pode entrar e nenhuma ovelha pode sair, a não ser passando por cima do meu corpo. Eu sou a porta."

Nós somos como ovelhas que precisam de um Pastor (1 Pedro 2:25). Para podermos entrar no céu — um lugar de felicidade eterna — Jesus fez a seguinte afirmação maravilhosa: "Eu sou a porta das ovelhas [...]. Se alguém entrar por mim, será salvo" (João 10:7,9). As pessoas que o ouviram naquele dia não pensaram num portão de madeira, preso por dobradiças. Eles entenderam que Jesus estava de fato dizendo: "Eu sou a entrada para o reino de Deus." Ele podia dizer que era o caminho para entrarmos na glória de Deus porque é o Filho de Deus encarnado.

Jesus é o único caminho para entrar no céu (João 14:6). Nós podemos entrar somente se tivermos fé nele. —*Vernon Grounds*

*Existem muitos caminhos para o inferno, mas somente um caminho para o céu.*

## 6 de maio
## Não tenha medo

Leitura:
Isaías 12

*Eis que Deus é a minha salvação;
confiarei e não temerei...*
—Isaías 12:2

Tenho um aparelho antigo que uso para aspirar folhas e limpar o nosso quintal. Ele range, sacode, solta fumaça, emite gases irritantes e é considerado pela minha esposa (e provavelmente pelos meus vizinhos) como excessivamente barulhento.

A nossa velha cachorra, porém, fica totalmente indiferente a este barulho. Quando ligo a máquina, ela nem sequer ergue a cabeça e só se move de forma relutante quando sopro as folhas ou sujeira em sua direção. Isso é porque ela confia em mim.

Um jovem que vem cortar a grama do nosso jardim de vez em quando usa uma máquina semelhante, mas nossa cachorra não o suporta. Anos atrás, quando ainda era filhote, o homem a provocou com a máquina e ela nunca se esqueceu daquilo. Agora, quando o homem entra no jardim pelos fundos, temos que prendê-la porque ela começa a rosnar e latir em sua direção. As circunstâncias são as mesmas, mas as mãos que usam a máquina são outras.

Assim é conosco. Circunstâncias assustadoras serão menos problemáticas se confiarmos nas mãos daquele que as controla. Se nosso mundo e nossas vidas fossem governados por uma força descuidada e indiferente, teríamos boas razões para ter medo. Mas as mãos que controlam o Universo — as mãos de Deus — são sábias e cheias de compaixão. Podemos confiar nelas apesar das circunstâncias, e viver sem medo. —*David Roper*

*Deus tem o controle,
por isto nada precisamos temer.*

## 7 de maio
## Saia das minhas costas!

Leitura:
Romanos 7:14-25

*...Quem me livrará do corpo desta morte?*
—Romanos 7:24

Os imperadores romanos viam a tortura como uma forma legítima de colocar pessoas rebeldes debaixo das suas leis. Eram conhecidos por prenderem o corpo de uma vítima de assassinato às costas do homicida. Sob pena de morte, ninguém podia livrar o criminoso desta condição horrível.

Esta prática terrível traz à mente as palavras do apóstolo Paulo, na carta aos Romanos 7. É como se esse discípulo sentisse que algo morto estava preso a ele e o acompanhava a todos os lugares por onde ia.

Como filhos de Deus, ansiamos por pureza e santidade — no entanto, há momentos em que nos sentimos presos e incapazes diante do "corpo sem vida" da nossa "carne". Embora sejamos novas criaturas em Cristo e saibamos que o corpo físico em si não é mau, a tendência para o pecado sempre nos acompanha. Isso nos faz gritar com o apóstolo Paulo: "...Quem me livrará do corpo desta morte?" (v.24).

Paulo respondeu ao seu próprio clamor no capítulo 8. Ele disse que por meio do perdão de Cristo estamos livres da condenação eterna (v.1). Então pela força do Espírito Santo que habita em nós, somos capazes de fazer a vontade de Deus (v.9). E, algum dia, no céu, estes nossos corpos mortais serão redimidos (v.23). Não estamos irremediavelmente presos à nossa carne.

Louvado seja Deus: Cristo quebrou o poder do pecado! Podemos servi-lo em novidade de vida. —*Mart DeHaan*

*Para vencer o pecado, deixe a velha natureza passar fome e alimente a nova natureza.*

## 8 de maio

## Malabaristas

Leitura:
Lucas 10:38-42

*[Maria] quedava-se assentada aos pés do Senhor [...] Marta agitava-se de um lado para outro, ocupada em muitos serviços...*
—Lucas 10:39-40

Conheci uma mãe que, literalmente, faz malabarismo. Na realidade, toda a sua família sabe fazer malabarismos usando utensílios domésticos. Imagine a animação nas festas!

Muitas outras mulheres também são malabaristas — sejam elas empresárias ou donas de casa. O trabalho de atender às tarefas cotidianas geralmente acaba ficando com elas — especialmente com as mães. As mulheres do século 21 são malabaristas, responsabilizando-se por várias ao mesmo tempo, desde frigideiras e carrinhos de bebês até os compromissos com hora marcada e pagamentos. Isto tudo pode tornar-se uma sobrecarga.

A sociedade valoriza aqueles que têm uma agenda cheia e conseguem atender todas as exigências. Assim, as mulheres que fazem uma pausa para se sentar aos pés do Senhor (Lucas 10:39,40), muitas vezes são consideradas improdutivas.

Mas Jesus elogiou Maria por separar tempo para estar com Ele (v.42). Certamente havia trabalho a ser feito, mas ela fez a melhor escolha. Precisamos conversar com os nossos cônjuges pedindo-lhes ajuda para que possamos parar com os malabarismos nas tarefas diárias e assim teremos tempo para estar com Jesus. —*Dave Branon*

*Pegue a sua Bíblia e atente
ao que o Senhor tem a falar.*

## 9 de maio

## Ele ilumina o caminho

Leitura:
Salmo 112

*Ao justo, nasce luz nas trevas; ele é benigno, misericordioso e justo.* —Salmo 112:4

Certa noite, uma missionária no Peru foi visitar um grupo de cristãos que estavam reunidos numa casa que ficava num penhasco. O caminho até lá seria perigoso, e ela pegou um táxi até onde era possível, e em seguida, começou a perigosa subida a pé, até a casa. Estava escuro e o caminho era difícil. Quando contornou uma curva, repentinamente encontrou-se com diversos cristãos que carregavam lanternas. Haviam saído para encontrá-la e iluminar o seu caminho. Seus temores se dissiparam e ela seguiu com facilidade.

De forma semelhante, Deus ilumina o nosso caminho. Quando confiamos em Jesus como nosso Salvador, Ele — que é a Luz do Mundo — entra em nossas vidas e dissipa toda a escuridão dos nossos pecados e desespero. Esta luz continua a confortar-nos em tempos tristes. Em meio às mágoas, problemas, doenças ou decepções, o Senhor ilumina o caminho e encoraja Seus filhos, dando-lhes esperança.

Isto pode ocorrer por meio de uma palavra de exortação de um companheiro cristão. A Palavra de Deus pode nos iluminar por intermédio do ministério do Espírito Santo, ou podemos ter a certeza que resulta da resposta à oração sincera. Ou que recebamos milagrosamente algo para uma necessidade específica. Em qualquer destes casos, Deus envia luz quando somos envolvidos pela escuridão.

Jesus dá luz na noite mais espessa! —*Dave Egner*

*Às vezes Deus nos coloca na escuridão para nos mostrar que Jesus é a luz.*

## 10 de maio

## A resposta é não

Leitura:
2 Samuel 12:13-23

*Então, Davi se levantou da terra [...]
entrou na Casa do Senhor e adorou...* —2 Samuel 12:20

Crianças são adoráveis e inocentes, até o momento dos pais dizerem "não" para os seus pedidos. Quando isto ocorre, algumas gritam de forma descontrolada, insistindo naquilo que pediram.

Quando nossos filhos ainda eram pequenos, minha esposa e eu achamos que era importante que aprendessem a aceitar o "não" como resposta. Sentimos que isso os ajudaria a lidar com as decepções da vida de forma mais efetiva. Oramos para que nossa atitude também os ajudasse a submeter-se à vontade de Deus.

A leitura bíblica de hoje registra como Davi admitiu a sua culpa quando foi confrontado pelo profeta Natã. O rei foi perdoado, mas Deus permitiu que a consequência do pecado caísse sobre o bebê concebido fora dos laços do matrimônio. Davi jejuou e orou ao Senhor dia e noite pela cura de seu filho. Apesar do seu pedido sincero, o bebê morreu.

O rei, então, levantou-se, lavou-se, trocou de roupa e "...entrou na Casa do Senhor e adorou..." (2 Samuel 12:20). Esta experiência nos ensina uma lição importante: às vezes, temos que aceitar o "não" de Deus como resposta às nossas petições.

Em tempos de dificuldades e perdas, devemos buscar a ajuda e a libertação que vêm de Deus. Mas ainda assim precisamos confiar nele, mesmo que o Senhor não responda às nossas orações da maneira que gostaríamos.

Já aprendemos a aceitar o "não" como resposta? —*Albert Lee*

*A nossa paz está em Sua vontade.* —Dante

## 11 de maio
## Uma pedra branca

Leitura:
Apocalipse 2:12-17

*...lhe darei uma pedrinha branca, e sobre essa pedrinha
escrito um nome novo, o qual ninguém conhece,
exceto aquele que o recebe.* —Apocalipse 2:17

A mensagem de nosso Senhor à igreja de Pérgamo tem uma referência curiosa a um "novo nome" escrito em uma "pedra branca" (Apocalipse 2:17). O que isto significa?

Há duas explicações plausíveis. Antigamente, em certas cortes, quando os acusados eram condenados, recebiam uma pedra negra com seu nome. Quando absolvidos, recebiam uma pedra branca. De forma semelhante, os que confiaram em Jesus para a salvação serão absolvidos no julgamento de Deus. Que alívio saber que nossos pecados estão perdoados!

Outra explicação nos vem dos jogos olímpicos da antiguidade. Quando os atletas ganhavam, eram condecorados com uma pedra branca, como um símbolo de honra.

Ambas as ilustrações nos mostram o maravilhoso equilíbrio da vida cristã. Somos salvos pela graça somente por meio da fé (Efésios 2:8,9). Entretanto a salvação pela fé, na vida dos cristãos obedientes, resulta na prática das boas obras. Portanto, a primeira explicação da pedra branca é que ela representa uma absolvição não merecida. A segunda explicação mostra que seremos recompensados pelas boas obras (1 Coríntios 3:13,14).

Confiar em Cristo para a salvação nos dá uma nova identidade. Essa identidade seria semelhante ao fato de recebermos um novo nome numa pedra branca, a qual nos mostra que fomos perdoados — completamente. —*Dennis Fischer*

*Jesus remove os nossos pecados
e nos capacita para as boas obras.*

## 12 de maio
## Queda livre

Leitura:
Deuteronômio 32:1-14

*O Deus eterno é a tua habitação e, por baixo de ti, estende os braços eternos...* —Deuteronômio 33:27

Na canção de Moisés, que vimos na leitura bíblica de hoje, Deus é retratado como uma águia abnegada na qual os filhotes podem confiar, mesmo em meio à assustadora experiência de aprender a voar (Deuteronômio 32:11,12).

A águia constrói um ninho confortável para seus filhotes, revestindo-o com penas do seu próprio peito. Mas o instinto, dado por Deus, que cria este ninho seguro, também força os filhotes a saírem do mesmo não muito tempo depois de nascerem. Águias foram feitas para voar e a mamãe águia não vai falhar em ensinar isto a seus filhotes. Somente assim os filhotes cumprirão o propósito para que foram criados.

Por isto, algum dia a mamãe forçará os pequeninos a saírem do ninho, tornando este um lugar desconfortável. Ela pega um filhote, leva-o até as alturas do céu e o deixa cair em total perplexidade. Onde está a mãe agora? Não está muito longe. Rapidamente ela se coloca debaixo do filhote e o agarra por uma de suas asas. Repetirá este exercício até que todos sejam capazes de voar sozinhos.

Você está com medo da queda livre, sente-se insegura sobre o quanto o percurso é difícil e onde irá pousar? Lembre-se de que Deus irá resgatá-la e estenderá os Seus braços eternos para ampará-la. Ele também lhe ensinará algo novo e maravilhoso com esta experiência. Não precisamos ter medo de sermos envolvidas nos braços de Deus.

—Joanie Yoder

*O amor de Deus não nos livra das provações, mas nos acompanha quando as enfrentamos.*

## 13 de maio
## Mais do que desejos

Leitura:
Mateus 6:5-15

*...porque Deus, o vosso Pai, sabe o de que tendes necessidade, antes que lho peçais.* —MATEUS 6:8

Quando criança, C. S. Lewis gostava de ler livros de E. Nesbit. Em um deles, os irmãos e irmãs encontram na areia, num dia de verão, um 'duende' que lhes concede o direito de fazerem um pedido a cada dia. Mas todos os pedidos das crianças traziam mais problemas do que felicidade porque elas não podiam prever as consequências de tudo o que pediam.

A Bíblia nos fala que devemos contar todos os nossos desejos a Deus (Filipenses 4:6). A oração, contudo, é muito mais do que contar a Deus o que queremos que Ele faça por nós. Quando ensinou os Seus discípulos a orar, Jesus começou lembrando-os: "...Deus, o vosso Pai, sabe o de que tendes necessidade, antes que lho peçais" (Mateus 6:8).

O que nós chamamos de "A Oração do Senhor" consiste mais numa vida de relacionamento contínuo, crescente e confiante em nosso Pai celestial do que em conseguirmos dele o que queremos. À medida que crescemos na fé, as nossas orações não serão mais uma lista de pedidos, mas uma conversa íntima com o Senhor.

Em seus últimos anos, C. S. Lewis escreveu: "Se Deus tivesse atendido a todas as orações absurdas que fiz na minha vida, onde eu estaria agora?"

Orar significa colocar-nos na presença de Deus para receber dele o que realmente necessitamos. —*David McCasland*

*O nosso maior privilégio é falar com Deus;*
*a nossa maior tarefa é ouvi-lo.*

## 14 de maio

## Mundo em transformação

Leitura:
Salmo 102:25-27

*Porque eu, o Senhor, não mudo...*
—Malaquias 3:6

Mudanças certamente ocorrerão nesta vida. Os nossos relacionamentos mudam quando vamos morar em lugares novos, quando ficamos doentes e, finalmente, quando enfrentamos a morte. Até mesmo as células do nosso corpo estão sempre num processo de transformação. Células antigas são substituídas por novas. Percebemos isto de forma mais visível em nossa pele — as células desse órgão são renovadas a cada 27 dias.

Sim, mudanças ocorrem de maneira certa e segura neste mundo. Henry Lyte escreveu uma verdade quando disse num de seus hinos:

"Desaparece o gozo terreal; mudança vejo em tudo, e corrupção", mas imediatamente ele continuou: "Comigo faze habitação!" (CC 291).

Pela fé em Cristo Jesus podemos ter um relacionamento com o Deus eterno que diz de si mesmo no livro de Malaquias 3:6: "Porque eu, o Senhor, não mudo…". Podemos confiar que Deus será o mesmo para sempre, como diz o salmista (102:27). A carta de Hebreus confirma esta certeza: "Jesus Cristo, ontem e hoje, é o mesmo e o será para sempre" (13:8). Ele é o nosso firme fundamento, e nos proporciona confiança e segurança neste mundo instável.

Nós, criaturas envolvidas no redemoinho da maré do tempo, podemos encontrar descanso para nossas almas nos braços eternos, que nunca nos abandonarão (Deuteronômio 33:27). —*Vernon Grounds*

*Olhe para o Deus imutável ao enfrentar as mudanças da vida.*

## 15 de maio

## Um pedido nobre

Leitura:
Atos 9:1-9

*…mas levanta-te e entra na cidade,
onde te dirão o que te convém fazer.* —Atos 9:6

Como estudante de seminário, muitas vezes fiquei impressionado com as histórias de cristãos que foram grandemente usados por Deus. Por isto, pedi ao Senhor que me desse o mesmo discernimento e poder espiritual que eles tiveram. Aparentemente este pedido parecia ser bastante nobre. Mas certo dia, compreendi que, na verdade, era uma oração egocêntrica. Então, em vez de pedir a Deus que me fizesse como os outros, comecei a pedir que me mostrasse o que Ele queria que eu fosse.

Saulo de Tarso fez duas perguntas quando se converteu no caminho para Damasco. A primeira foi: "Quem és tu, Senhor?" Em seguida, compreendendo que estava na presença do Deus vivo, fez a única pergunta que importava naquele momento: "Que devo fazer, Senhor?" (Atos 9:5,6). Ele reconheceu que a obediência à vontade de Deus deveria ser o seu foco central pelo resto da vida.

Pedidos por saúde, cura, sucesso e até mesmo poder espiritual não são errados, mas podem se tornar orações egoístas se não provêm de um coração disposto a obedecer a Deus. Jesus disse: "Aquele que tem os meus mandamentos e os guarda, esse é o que me ama; e aquele que me ama será amado por meu Pai…" (João 14:21). A obediência expressa o nosso amor a Deus e nos capacita a experimentarmos o Seu amor por nós.

Você já fez este pedido nobre: "Senhor, o que queres que eu faça?"
—*Herb Vander Lugt*

*A melhor maneira de conhecer a vontade
de Deus é dizer-lhe: "Eu quero."*

## 16 de maio

## O nosso melhor

Leitura:
Efésios 2:4-10

*Porque pela graça sois salvos, mediante a fé; e isto não vem de vós; é dom de Deus.* —Efésios 2:8

O poeta chileno Pablo Neruda foi uma criança solitária e infeliz, sem irmãos nem amigos. Certo dia, estava no quintal de sua casa quando descobriu um buraco na cerca do jardim. Repentinamente, uma pequena mãozinha, que vinha do outro lado, se estendeu para ele e, da mesma forma, desapareceu rapidamente. Porém, no chão, estava uma pequena ovelha de brinquedo.

Pablo correu para dentro de casa e trouxe a melhor coisa que ele tinha — um cone de pinho. Ele o colocou no mesmo lugar e saiu correndo com a ovelhinha. Aquele brinquedo tornou-se o seu bem mais precioso.

Esta troca lhe mostrou um fato simples, mas profundo: saber que você é querido por alguém é um dos maiores presentes da vida. Ele disse: "Aquela pequena e misteriosa troca de presentes permaneceu dentro de mim, de forma profunda e indelével."

Ao ler esta história, pensei no presente de Deus para você e para mim — a Sua mão se estendendo para nós repleta do amor que enviou o Seu Filho Jesus para morrer pelos nossos pecados. A salvação é o presente "profundo e indestrutível" de Deus, que podemos receber gratuitamente, pela fé.

Qual deveria ser a nossa resposta ao amor e à graça infinita de Deus? Vamos dar em troca a Ele o que temos de melhor — o nosso coração. —*David Roper*

*Jesus nos deu tudo o que tinha; estamos dando tudo o que temos para o Senhor?*

## 17 de maio

### Coisas inúteis

Leitura:
Jeremias 32:16-25

*...grande em conselho e magnífico em obras; porque os teus olhos estão abertos sobre todos os caminhos dos filhos dos homens...* —Jeremias 32:19

Quando algo muito grande acontece, seja uma bênção ou uma tragédia, reconhecemos imediatamente e reagimos com louvor ou com súplicas a Deus. Por exemplo, quando encontramos um trabalho depois de muita busca; ouvimos que um ente querido veio a Cristo ou recebemos más notícias do médico, pensamos imediatamente em Deus e nos voltamos a Ele. Mas deixamos de ver que o Senhor está agindo nas pequenas coisas — a rotina, no dia a dia, nos detalhes (Jeremias 32:19).

Em uma floresta podemos contemplar a ação de Deus. Vemos as coisas grandes, visíveis, coloridas, como as folhas, as flores, os galhos das árvores, o húmus cobrindo o solo da mata. Mas abaixo da superfície, invisível aos olhos, há muitas coisas pequenas e importantes acontecendo. O solo fértil e escuro tem cheiro de vida e está repleto de pequeninas plantas, insetos e grande variedade de fungos. Estes têm uma importante função e Deus, com eles, está formando florestas futuras.

Da mesma maneira, o Senhor trabalha com o Seu povo. Os Seus olhos estão atentos às grandes questões da vida, mas também agem "abaixo da superfície" nos pequenos acontecimentos do dia a dia, preparando-nos para as tarefas que Ele planejou para nós.

Assim, se as coisas pequenas a deixarem abatida, agradeça a Deus pelo que está, momentaneamente, invisível aos seus olhos. —*Dave Egner*

*Os olhos da fé veem Deus agindo em todas as coisas.*

## 18 de maio

## Recuperação

Leitura:
Jeremias 33:1-9

*...eis que lhe trarei a ela saúde e cura e os sararei; e lhes revelarei abundância de paz e segurança.* —Jeremias 33:6

No dia 18 de maio de 1980, o Monte St. Helens, no estado de Washington, EUA, entrou em erupção transformando-se num dos maiores desastres naturais dos tempos modernos. O cume da montanha explodiu na atmosfera transformando-se numa coluna de rocha pulverizada com 27,5 quilômetros de altura. Ao mesmo tempo, avalanches de rochas, lodo e gelo deslizavam montanhas abaixo destruindo tudo o que encontravam no caminho, bloqueando rios e fazendo os navios pararem.

Durante o último quarto de século, o governo americano gastou mais de US$ 1 bilhão para recuperar os danos causados por esta tragédia e para realizar melhorias em toda a área. Muito deste trabalho de engenharia e reconstrução não será visto porque "trata-se de enchentes que não acontecerão, de casas e comunidades que não serão destruídas no futuro e do tráfego de navios que ocorrerá de forma tranquila".

Vejo uma figura do perdão e cura de Deus para os resultados desastrosos da nossa desobediência neste trabalho de recuperação. Quando o Senhor permitiu que o Seu povo fosse levado cativo pelos caldeus, prometeu: "...eis que lhe trarei a ela saúde e cura e os sararei; e lhes revelarei abundância de paz e segurança" (Jeremias 33:6).

A verdadeira recuperação espiritual às vezes demora um pouco. Mas se permitirmos que o Senhor purifique as nossas vidas, Ele poderá nos proteger de futuros fracassos. —*David McCasland*

*O poder purificador de Cristo pode remover a mancha mais difícil do pecado.*

## 19 de maio

## Fazendo nossa parte

Leitura:
2 Reis 20:1-7

*...Ouvi a tua oração e vi as tuas lágrimas;
eis que eu te curarei; ao terceiro dia,
subirás à Casa do Senhor.* —2 Reis 20:5

Certo atleta de uma escola venceu uma corrida numa competição esportiva. Alguém que o observou de perto percebeu que os lábios do corredor estavam se movendo durante as últimas voltas e ficou intrigado com o que ele estava dizendo. Então perguntou-lhe e obteve a seguinte resposta: "Eu estava orando". Apontando para os seus pés, disse: "Estava dizendo: Senhor, tu ergues os meus pés e eu os abaixo novamente". Aquele atleta orou pela ajuda de Deus, mas também fez a sua parte da melhor maneira possível para que sua oração fosse respondida.

Quando pedimos ajuda a Deus, devemos estar dispostos a fazer a nossa parte usando os meios que Ele nos dá. Quando Ezequias ouviu que morreria, orou por um milagre e Deus prometeu estender a sua vida por mais 15 anos. Então Isaías deu ordens para que colocassem uma pasta de figos na úlcera (2 Reis 20:5-7). Deus o curou, mas para isto usou os esforços humanos e os meios naturais.

Certa manhã, algumas crianças estavam caminhando para a escola quando repentinamente perceberam que se não fossem mais rápido chegariam atrasadas. Uma delas sugeriu que parassem para orar a fim de não chegarem atrasadas. "Não!", uma outra replicou: "Vamos orar enquanto corremos o mais rápido que pudermos."

Quando pedimos que o Senhor faça algo, também precisamos estar prontos para fazer a nossa parte. —*Richard DeHaan*

*Ore como se tudo dependesse de Deus;
trabalhe como se tudo dependesse de você.*

## 20 de maio
## Dinheiro é importante

Leitura:
Lucas 16:1-13

*Nenhum servo pode servir a dois senhores;
pois odiará um e amará outro, ou se dedicará a um
e desprezará outro...* —Lucas 16:13

Godfrey Davis, escritor de uma biografia do Duque de Wellington, disse: "Encontrei um antigo livro de contabilidade que mostrava como o Duque gastava o seu dinheiro. Demonstrava muito melhor aquilo que este homem achava que era realmente importante, do que era possível descobrir ao ler as suas cartas e seus discursos."

A forma como lidamos com o dinheiro revela muito sobre quais são as nossas prioridades. Por essa razão, Jesus falou muitas vezes sobre o dinheiro. Boa parte do conteúdo dos evangelhos, incluindo uma de cada três parábolas, refere-se ao seu uso. Jesus não foi um coletor de recursos financeiros, mas abordou esse tema porque este é um assunto importante.

Para alguns de nós, no entanto, ele tem muita importância. Jesus advertiu que podemos nos tornar escravos do dinheiro. Quem sabe pensemos que isto é mais importante do que Deus? Jesus não disse que devemos servir mais a Deus do que servir ao dinheiro. Ao contrário, Jesus Cristo afirmou que não devemos servir ao dinheiro de forma alguma.

O pastor e autor George Buttrick disse: "Todos os senhores que a nossa alma pode escolher para servir, afinal se reduzem a apenas dois: Deus e o dinheiro. Todas as escolhas, embora pequenas ou camufladas, são simplesmente variantes desta escolha básica e fundamental."

O que o seu cartão de crédito demonstra? Jesus é o Senhor da sua vida? —*Haddon Robinson*

*Para conferir como está o seu coração,
verifique os seus gastos.*

## 21 de maio
## Breve e cheia de problemas

Leitura:
Gênesis 47:1-10

*Jacó lhe respondeu [...] poucos e maus foram os dias dos anos da minha vida...* —Gênesis 47:9

A vida de Jacó foi cheia de provações. E assim como foi para este velho patriarca, é hoje para nós, também. A vida nos maltrata e restringe, faz exigências que não gostamos.

Todavia, mesmo o sofrimento mais injusto, indesejado e sem sentido é uma oportunidade para respondermos de tal maneira que o Senhor possa nos tornar mais semelhantes a Ele. Podemos ter alegria nas provações porque sabemos que a adversidade opera em nós "...para que sejais perfeitos e íntegros, em nada deficientes" (Tiago 1:3,4). Para isto é necessário tempo.

Queremos que as coisas aconteçam de forma rápida, mas não há atalhos para a concretização dos propósitos de Deus para nós. A única maneira de crescer à semelhança de Cristo é nos submetermos cada dia às situações em que Deus nos coloca.

À medida que aceitamos a Sua vontade e nos submetemos ao Seu agir, a Sua santidade se torna a nossa também. De forma gradual, mas inexorável, o Espírito de Deus começa a nos tornar homens e mulheres mais amáveis e gentis — robustos, fortes, mais seguros e sensíveis. O processo é misterioso e inexplicável, mas é a maneira do Senhor nos dar graça e beleza. O progresso é inevitável.

Como a autora Ruth Bell Graham disse: "Que Deus nos dê a graça de suportar o calor da chama purificadora sem amarguras, mas compartilhando o nosso sofrimento e permanecendo amáveis em Jesus".
—David Roper

*Muitas vezes Deus esvazia as nossas mãos para encher os nossos corações.*

## 22 de maio
## Como é Deus?

Leitura:
Efésios 5:15-21

*...enchei-vos do Espírito, falando entre vós com salmos, entoando e louvando de coração ao Senhor com hinos e cânticos espirituais.* —Efésios 5:18,19

Algumas igrejas se dividem por causa do estilo de adoração. Um grupo insiste num culto mais tradicional, enquanto outro prefere um formato de culto mais contemporâneo.

Todos nós podemos aproveitar a lição de um homem que, numa viagem de negócios, assistiu a um culto nas imediações de seu hotel. Compartilhou com o pastor como foi abençoado pelo sermão embora, disse ele, o período de adoração não tivesse sido do seu agrado.

O pastor simplesmente perguntou: "Do que você acha que Deus não gostou?" O homem teve a delicadeza de responder: "Não creio que houve alguma coisa da qual Deus não tenha gostado. Estava falando apenas da minha reação. De fato, a adoração não se trata de nossa pessoa, não é mesmo?"

Podemos ter nossas próprias preferências e precisamos manter as nossas convicções bíblicas. Mas antes de expressarmos nossa opinião acerca de estilos na adoração, vamos tentar compreender o ponto de vista de Deus. Considere a carta de Efésios 5 à luz da adoração: devemos estar cheios do Espírito Santo, falar uns aos outros com salmos, hinos e cânticos espirituais, dar graças a Deus e sujeitar-nos uns aos outros (vv.19-21).

Qualquer que seja o estilo da adoração, quando expressamos nosso louvor a Deus pelo que Ele é e pelo que tem feito, estamos honrando a Deus e encorajando aos outros. E é disto que Deus gosta. —*Vernon Grounds*

*No coração do louvor está o louvor de coração.*

## 23 de maio
## "Quero ser boazinha"

Leitura:
1 Samuel 15:10-23

*Por que, pois, não atentaste à voz do Senhor?...*
—1 Samuel 15:19

Quando era criança, a Rainha Vitória ainda não tinha compreendido que um dia ocuparia o trono da Inglaterra. Os seus educadores, tentando prepará-la para o futuro, ficavam frustrados porque não conseguiam motivá-la. Ela simplesmente não levava os seus estudos a sério.

Finalmente, seus professores decidiram dizer-lhe que um dia seria a rainha da Inglaterra. Depois de ouvir isto, Vitória disse com voz baixa: "Então eu serei boazinha." Entender que havia herdado uma vocação tão elevada a ajudou a ter um sentimento de responsabilidade que influenciou profundamente a sua conduta, daquele dia em diante.

A nossa leitura de hoje das Escrituras conta como Saul foi escolhido dentre o povo de Israel para ser rei (1 Samuel 15:17). O Deus Todo-poderoso o honrou grandemente, dando-lhe esta posição de líder de Sua nação escolhida. Mas Saul não pensou no tipo de atitude que deveria acompanhar este chamado tão elevado. Se tivesse pensado nisto, não teria se lançado sobre os despojos da batalha contra os amalequitas como se fosse o líder de um grupo de assaltantes (v.19).

Como cristãos, somos filhos de Deus e coerdeiros com Cristo (Romanos 8:16,17). Temos um chamado nobre. Devemos sempre nos lembrar de quem somos. Isso irá nos ajudar a ter a atitude da jovem Vitória: "Quero colaborar". —*Herb Vander Lugt*

*Um filho do Rei sempre vai querer mostrar uma conduta digna do Rei.*

## 24 de maio
## Mudar a palavra?

Leitura:
2 Timóteo 3

*Toda a Escritura é inspirada por Deus e útil...*
—2 Timóteo 3:16

A Bíblia, a Palavra escrita de Deus, transforma vidas. Sua mensagem de salvação opera a mais profunda mudança em nossas vidas e também pode mudar a maneira como tratamos as outras pessoas. Ela pode fornecer um firme fundamento para a sociedade com os Seus mandamentos claros para instituições como o casamento, família e igreja.

Mas o que acontece quando os ensinamentos claros da Bíblia — conhecidos por séculos por cristãos e eruditos — são rejeitados? Os que rejeitam os ensinamentos da Bíblia tentam mudá-la.

Duas palavras gregas podem explicar isso: *eisegesis* e *exegesis*. *Eisegesis* é o processo de ler na passagem algo que não está escrito ali — inserindo no texto bíblico um significado que provém de um ponto de vista pessoal. Em contraste, *exegesis* significa extrair da passagem o significado claro e intencional do mesmo. Nós fazemos isso estudando o texto dentro do contexto, comparando o texto com outras passagens das Escrituras que falam do mesmo assunto e usando ferramentas legítimas, tais como os comentários bíblicos.

Em vez de tentar mudar a Palavra de Deus para que se adapte às nossas ideias, permitamos que a Palavra nos transforme. Ao lermos a Sua Palavra e a obedecermos, o Espírito Santo vai nos mudar e fazer de nós o tipo de pessoa que Deus quer que sejamos.

Não mude a Palavra — deixe que ela a transforme. —*Dave Branon*

*A Bíblia – verdade que nunca desaparece
e beleza que nunca desvanece.*

## 25 de maio
## Promessas frustrantes

Leitura:
Salmo 37:1-24

*Agrada-te do Senhor, e ele satisfará
os desejos do teu coração.*
—Salmo 37:4

Alguma promessa da Bíblia já a frustrou? Algumas pessoas dizem que o Salmo 37:4 é a garantia de que Deus nos dará tudo o que desejamos — cônjuge, trabalho, dinheiro. Isso, algumas vezes, despertou a minha curiosidade: Por que não tenho tudo o que desejo?

Quando uma promessa nos frustra porque parece que Deus não a está cumprindo, talvez nós é que não a entendemos direito. Aqui estão três sugestões para um bom entendimento da Bíblia, baseadas no Salmo 37.

Considere o contexto. O Salmo 37 nos ensina a não ficarmos irritadas nem invejosas com os perversos. Não devemos nos concentrar no que eles têm, nem no que parecem estar conseguindo. Pelo contrário, somos ordenadas a confiar e nos deleitar no Senhor (vv.3,4).

Considere outros textos. Pensemos na carta de 1 João 5:14, que nos ensina a pedir de acordo com a vontade de Deus. Outras passagens sobre o mesmo tópico podem nos dar o entendimento e o equilíbrio correto.

Consulte um comentário bíblico. C. H. Spurgeon disse sobre o verso 4: "Aqueles que se deleitam em Deus nada pedem nem desejam a não ser aquilo que agrada a Deus." Um pouco mais de estudo pode nos ajudar a compreender versículos como este.

À medida que aprendemos a nos deleitar no Senhor, Seus desejos se tornarão os nossos e Ele os concederá. —*Anne Cetas*

*Você não mudará as promessas de Deus,
se confiar nelas.*

## 26 de maio

## Agora e para sempre

Leitura:
Ezequiel 33:23-33

*...acolhei, com mansidão, a palavra em vós implantada,
a qual é poderosa para salvar a vossa alma.*
—Tiago 1:21

Um calafrio de terror passou no coração de um soldado quando os fuzis dispararam e o inimigo se aproximou. Repentinamente, ele sentiu uma bala perfurando seu peito e braço. Mas o ferimento não significou o seu fim, pois, segundo a notícia do jornal, a bala foi bloqueada por um Novo Testamento que ele trazia no bolso da camisa. O jovem guardou com carinho o livro com o buraco da bala bem no centro. Ele crê que o Novo Testamento salvou-lhe a vida.

Essa é uma bela história, mas nada acrescenta a respeito da ajuda espiritual e salvadora que a Bíblia nos dá. No livro de Ezequiel 33, lemos que os israelitas usavam as palavras dos profetas apenas para se sentir bem, sem a intenção de mudarem suas vidas. Eles usavam mal as promessas de Deus a Abraão, procurando unicamente dar suporte a sua opinião de que não perderiam a terra (v.24). Tinham prazer em ouvir as palavras do profeta (v.30), todavia o Senhor disse a Ezequiel: "Eles [o povo] vêm a ti [...] e ouvem as tuas palavras, mas não as põem por obra..." (v.31). Qual foi o resultado? Foram submetidos ao julgamento divino.

A Palavra de Deus não deve ser considerada amuleto para nos dar sorte ou receituário para acalmar a nossa mente, nos dando um alívio temporário da ansiedade. Ela foi dada para ser obedecida, e para que sua ajuda não seja apenas para esta vida — mas para todo o sempre.
—*Mart DeHaan*

*Não conhecemos a Bíblia
até que realmente a obedeçamos.*

## 27 de maio

## O valor de um nome

Leitura:
Atos 11:19-26

*...Em Antioquia, foram os discípulos, pela primeira vez, chamados cristãos.* —Atos 11:26

Um psicólogo observou que as crianças, muitas vezes, adquirem complexos por toda a sua vida por causa dos seus nomes. Provavelmente foi isto que aconteceu com um menino sobre o qual eu li, cujos pais deram-lhe o nome de Amidalite Jones. Isto trouxe lhe muitas dificuldades na escola e também quando tentou se alistar na marinha.

Eu sei por experiência própria que nossos nomes têm uma grande influência nos sentimentos que temos em relação a nós mesmos e na maneira como nos comportamos. Como meu pai foi um pastor bastante conhecido por "DeHaan", eu achava que as pessoas esperavam mais de mim do que dos meus colegas. Contudo, o nome da família também foi para mim um bom lembrete de muitos valores positivos que ajudaram a determinar o meu comportamento.

Segundo a leitura bíblica de hoje, os discípulos do Senhor Jesus na Antioquia foram os primeiros a serem chamados de "cristãos". É um nome que identifica as pessoas como seguidoras de Jesus Cristo. E que honra usar um nome que tem associação com o Filho de Deus, nosso Salvador e Redentor! Isso deveria moldar e determinar a nossa maneira de viver, de modo que ela se torne, de maneira crescente, cada vez mais coerente com a maneira como Jesus falou e se comportou.

Se queremos nos chamar de cristãos, devemos viver de acordo com esse nome! —*Richard DeHaan*

*Os cristãos ou são Bíblias ou são difamações.*

*28 de maio*

## Beleza perigosa

Leitura:
Jó 38:22-30

*De que ventre procede o gelo?
E quem dá à luz a geada do céu?* —Jó 38:29

A chuva fria havia silenciado todos os ruídos humanos, mas um rangido alto e estalos quebravam o silêncio daquela manhã gelada. A rede elétrica não estava funcionando. As ruas estavam intransitáveis, e milhares de pessoas não puderam seguir com a rotina. A natureza estava chamando a atenção. Quando o sol nasceu, a sua beleza era indescritível, mas o poder destruidor da natureza também se tornou visível.

O gelo brilhava como cristal, contrastando com o céu azul e fazendo com que os galhos das árvores brilhassem. Porém, devido ao seu peso, também causavam sua ruptura.

O mesmo pode acontecer àquelas pessoas que são brilhantes. Elas chamam atenção por causa da sua beleza, do seu grande talento ou inteligência. São notadas e admiradas, mas, por fim, o peso da vaidade as fazem desabar e desmoronar. Na verdade, somente Deus é digno de receber todo o louvor.

Os amigos de Jó chamaram-lhe a atenção falando como se fossem peritos no sofrimento. Quando Deus já havia ouvido o suficiente, disse a Jó que ninguém tem conhecimento, poder ou importância sem Ele. Mais tarde repreendeu severamente aos amigos de Jó dizendo: "…porque vós não dissestes de mim o que era reto…" (Jó 42:8).

A verdadeira dignidade consiste em exaltar a Deus e não a nós mesmos. —*Julie Ackerman Link*

*A mosca que zumbe mais alto geralmente
é golpeada primeiro.*

## 29 de maio
## Tocando a profundeza

Leitura:
Apocalipse 1:10-18

*...não só destruiu a morte, como trouxe à luz a vida e a imortalidade, mediante o evangelho.* —2 Timóteo 1:10

Multidões se reuniam todas as semanas para ouvir os sermões comoventes de Joseph Parker, um famoso pastor da cidade de Londres, no final do século 19. Mas uma crise o golpeou violentamente. A sua esposa morreu após uma doença agonizante. Parker disse mais tarde que não teria permitido nem mesmo um cachorro sofrer o que ela sofreu. Esse esposo com o coração tão quebrantado, cujas orações não foram respondidas como ele tinha desejado, confessou publicamente que, por uma semana, chegou até a negar a existência de Deus.

Mas essa crise de fé na vida do pastor Parker foi temporária. A partir dessa experiência, ele adquiriu mais confiança pessoal na ressurreição de Jesus, que destruiu a morte. Mais tarde, ele testemunhou: "Toquei a maior das profundezas e ela é sólida."

Ouça esta exclamação de triunfo do Cristo ressuscitado ao proclamar a Sua vitória sobre o sepulcro: "Não temas; eu sou o primeiro e o último e aquele que vive; estive morto, mas eis que estou vivo pelos séculos dos séculos..." (Apocalipse 1:17,18).

A morte é o nosso pior inimigo, que nos rouba a alegria e a esperança — a não ser que o triunfo da ressurreição de Cristo reverbere em nosso coração. Ao crermos na poderosa vitória sobre a morte, as dúvidas desaparecem e a luz dissipa a escuridão.

Segure firme esta confiança triunfante ao lutar com as piores crises na vida. —*Vernon Grounds*

*Por causa do sepulcro vazio de Cristo, podemos estar cheios de esperança.*

## 30 de maio
## Conhecido por Deus

Leitura:
Salmo 77:1-15

*Esqueceu-se Deus de ser benigno? Ou, na sua ira, terá ele reprimido as suas misericórdias?* —Salmo 77:9

Ao visitar um cemitério da Primeira Guerra Mundial na França, fiquei chocado com o número de túmulos, que tinham simplesmente estas palavras: "Um soldado da grande guerra: conhecido por Deus."

O cemitério estava rodeado em três lados por placas nas quais estavam escritos os nomes de 20 mil soldados que morreram nas batalhas das imediações. Foi um sentimento sufocante pensar na solidão de homens morrendo numa guerra e na angústia das famílias em luto em casa.

Pode haver épocas nas quais nos sentimos esquecidos e sós. Como o salmista, clamamos: "Rejeita o Senhor para sempre? Acaso, não torna a ser propício? [...] Esqueceu-se Deus de ser benigno? Ou, na sua ira, terá ele reprimido as suas misericórdias?" (Salmo 77:7,9).

Quando o salmista se lembrou de tudo o que Deus havia feito no passado e ao meditar na Sua maravilhosa obra e falar dela para os outros, ele recebeu a resposta para os seus sentimentos de solidão e abandono (vv.11,12).

Em nossos momentos mais tenebrosos, podemos lembrar as palavras de Jesus: "Não se vendem cinco pardais por dois asses? Entretanto, nenhum deles está em esquecimento diante de Deus. Até os cabelos da vossa cabeça estão todos contados. Não temais! Bem mais valeis do que muitos pardais" (Lucas 12:6,7).

Deus nunca nos esquece. —*David McCasland*

*Em todo deserto de provação,
Deus tem um oásis de conforto.*

## 31 de maio
## Comovidos

Leitura:
Romanos 12:3-16

*Amai-vos cordialmente uns aos outros com amor fraternal...* —Romanos 12:10

Marsha Burgess era completamente estranha para nós e por isso ficamos comovidos pela carta que ela nos enviou. Ela conheceu a mãe de meu esposo Carl, que havia falecido recentemente. Esta senhora vira minha sogra diversas vezes quando visitava a sua própria mãe em um asilo de idosos.

Quando Carl perdeu a sua mãe, Marsha tomou tempo para compartilhar as suas lembranças conosco. Terminou a sua carta com estas palavras: "A sua mãe sempre tinha um largo sorriso no rosto e ficava contente em nos ver. Como é bom ter essas lembranças preciosas! Nós amávamos a sua mãe. Jamais a esqueceremos".

Marsha é cristã e suas palavras trouxeram conforto ao nosso sofrimento. Elas nos lembraram da alegria de fazermos parte do corpo de Cristo (Romanos 12:5). Todo cristão tem um dom específico ou diversos dons dados por Deus para serem usados a fim de edificar a outros — profetizar, servir, ensinar, dar ânimo, contribuir, exercer liderança, mostrar misericórdia (vv.6-8).

Todas nós devemos, contudo, dedicar-nos às pessoas com amor fraternal (v.10), alegrar-nos com os que se alegram; chorar com os que choram (v.15). Algumas vezes hesitamos em ajudar alguém que não conhecemos, e nos perguntamos se será apropriado ou se terá significado para a pessoa. Mas aquela carta de Marsha nos lembrou como é bom receber o carinho de um estranho. —*Anne Cetas*

*As oportunidades para sermos amáveis nunca são difíceis de encontrar.*

## 1.º de junho

## Deus disse isso

Leitura:
Salmo 23

*…tu estás comigo; o teu bordão
e o teu cajado me consolam.* —Salmo 23:4

Quando Pedro, de oito anos, visitou seu avô no hospital, levou um cartão de "Melhoras". O cartão, feito de cartolina branca dobrada ao meio, dizia na parte frontal: "Espero que em breve o senhor se sinta melhor." Atrás, em letras maiúsculas, estava a frase:

Eu estarei com o senhor por onde quer que for.

Como não havia referência bíblica, Pedro acrescentou estas palavras: "Deus disse isso." Ele queria ter certeza de que seu avô não pensasse que ficaria em sua companhia enquanto estivesse internado no hospital.

A observação de seu neto exprimiu uma verdade involuntária e profunda que me fez sorrir e trouxe conforto ao meu coração. O hospital pode ser um lugar de solidão. É um mundo de rostos desconhecidos, procedimentos médicos pelos quais passamos pela primeira vez e diagnósticos incertos.

Mas é justamente num local assim que Deus pode aquietar o coração ansioso e dar a certeza de que estará com você em cada corredor, diante de cada nova porta e perante um futuro desconhecido. Sim, Ele estará com você mesmo se tiver que andar pelo "…vale da sombra da morte…" (Salmo 23:4).

Quem sabe você acaba de experimentar um contratempo ou uma perda inesperada. O seu futuro é incerto, mas ao confiar em Jesus como seu Salvador e Senhor, você poderá estar segura disto: Ele irá com você por onde quer que você for. Você pode crer nisso. Deus disse isso! —*Dennis DeHaan*

*Deus sempre estará mais próximo do cristão
do que qualquer perigo.*

## 2 de junho
## Orações dos cinco dedos

Leitura:
Tiago 5:13-18

*...orai uns pelos outros...*
—Tiago 5:16

A oração é uma conversa com Deus, e não uma fórmula. Entretanto, algumas vezes talvez necessitemos usar um "método" a fim de renovar o nosso tempo de oração. Podemos orar os Salmos ou outras passagens das Escrituras (como a Oração do Senhor) ou usar o método dos quatro passos: Adoração, Confissão, Gratidão e Súplicas. Recentemente, eu me deparei com o método dos "Cinco Dedos" como guia para quando oramos por outras pessoas:

• Quando você cruza as suas mãos, o polegar é que está mais próximo de você. Então comece a orar por aqueles que estão ao seu redor — seus entes queridos (Filipenses 1:3-5).

• O dedo indicador é o que indica direção. Ore por aqueles que ensinam — professores de estudos bíblicos, pastores e os que ensinam as crianças (1 Tessalonicenses 5:25).

• O próximo dedo é o maior. Ele vai lembrá-lo de orar pelas autoridades acima de você — líderes nacionais e locais e seu supervisor no trabalho (1 Timóteo 2:1,2).

• O quarto dedo geralmente é o mais fraco. Ore pelas pessoas que estão com problemas ou que estão sofrendo (Tiago 5:13-16).

• Então vem o dedo mínimo (mindinho). Ele vai lembrá-lo da sua pequenez em relação à grandeza de Deus. Peça a Ele que venha suprir as suas necessidades (Filipenses 4:6,19).

Qualquer que seja o método que você usar, simplesmente fale com o seu Pai celestial. Ele quer ouvir o que está em seu coração. —*Anne Cetas*

*O que importa não são as palavras que dizemos, mas a condição do nosso coração.*

## 3 de junho
## Vou pagar mais tarde

Leitura:
Lucas 14:7-14

*...a tua recompensa, porém, tu a receberás na ressurreição dos justos.* —Lucas 14:14

Imagine um chefe dizendo ao seu empregado: "Estamos realmente contentes com o que você está fazendo aqui, mas decidimos mudar a sua forma de pagamento. A partir de hoje, vamos pagar o seu salário apenas no futuro — depois de aposentado." Será que o empregado vai pular de alegria? É claro que não! Não é dessa maneira que as coisas funcionam neste mundo. Queremos nossa recompensa agora — ou pelo menos no dia do pagamento.

Você sabia que Deus promete "pagar-nos" mais tarde — bem mais tarde? E Ele espera que estejamos contentes com isso!

Jesus disse que nossa recompensa pelas coisas boas que fazemos em Seu nome virá depois que morrermos. No evangelho de Lucas 14, Jesus afirmou que se nos preocuparmos com os pobres, os aleijados, os cegos, a nossa recompensa por tal bondade virá na ressurreição dos justos (Lucas 14:14). Também disse aos que são perseguidos: "Regozijai-vos naquele dia e exultai, porque grande é o vosso galardão no céu..." (6:23). Certamente o Senhor nos dá conforto, amor e direção hoje, mas como são grandiosas as coisas que Ele planejou para nós no futuro!

Quem sabe isso não corresponda aos nossos planos, pois não gostamos de esperar. Imagine como será glorioso quando recebermos nossa recompensa na presença de Jesus. Que tempo magnífico teremos ao desfrutarmos do que Deus reservou para nós mais tarde. —*Dave Branon*

*O que é feito para Cristo nesta vida será recompensado no porvir.*

## 4 de junho

## Tenha um bom dia!

Leitura:
Salmo 118

*Este é o dia que o Senhor fez; regozijemo-nos
e alegremo-nos nele.* —Salmo 118:24

Certo dia, eu estava num mercado, esperando na fila atrás de um homem que pagava as suas compras. Após o pagamento o caixa o despediu alegremente dizendo: "Tenha um bom dia!"

Para surpresa dele (e minha também), o homem explodiu irado: "Este é um dos piores dias da minha vida. Como posso ter um bom dia?" E com isso saiu da loja.

Compreendo a frustração desse homem pois eu também tenho dias 'ruins', e não tenho controle sobre eles. Pergunto-me: como posso ter um bom dia se ele está fora do meu controle? Então me lembro destas palavras: "Este é o dia que o Senhor fez..." (Salmo 118:24).

O Senhor fez todos os dias e meu Pai celestial vai mostrar-se forte a meu favor hoje. Ele tem o controle de tudo — mesmo sobre as coisas difíceis que aparecerão no meu caminho. Todos os eventos foram filtrados pela Sua sabedoria e amor e eles são oportunidades para que eu possa crescer na fé. "...a sua misericórdia dura para sempre" (v.1). "O Senhor está comigo; não temerei..." (v.6).

Agora quando as pessoas me desejam um bom dia, respondo: "Isso está além do meu controle, mas posso ser grato por tudo que vier e me alegrar, pois este é o dia que o Senhor fez." —*David Roper*

*O sorriso possui uma curva
que pode endireitar as coisas.*

## 5 de junho
## Amigo até o fim

Leitura:
Provérbios 18:14-24

*...há amigo mais chegado do que um irmão.*
—Provérbios 18:24

Tradicionalmente, as escolas de medicina treinam os estudantes para ajudarem os pacientes a viver, mas dão a eles poucas instruções em como ajudar os familiares a enfrentarem a morte. Mas isso está mudando com cursos que ensinam os médicos a cuidar de pacientes que estão no final de seus dias. Os médicos agora sabem que, quando tiverem feito uso de todos os seus recursos e conhecimentos, sem ter conseguido a cura, devem buscar uma oportunidade para ficar de forma compassiva ao lado dos seus pacientes prestes a morrer e ser-lhes como um amigo.

A morte nos assusta e faz com que muitos se sintam pouco à vontade na presença de uma pessoa com uma doença terminal. Mas nossas maiores oportunidades de ajudar alguém em nome de Jesus podem surgir durante os últimos dias de uma pessoa aqui na terra.

A Bíblia fala de uma amizade que não conhece limites. O homem sábio disse que "Em todo tempo ama o amigo..." (Provérbios 17:17). E que "...há amigo mais chegado do que um irmão" (18:24). Jesus disse: "Ninguém tem maior amor do que este: de dar alguém a própria vida em favor dos seus amigos" (João 15:13).

Jesus é o Grande Médico e nosso Amigo. Ele prometeu que nunca nos deixaria nem abandonaria (Hebreus 13:5). Ele nos chama a permanecermos junto aos nossos amigos e familiares em Seu nome, quando a jornada terrena chegar ao fim. É isso o que faria um verdadeiro amigo.

—David McCasland

*Um verdadeiro amigo permanece fiel até o fim.*

## 6 de junho
## Visão que transforma

Leitura:
2 Coríntios 3:7-18

*E todos nós [...] somos transformados, de glória em glória, na sua própria imagem, como pelo Senhor, o Espírito.*
—2 Coríntios 3:18

Em uma das versões da lenda do Rei Artur, o jovem rei está escondido em cima de uma árvore, esperando por sua amada. Em certo momento, cai diante da princesa e percebe que tinha que lhe dar uma explicação. Por isso, contou como conseguira arrancar de modo milagroso uma espada que estava encravada numa pedra, o que lhe deu o direito de ser rei.

Artur disse: "Eu nunca quis ser rei. E desde que me tornei um, estive pouco à vontade como soberano — até que caí da árvore e meus olhos a contemplaram. Então, pela primeira vez, senti que era um monarca. Fiquei contente em ser rei. E o mais espantoso é que eu quis ser o governante mais sábio, heroico e esplêndido que já sentou em um trono." O simples fato de olhar para a sua amada transformou o caráter e o propósito do rei Artur.

Ao refletirmos sobre o nosso amado, o Senhor Jesus, também experimentamos uma transformação. O apóstolo Paulo escreveu: "E todos nós, com o rosto desvendado, contemplando, como por espelho, a glória do Senhor, somos transformados, de glória em glória, na sua própria imagem, como pelo Senhor, o Espírito" (2 Coríntios 3:18).

Ao contemplarmos o nosso Senhor nas páginas das Escrituras e ao darmos lugar ao Espírito Santo, nos tornamos pessoas diferentes. Vamos querer ser mais semelhantes a Ele. Nosso maior desejo será agradá-lo. —*Dennis Fischer*

*Somente Jesus pode transformar a sua vida.*

## 7 de junho

## Acima de todos

Leitura:
João 3:22-36

*Quem vem das alturas certamente está acima de todos...* —João 3:31

Em meados de 1800, Ralph Waldo Emerson tornou-se o líder de um movimento filosófico conhecido como 'transcendentalismo', o qual afirma que a verdade vem de um discernimento pessoal. Emerson escreveu: "Crer que aquilo que é verdadeiro para você […] é, também, verdadeiro para todos os homens — é genial."

Infelizmente, sua forma equivocada de pensar criou raízes, e os pensamentos de uma pessoa a respeito de Deus passaram a substituir os pensamentos e as palavras de Deus a seu próprio respeito. O Senhor disse no livro de Isaías: "...porque, assim como os céus são mais altos do que a terra, assim são os meus caminhos mais altos do que os vossos caminhos, e os meus pensamentos, mais altos do que os vossos pensamentos" (55:9).

Um dos antigos escritores de hinos de Israel expressou a grandeza de Deus desta maneira: "...sei que o Senhor é grande e que o nosso Deus está acima de todos os deuses. Tudo quanto aprouve ao Senhor, ele o fez, nos céus e na terra, no mar e em todos os abismos" (Salmo 135:5,6).

Jesus, a imagem do Deus invisível, é a fonte de toda a verdade (Colossenses 1:15-19). João Batista disse sobre o Mestre: "Aquele que vem das alturas está acima de todos..." (João 3:31).

Somente Deus, o Criador de todas as coisas, merece ser chamado de transcendente — isto é, acima e além de todas as coisas. Ao contrário do que Emerson concluiu, a verdade vem do alto — e não de dentro de nós. —*Julie Ackerman Link*

*Aquele que ignora o Criador não é um gênio.*

## 8 de junho
## Geração corrompida

Leitura:
Filipenses 2:12-16

*Fazei tudo sem murmurações nem contendas, para que vos torneis irrepreensíveis e sinceros, [...] no meio de uma geração pervertida e corrupta...* —Filipenses 2:14,15

Você também poderia chamar a geração dos dias de hoje de "corrompida e depravada", assim como Paulo descreveu a sua própria geração em Filipenses 2:15. Até Moisés compreenderia do que Paulo estava falando, pois disse de Israel: "Procederam corruptamente contra ele, já não são seus filhos, e sim suas manchas; é geração perversa e deformada" (Deuteronômio 32:5).

A corrupção se refere à forma como as pessoas concretizam os seus objetivos — fazendo qualquer coisa a fim de conseguir o que querem. Aplaudem-se os caminhos mais curtos para o sucesso. Alguns até se vangloriam em não cumprir a lei.

Perversão se refere à maneira como as pessoas distorcem a verdade. Por exemplo: ouvi a respeito de três adolescentes que queriam sair do albergue para jovens onde se encontravam, muito antes do dia determinado. Irados, insistiram que o gerente devolvesse o depósito que haviam feito em dinheiro. Quando a autoridade finalmente cedeu e os três estavam partindo, eles falaram aos outros hóspedes que haviam sido forçados a sair.

Algumas vezes, somos feridos pelo comportamento corrupto e pela maneira distorcida de pensar das pessoas. Mas somos chamados a ser "sinceros e irrepreensíveis" e a brilhar "como luzeiros no mundo" (Filipenses 2:15).

Vamos mostrar ao mundo uma maneira diferente de viver. —*Albert Lee*

*O caminho reto e estreito é o caminho de Deus para uma geração corrompida.*

## 9 de junho

## "O boi calado"

Leitura:
1 Samuel 16:1-7

*...o S<small>ENHOR</small> não vê como vê o homem.
O homem vê o exterior, porém o S<small>ENHOR</small>, o coração.*
—1 S<small>AMUEL</small> 16:7

Raras vezes, Tomás de Aquino falava alto na sala quando começou a frequentar as aulas na Universidade de Paris, no século 13. Os seus colegas pensavam que o seu silêncio significava que ele não era muito inteligente e por isso o apelidaram de "boi calado".

Seus companheiros de classe devem ter ficado surpresos quando ele se destacou nos estudos e acabou escrevendo grandes obras de teologia, que ainda hoje são usadas. Tomás de Aquino foi um gênio, porém julgado de forma errada.

Como os seus colegas puderam se enganar desta forma? Enganaram-se, por tê-lo julgado somente pela aparência exterior, pois na verdade, não conheciam o seu interior.

Deus havia dito ao profeta Samuel para ungir um novo rei que governasse o Seu povo de Israel. Davi, o menino de pastoreio, não tinha aparência de futuro rei. A sua jovialidade não se comparava à idade e estatura do seu irmão mais velho, Eliabe (1 Samuel 16:6).

Mas o Senhor corrigiu a percepção inicial de Samuel (1 Samuel 16:7). Davi veio a se tornar um grande guerreiro e o escolhido do Senhor para governar o Seu povo (1 Samuel 13:14; 18:8; 2 Samuel 7:1-17). Quando você se sentir predisposto a julgar alguém pela aparência exterior, lembre-se de Tomás de Aquino e do rei Davi. Para Deus, o coração é que importa. —*Dennis Fischer*

*A verdadeira medida de uma pessoa
é o que está em seu coração.*

## 10 de junho
## Testemunhas oculares

Leitura:
1 João 1:1-7

*...o que temos visto e ouvido anunciamos também a vós outros...* —1 João 1:3

"O senhor não vai querer me entrevistar no seu programa de televisão", disse-me o idoso. "Você precisa de alguém jovem e fotogênico, e eu não sou." Respondi que queríamos que ele fosse o entrevistado porque havia conhecido a C. S. Lewis, o notável autor que era tema do nosso documentário: "Quando queremos contar a história de alguém, não há substituto para uma testemunha."

Como cristãos, nos referimos muitas vezes ao fato de compartilharmos a nossa fé em Cristo como "testemunhar" ou "dar nosso testemunho". É um conceito preciso, extraído diretamente da Bíblia. João, um companheiro e discípulo de Jesus, escreveu: "... (e a vida se manifestou, e nós a temos visto, e dela damos testemunho, e vo-la anunciamos, a vida eterna, a qual estava com o Pai e nos foi manifestada), o que temos visto e ouvido anunciamos também a vós outros" (1 João 1:2,3).

Se você conhece a Jesus como seu Salvador e experimentou Seu amor, graça e perdão, pode contar, ou seja, testemunhar sobre isso para alguém. Não é preciso ser jovem, ter beleza e treinamento teológico. A realidade e o entusiasmo são de maior valor.

Quando se trata de contar para alguém a história maravilhosa de como Jesus Cristo pode transformar a vida de uma pessoa, ninguém pode substituir uma testemunha de primeira mão, como você.

—David McCasland

*Jesus não necessita de advogados – Ele necessita de testemunhas.*

## 11 de junho
## O asfalto do céu

Leitura:
Apocalipse 21:14-21

*…A praça da cidade é de ouro puro,
como vidro transparente.*
—Apocalipse 21:21

Conta-se a história de um mineiro que descobriu ouro e o carregava num saco a todos os lugares por onde ia. Certo dia, morreu e foi para o céu, ainda carregando o ouro precioso. Quando chegou lá, um anjo perguntou-lhe por que estava carregando asfalto. Ele explicou: "Isto não é asfalto, é ouro." O anjo respondeu: "Na terra isso se chama ouro, mas aqui no céu nós o usamos para pavimentar nossas ruas."

É claro, trata-se apenas de uma história engraçada. Mas ela nos leva a pensar no que nós consideramos de valor — e o que realmente é de valor para Deus.

O que mais me impressiona a respeito do capítulo de Apocalipse 21 é a descrição da rua no céu. Ela é de "ouro puro, como vidro transparente" (v.21). Nós valorizamos o ouro como sendo o metal mais precioso e o usamos para adquirir nossas posses mais valiosas. No céu, caminharemos sobre algo tão precioso aqui. Que reviravolta!

As coisas que valorizamos aqui na terra não serão tão valiosas no céu — por exemplo, as coisas desnecessárias que compramos, as muitas ações nas quais investimos, as nossas contas bancárias, a admiração, a fama. Quando chegar o momento de dizer adeus a este mundo, que valor tudo isso terá?

Os bens desta terra são temporários. Lembre-se: a nossa verdadeira riqueza está no céu. —*Vernon Grounds*

*Aqueles que acumulam tesouros nos céus
são as pessoas mais ricas.*

## 12 de junho
## Tenham coração

Leitura:
Êxodo 22:21-27

*Não afligirás o forasteiro, nem o oprimirás;
pois forasteiros fostes na terra do Egito.*
—Êxodo 22:21

Pessoas às quais faltam sentimentos de compaixão com outros são como frentes frias durante o inverno — você prefere vê-las indo embora do que chegando. Um exemplo é o proprietário de uma casa que trata o garoto que distribui os jornais como se fosse um chato. Age como se ele fosse o responsável pelas más notícias que vão parar na sua varanda todos os dias. Algumas vezes, as razões podem até ser válidas para ficarmos chateados com o serviço de outros, mas nunca está correto sermos indelicados com os mais fracos ou com pessoas que ocupam uma posição social inferior.

Deus deixou isso muito claro para o povo de Israel quando lhes disse que deveriam tratar as pessoas de alguma maneira em posição inferior como eles gostariam de ser tratados. Ele lembrou ao Seu povo escolhido de que haviam sido estrangeiros numa outra terra e por isso deveriam saber como se sentem aqueles que trabalham com pessoas antipáticas (Êxodo 22:21).

Assim como o povo de Israel, os cristãos têm a mesma responsabilidade com os pobres e oprimidos. Quem sabe argumentamos dizendo que se nós não nos preocuparmos conosco mesmos, ninguém mais o fará. Mas Deus disse que devemos amar o nosso próximo. Ele também nos recorda de que se nos esquecermos do que significa estar por baixo, não estaremos aptos para ocupar posição melhor. —*Mart DeHaan*

*Quando Jesus transforma o seu coração,
Ele dá a você um coração compassivo.*

## 13 de junho
## Surdez espiritual

Leitura:
1 Coríntios 2

*Ora, o homem natural não aceita as coisas do
Espírito de Deus, porque lhe são loucura…*
—1 Coríntios 2:14

Algumas pessoas sofrem de uma estranha disfunção auditiva — ouvem os sons mas não entendem as palavras. Não têm problemas em ouvir um pássaro cantar ou o tique-taque de um relógio. Mas para elas as palavras que ouvem são tão incompreensíveis como um idioma estrangeiro. A fonte do problema não está nos ouvidos, mas resultam de uma lesão cerebral.

Também existe uma surdez espiritual que afeta muitas pessoas. Por causa de um coração pecaminoso, os que não têm fé em Cristo podem ler a Bíblia e ouvir os ensinamentos da Palavra de Deus — mas a sua mensagem espiritual é uma loucura (1 Coríntios 2:14).

Isso explica porque algumas pessoas valorizam a Bíblia como literatura, história confiável e fonte de altos padrões morais — todavia não compreendem a Sua mensagem espiritual. Não entendem o significado do que ela diz a respeito de Cristo, Sua morte na cruz pelos nossos pecados, Sua ressurreição e Seu ministério de intercessão por nós nos céus hoje. Estas verdades não têm sentido para elas.

Quando você lê a Bíblia, você "ouve" o que ela está dizendo? Se não, peça para que o Senhor a ajude a compreender o que Sua Palavra diz sobre Jesus. Deposite a sua confiança nele como seu Salvador pessoal e experimente o novo nascimento espiritual. Essa é a cura para a surdez espiritual. —*Richard DeHaan*

*A chave para entender a Palavra escrita
é conhecer a Palavra Viva.*

## 14 de junho

## *Sempre no comando*

Leitura:
Josué 1:1-9

*...não te deixarei, nem te desampararei.*
—Josué 1:5

Meu amigo Rafael fez uma viagem no porta-aviões *USS Kennedy*. Viu como os jatos decolavam, aterrissavam e faziam manobras. Foi-lhe dito que sempre que os aviões decolam ou aterrissam o capitão os observa da ponte de comando. Mesmo quando os aviões estão voando continuamente, ele permanece lá, dormindo só por alguns instantes entre um voo e outro. Toda vez que um piloto decola ou aterrissa no porta-aviões, ele sabe que o seu capitão sempre está em seu posto de serviço.

Na leitura das Escrituras de hoje, quando estava para assumir a liderança do povo de Israel, Josué necessitou ter a certeza de que Deus estaria com ele assim como estivera com Moisés. Os israelitas sabiam que Moisés recebera a orientação divina durante a sua jornada pelo deserto porque Deus os guiava por meio de uma coluna de fogo e de nuvem.

Mas como seria com Josué? Deus lhe prometeu: "Assim como estive com Moisés, estarei com você; nunca o deixarei, nunca o abandonarei" (Josué 1:5). Ele podia liderar Israel com absoluta confiança de que Deus sempre o estaria vigiando.

Onde quer que estejamos, qualquer que seja a tarefa na qual estejamos envolvidos ou a batalha espiritual que estivermos enfrentando, podemos ter a confiança de que Deus está conosco. E ainda mais, Ele nos guia, protege e nos dirige. Ele sempre está na posição de comando!
—Dave Egner

*O cristão encontra segurança não na ausência do perigo mas na presença de Deus.*

## 15 de junho
## Trabalhar com sabedoria

Leitura:
João 9:1-11

*Enquanto é dia, precisamos realizar a obra daquele que me enviou.* —João 9:4

Em uma foto que tenho em minha parede, um ancinho enferrujado está recostado num poste, perto de uma horta cheia de ervas daninhas. Tirei a foto alguns meses depois que o meu sogro faleceu e não havia mais ninguém que cuidasse da sua tão estimada horta. Certa tarde, ele recostou o ancinho no poste, caminhou para a casa e nunca mais retornou.

A foto diz duas coisas a respeito do meu trabalho: primeiro, tenho que fazê-lo enquanto posso. Segundo, devo mantê-lo na perspectiva correta e não devo supervalorizá-lo. Como os meus dias estão contados, preciso da sabedoria de Deus para viver cada um deles da maneira certa.

Quando Jesus curou um homem cego de nascença, Ele falou aos Seus discípulos: "É necessário que façamos as obras daquele que me enviou, enquanto é dia; a noite vem, quando ninguém pode trabalhar. Enquanto estou no mundo, sou a luz do mundo" (João 9:4,5).

Enquanto trabalhou na "horta" de Seu Pai aqui na terra, Jesus mostrou como trabalhar com sabedoria, tendo equilíbrio entre o trabalho e o descanso. Ele nunca valorizou mais a produtividade do que a oração e nunca ficou tão preocupado com um programa que deixou de ajudar pessoas em necessidade.

Senhor, dá-nos a sabedoria para trabalhar com fidelidade enquanto ainda é dia. —*David McCasland*

*O trabalho é uma bênção quando abençoa a outros.*

## 16 de junho
## É assim que funciona

Leitura:
Romanos 15:23-33

*Rogo-vos [...] que luteis juntamente comigo nas orações a Deus a meu favor.*
—Romanos 15:30

Em um de seus livros, Max De Pree escreve: "A melhor maneira de trazer os problemas ao Senhor é pedir ajuda às pessoas." Antes de viajar para a Europa a negócios, De Pree soube que sua filha estava grávida, porém, o casamento dela enfrentava sérios problemas. Tristeza e alegria encheram o seu coração quando orou, entregando-a aos cuidados do Senhor.

No dia seguinte, ele compartilhou a sua dor com seu amigo Davi, e disse que não estava se sentindo bem em ir para a Europa naquela situação. Pediu que Davi procurasse manter contato com a sua filha, telefonando ou até visitando-a, se fosse necessário. Este amigo assegurou-lhe de que faria o que ele pediu.

De Pree ficou aliviado, mas também perplexo. Disse: "Por que me sinto tão aliviado ao deixar a minha filha nas mãos de meu amigo e ontem à noite, quando a coloquei nas mãos do Senhor, não me senti assim?" Davi explicou amavelmente que é assim que o corpo de Cristo funciona. O apóstolo Paulo estava muito consciente deste fato. Ao enfrentar a possível oposição de pessoas não-cristãs em Jerusalém, ele pediu aos cristãos em Roma que se unissem a ele em suas lutas, orando para que se livrasse dos moradores da Judeia que não criam em Jesus (Romanos 15:30,31). Senhor, que não sejamos orgulhosos demais para buscar a Sua ajuda, pedindo a ajuda dos Seus filhos. —*Dennis DeHaan*

*Levai as cargas uns dos outros e, assim, cumprireis a lei de Cristo.* —Gálatas 6:2

## 17 de junho
# Afugentando Satanás

Leitura:
Tiago 4:7-10

*...resisti ao diabo, e ele fugirá de vós.*
—Tiago 4:7

No lugar onde cresci, a forma de responder quando alguém espirrava era: "Vá embora!". Era uma prática comum, e eu desconhecia o motivo, mas agora sei. Trata-se de um costume que vem dos tempos antigos. As pessoas acreditavam que o espirrar expelia o diabo, e falavam desse modo para mandá-lo embora. É claro que isto é mera superstição. Existem formas melhores, bíblicas, de mandar o diabo embora.

Os métodos de Satanás sempre começam com uma mentira, uma falsa direção, uma deformação sutil da verdade que, se levada adiante, vai nos separar de Deus. As suas propostas raramente aparentam ser más porque as nossas mentes se afastam daquilo que é obviamente mau. Frequentemente, elas vêm disfarçadas de bondade. Este inimigo acrescenta um pouco de graça e beleza a toda sedução para que não reconheçamos sua natureza mortífera. É fácil sermos enganados.

A carta de Tiago traz as palavras: "...resisti ao diabo, e ele fugirá de vós" (4:7). Contra-ataque as mentiras de Satanás com a verdade, colocando-as em sua mente. Resista a ele imediatamente com uma Palavra de Deus e afaste-o como se fosse um vendedor inoportuno, antes que este consiga colocar um pé na porta. Traga à sua mente um versículo ou uma parte das Escrituras que fale especificamente a respeito da mentira que Satanás está tentando incutir e submeta-se a esta verdade.

Este é o caminho para fazer o diabo sair correndo. —*David Roper*

*Quando Satanás ataca,
contra-ataque com a Palavra de Deus.*

## 18 de junho

## Conexões criativas

Leitura:
Gênesis 2:7-8,15-22

*Também disse Deus: Façamos o homem à nossa imagem, conforme a nossa semelhança...*
—Gênesis 1:26

Construí meu primeiro carro de corrida rolimã com muito pouco dinheiro. Com precisão e imenso esforço, esculpi um bloco sólido retangular de pinho numa embalagem aerodinâmica impressionante.

Meu filho de 9 anos pintou o carro de azul. Eu poli os eixos até ficarem como espelhos. Juntos, colocamos detalhes com decalques chamativos e demos ao nosso automóvel de pinho o nome de "O Corredor Brilhante". O olhar no rosto de meu filho foi incalculável.

Nenhum sentimento de realização pode ser igualado ao de um pai que cria algo com o seu filho. É um cenário onde ambos, jovens e adultos, podem desfrutar da alegria do trabalho de equipe.

Vemos na Bíblia como Deus demonstra prazer em Sua criação. O livro de Gênesis 1 registra a coroação de Sua obra criativa e divina: "Criou Deus, pois, o homem à sua imagem, à imagem de Deus o criou; homem e mulher os criou" (v.27). Então Deus incumbiu o homem desta tarefa: "Tomou, pois, o Senhor Deus ao homem e o colocou no jardim do Éden para o cultivar e o guardar" (2:15).

Como um pai com seu filho, Deus tem alegria em fazer uma parceria conosco. Como o perfeito Ser trino, Ele poderia ter escolhido trabalhar sozinho — mas não o fez. Ele nos criou à Sua imagem e tem prazer em nossa criatividade. —*Dave Branon*

*Nosso Pai celestial anseia passar tempo valioso com os Seus filhos.*

## 19 de junho

## As críticas e sua cura

Leitura:
Mateus 20:1-16

*O amor é paciente, é benigno; o amor não arde em ciúmes, não se ufana, não se ensoberbece.* —1 Coríntios 13:4

Um homem com pequenos problemas mentais sempre apertava a mão do seu pastor depois de cada culto. Frequentemente, porém, fazia comentários depreciativos como: "você prega por muito tempo; seus sermões são enfadonhos; ou você fala demais de si mesmo". Angustiado, o pastor mencionou isso a um diácono, que respondeu: "não se preocupe com ele. Tudo o que faz é repetir o que os outros dizem".

Criticar é um pecado muito comum entre os cristãos e alguns sofrem de criticismo crônico. Têm a habilidade de encontrar algo errado em todos os que procuram servir ativamente ao Senhor. E sem dúvidas, todos nós já criticamos ou reclamamos em algum momento também.

A melhor cura para esse hábito pecaminoso é o amor cristão — algo fácil de falar, mas difícil de praticar. Primeiro, precisamos desejar conscientemente o melhor de Deus para todos. Esse amor "paciente, é benigno; o amor não arde em ciúmes, não se ufana, não se ensoberbece, não se conduz inconvenientemente, não procura os seus interesses, não se exaspera, não se ressente do mal" (1 Coríntios 13:4,5). Então, à medida que dependermos do Senhor, precisamos colocar essas atitudes em prática.

Da próxima vez que você estiver procurando encontrar uma falha no próximo, resista a esse impulso e busque uma maneira de fazer o bem a essa mesma pessoa (Gálatas 6:10). Faça isso com diligência, e com o tempo você será curado do hábito de criticar. —*Herb Vander Lugt*

*Não procure a falha*
*— busque o remédio.*

## 20 de junho

## Firme como a rocha

Leitura:
Salmo 34:15-22

*Os olhos do Senhor repousam sobre os justos,
e os seus ouvidos estão abertos ao seu clamor.*
—Salmo 34:15

Aquele dia, no mês de maio de 2003, foi um dia triste. A estátua do "Velho Homem Da Montanha" se despedaçou e deslizou montanha abaixo. Esse perfil, de 12 metros, do rosto de um homem idoso, esculpido pela natureza nas Montanhas Brancas de New Hampshire, EUA, fora uma atração para os turistas por muito tempo, uma presença segura para os moradores e o emblema oficial do estado. Até na literatura ela é citada.

Alguns moradores das redondezas ficaram desolados quando a estátua veio ao chão. Uma mulher afirmou: "Cresci sentindo como se alguém estivesse cuidando de mim. Agora me sinto menos protegida."

Existem ocasiões quando "uma presença" em que confiávamos desaparece. Algo ou alguém em quem confiávamos se vai e nossa vida sofre um abalo. Pode ser a perda de um ente querido, perda de um emprego ou da saúde. A perda nos faz sentir desequilibrados, instáveis. Podemos até chegar a pensar que Deus não está mais olhando para nós.

Mas "Os olhos do Senhor repousam sobre os justos, e os seus ouvidos estão abertos ao seu clamor" (Salmo 34:15). Ele "Perto está [...] dos que têm o coração quebrantado..." (v.18). É a Rocha e nós sempre podemos depender de Sua presença (Deuteronômio 32:4).

A presença de Deus é real. Ele nos vigia continuamente. Ele é a Rocha firme. —*Anne Cetas*

*A pergunta não é onde Deus está,
mas onde Ele não está.*

## 21 de junho
## Mais que o seu melhor

Leitura:
Colossenses 1:19-29

*...esforçando-me o mais possível, segundo a sua eficácia que opera eficientemente em mim.* —Colossenses 1:29

Quando, anos atrás, João se tornou um vendedor numa renomada companhia de seguros, o seu propósito foi trabalhar de forma efetiva, sem comprometer sua integridade como cristão. Mas alguns o consideravam muito ingênuo. Para eles, uma pessoa ou possuía a segurança de um emprego ou a integridade cristã, mas não ambas.

Mas João não vacilou em seu compromisso de ser uma testemunha fiel no mundo dos negócios. Seu trabalho exigia cálculos matemáticos exatos e ele se sentia inseguro até diante de uma simples conta de aritmética. Isso o forçou a depender mais de Cristo em tudo, o que reforçou o seu testemunho.

Por fim, João se tornou o melhor vendedor da empresa, e Deus o usou para que muitos colegas aceitassem a Cristo. Mais tarde, como gerente de uma filial, fez, com a ajuda de sua equipe, aquela filial tornar-se a maior do grupo — tudo isso sem comprometer a sua integridade cristã.

Você se esforça para viver e trabalhar num lugar difícil sem comprometer o seu testemunho cristão? Faz o seu melhor, mas isso ainda não é o suficiente? A carta aos Colossenses nos lembra de que depender do poder de Deus que está em nós e esforçar-se "o mais possível" (1:29) é o que nos faz ser pessoas efetivas. João, o homem de negócios, resumiu desta maneira: "Deus, ajude-me a fazer o melhor que posso!" Ele fará o mesmo por você. —*Julie Ackerman Link*

*Não se vanglorie pelo que você faz por Cristo, mas por aquilo que Cristo faz para você.*

## 22 de junho

# O melhor argumento

Leitura:
1 Pedro 3:13-17

*...estando sempre preparados para responder a todo aquele que vos pedir razão da esperança que há em vós.*
—1 Pedro 3:15

Qual é a melhor resposta que podemos dar àqueles que perguntam por que aceitamos Jesus como nosso Salvador? Como podemos testemunhar com mais persuasão de nossa fé?

O apóstolo Pedro nos conclama: "...estando sempre preparados para responder a todo aquele que vos pedir razão da esperança que há em vós" (1 Pedro 3:15). O termo grego para "razão" é apologia. Esta palavra não significa argumentar de forma indecisa, sem convicção, mas apresentar argumentos convincentes.

O filósofo William Alston escreveu livros valiosos em defesa da fé cristã. Ele tem algo a dizer que nos encoraja: "O teste final do projeto cristão consiste em experimentá-lo na própria vida testando as promessas que este projeto afirma que Deus nos fez, seguindo no caminho que nos é proposto por uma igreja, e ver se ele conduz à nova vida do Espírito."

Não pense que pelo fato de não ser um filósofo ou um erudito você não pode ser um apologista. Você pode dar testemunho da verdade e do poder do evangelho. Sua vida pode ser o seu melhor argumento — a melhor defesa da sua fé em Jesus Cristo — para qualquer pessoa que perguntar por que você crê em Jesus.

Por isso, pratique a sua fé. Permita que as pessoas vejam a diferença que Jesus faz. —*Vernon Grounds*

*As pessoas a ouvirão cuidadosamente se notarem que você vive de acordo com a sua fé.*

## 23 de junho

## Sendo respeitado

Leitura:
Daniel 1:1-16

*Resolveu Daniel, firmemente, não contaminar-se...*
—Daniel 1:8

Quando um músico profissional apelidado de "Feliz" se tornou cristão, ele deixou de tocar em clubes noturnos e ofereceu seus serviços para uma missão. Algum tempo depois, recebeu um telefonema do gerente de um clube, que queria que fizesse um show no qual ganharia muito dinheiro.

Mas Feliz rejeitou a oferta, dizendo ao gerente que estaria tocando na missão. Mais tarde afirmou: "O gerente me parabenizou e aquilo me surpreendeu. Ali estava um homem que queria que eu tocasse para ele e que acabou me cumprimentando por recusar a sua oferta." Aquele executivo respeitou a decisão do músico.

Daniel estava cativo num país estrangeiro, mas não se esqueceu de seus princípios religiosos. Não podia comer de boa consciência a comida que havia sido dedicada a um deus pagão e a carne de animais que não haviam sido mortos segundo as leis hebraicas. Solicitou que pudesse alimentar-se somente com vegetais e água e o chefe dos oficiais arriscou a sua vida para atender a este pedido. Creio que aquele homem fez isso porque Daniel, por meio de sua conduta nobre, ganhou o respeito dele.

O mundo olha com desdém para os cristãos que não vivem conforme o que dizem crer. Por isso, devemos permanecer fiéis às nossas convicções. A coerência de caráter é o que desperta o respeito dos outros por nós. —*Herb Vander Lugt*

*Se você vive para Cristo, poderá perder amigos, mas não perderá o respeito deles por você.*

## 24 de junho
## Tratamento inadequado

Leitura:
Jeremias 6:10-19

*Curam superficialmente a ferida do meu povo, dizendo:
Paz, paz; quando não há paz.*
—Jeremias 6:14

Uma torção do tornozelo pode causar problemas prolongados se não for tratada devidamente. Pequenas distensões podem ser curadas com descanso, gelo, compressas e os pés erguidos. As pessoas que ignoram o problema e continuam caminhando apesar da dor correm o risco de ocasionarem uma lesão maior.

Um cirurgião especializado no tratamento dos pés disse que, muitas vezes, nós nos acostumamos com as distensões e as suportamos, mas "até pequenas distensões deveriam ser tratadas para que não ocorram novamente". E, é claro, uma contusão maior sempre requer um tratamento correspondente.

Jeremias transmitiu a mensagem do Senhor aos líderes espirituais corruptos de Judá: "Curam superficialmente a ferida do meu povo, dizendo: Paz, paz; quando não há paz" (Jeremias 6:14). Ele repetiu a acusação de um tratamento inadequado em relação a uma ferida espiritual séria (8:11). "Não há bálsamo em Gileade? Ou não há lá médico? Por que, pois, não se realizou a cura da filha do meu povo?" (v.22).

A pergunta inquiridora de Jeremias foi inspiração para um antigo hino que proclama a esperança e perdão que necessitamos ainda hoje: "Existe um bálsamo em Gileade para curar os feridos; existe um bálsamo em Gileade para curar a alma doente de pecado."

Este bálsamo é o poder curador de Jesus para nossa profunda ferida cheia de pecados. Você já usou este bálsamo? —*David McCasland*

*O Grande Médico sempre tem o remédio certo.*

## 25 de junho
## Vigiando as palavras

Leitura:
Tiago 3:1-12

*De uma só boca procede bênção e maldição. Meus irmãos, não é conveniente que estas coisas sejam assim.*
—Tiago 3:10

Para mim, uma boa gramática é importante. Como escritor e ex-professor de línguas, fico chateado quando ouço que palavras erradas são usadas por pessoas que deveriam saber mais. Existe uma forma apropriada para usar a linguagem e me aborreço quando o padrão culto é deliberadamente violado.

Existe outro tipo de linguagem incorreta que é muito pior. Isso acontece quando os cristãos usam palavras que não condizem com o padrão que Deus espera deles. Sempre que usamos palavras grosseiras, profanas ou imorais, violamos os claros padrões do Senhor.

Toda vez que pronunciamos o nome de Deus de forma irreverente ou de maneira que não lhe traz honra, nós o ofendemos (Êxodo 20:7). Se fazemos piadas com relação a práticas pecaminosas, estamos falando de uma forma vergonhosa (Efésios 5:12). Se participamos de conversas vulgares (5:4), estamos desonrando o nome de Cristo.

A carta de Tiago diz: "De uma só boca procede bênção e maldição. Meus irmãos, não é conveniente que estas coisas sejam assim" (3:10). Tal maneira de falar é hipocrisia.

É difícil controlar nossas línguas porque "é mal incontido" (v.8). Vamos vigiar as nossas palavras para a glória de Deus e por respeito aos Seus padrões. —*Dave Branon*

*Toda vez que você fala, está demonstrando o conteúdo de sua mente.*

## 26 de junho
## Amai uns aos outros

Leitura:
1 João 4:7-12

*Amados, amemo-nos uns aos outros, porque o amor procede de Deus; e todo aquele que ama é nascido de Deus e conhece a Deus.* —1 João 4:7

Leonardo estava assistindo a um culto com seu tio, Heitor, num domingo de Páscoa pela manhã. A cena final da impressionante apresentação de teatro foi uma representação da ascensão de Jesus ao céu. O ator que representou Jesus estava sendo elevado por guinchos por meio de uma abertura no teto. Mas quando se encontrava no meio do caminho para o alto, os que controlavam o procedimento perderam o controle dos guinchos e o ator desceu novamente — felizmente sem se machucar. Com uma presença de espírito maravilhosa, o ator falou para a congregação chocada: "E mais uma coisa: Amai-vos uns aos outros."

O amor foi algo tão importante para Jesus que Ele falou sobre isso aos Seus discípulos pouco antes de ser preso e crucificado: "Novo mandamento vos dou: que vos ameis uns aos outros [...]. Nisto conhecerão todos que sois meus discípulos: se tiverdes amor uns aos outros" (João 13:34,35).

João, conhecido como o discípulo a quem Jesus amava (e o homem que registrou estas palavras), escreveu muito sobre o amor em sua primeira carta. Diversas vezes no capítulo 4, o apóstolo pediu aos seus companheiros cristãos para amarem uns aos outros (1 João 4:7,11,12).

Não importa o que estiver acontecendo em nossa vida, façamos do mandamento de Jesus e da exortação de João a afirmação da nossa missão: "Amai-vos uns aos outros". —*Vernon Grounds*

## Um pouco de amor pode fazer grande diferença.

## 27 de junho
## Aperfeiçoe a santidade

Leitura:
Gálatas 5:16-26

*...purifiquemo-nos de toda impureza, tanto da carne como do espírito, aperfeiçoando a nossa santidade no temor de Deus.* —2 Coríntios 7:1

Deixei de trabalhar em meu quintal por diversas semanas e fiquei impressionado como as ervas daninhas apareceram tão rápido e tomaram conta do espaço. Elas não necessitam de cuidados. No entanto, um canteiro de flores bonitas precisa de água, cuidados e, é claro, que as ervas daninhas sejam constantemente arrancadas. As flores crescem sob os cuidados de quem não tem receio de sujar as unhas. Nossa vida cristã também necessita de ação. Ela requer o compromisso de entrega total a Jesus — corpo, mente, emoções e vontade — para termos uma vida saudável, atrativa, motivadora para outros e realizada. Mesmo assim, as ervas daninhas de egoísmo e atitudes pecaminosas podem brotar rapidamente e sufocar os frutos do Espírito (Gálatas 5:22,23).

Muitos cristãos de Corinto tiveram este mesmo problema. Eles se deixaram dominar por inveja e divisões (1 Coríntios 3:1-3). Por essa razão, Paulo lhes disse que se purificassem "...de toda impureza, tanto da carne como do espírito, aperfeiçoando a nossa santidade no temor de Deus" (2 Coríntios 7:1). Quando Paulo falou em "santidade" ele não quis dizer que não pecariam mais, mas que deveriam viver de tal maneira que não necessitassem se envergonhar de nada.

Senhor, ajuda-nos a retirar toda e qualquer erva daninha da carne e do espírito antes que se tornem maus hábitos. Que os outros possam ver em nós a beleza do caráter de Jesus. —*Dennis DeHaan*

*Se você se entregar a Deus,
não se entregará ao pecado.*

## 28 de junho
## Nenhuma alteração

Leitura:
Jeremias 36:20-26

*Toda a Escritura é inspirada por Deus...*
—2 Timóteo 3:16

Em cada período da história existe uma mentalidade que vem desafiar a nossa aceitação das Escrituras. A tentação consiste em remover ou alterar aquelas partes da Bíblia que nos parecem antiquadas.

Quer se trate da doutrina sobre o inferno ou da visão do Senhor sobre o comportamento sexual, muitos se sentem pressionados a rejeitar partes da Palavra de Deus. Algumas de suas verdades serão controversas em alguma ocasião ou época.

Séculos atrás, um rei judeu recebeu um pergaminho com uma mensagem de Deus. Enquanto era lido em voz alta, o documento era cortado em partes e lançado no fogo pelo rei, que estava ofendido. O rei e os seus conselheiros "não ficaram alarmados" ouvindo as palavras do Senhor (Jeremias 36:24). No fim, o rei perdeu o seu reinado por causa da desobediência.

Quando fazemos uma edição seletiva da Bíblia para adaptá-la às nossas ideias ou quando negligenciamos os seus ensinamentos, mostramos que não tememos a Deus. Em vez de nos submetermos ao que Ele diz, colocamos o nosso raciocínio finito e nossa consciência falível acima do texto inspirado. Quando você se sentir induzido a não observar ou ignorar parte da Palavra de Deus, lembre-se de que: "Toda a Escritura é inspirada por Deus..." (2 Timóteo 3:16). Ela nos diz tudo o que necessitamos saber para vivermos de maneira que agrada ao Senhor. —*Dennis Fischer*

*Neste mundo em transformação, confie na Palavra imutável de Deus.*

## 29 de junho

## Volte!

Leitura:
Amós 4:4-13

*...contudo, não vos convertestes a mim, disse o SENHOR.* —AMÓS 4:6

O livro de Amós, no Antigo Testamento, contém algumas frases memoráveis: "Andarão dois juntos, se não houver entre eles acordo?" (3:3). "...prepara-te, ó Israel, para te encontrares com o teu Deus" (4:12). "Antes, corra o juízo como as águas..." (5:24).

Mas a frase que mais se repete neste livro ocorre cinco vezes no capítulo 4. O Senhor fala sobre tudo o que fez a fim de disciplinar o Seu povo teimoso e autoindulgente para aproximá-lo novamente de si mesmo. Em todos os casos, a resposta é sempre a mesma: "...não vos convertestes a mim..." (Amós 4:6,8-11).

Quando lemos esse relato, ficamos admirados com a dureza do coração do povo, mas devemos perguntar se o mesmo não pode ser dito de nós. Se sentimos que o Senhor está tentando chamar a nossa atenção, como lhe respondemos?

A profecia de Amós contém admoestações de julgamento, cativeiro e destruição. Entretanto, também há chamados para o arrependimento e promessas de restauração: "Busquem o bem, não o mal, para que tenham vida. Então o SENHOR, o Deus dos Exércitos, estará com vocês" (5:14).

O livro de Amós tem muitas frases memoráveis, mas nunca devemos esquecer o convite de Deus a todos que se afastaram dele: voltem para mim!

Se você ainda não voltou, faça-o agora. —*David McCasland*

*O verdadeiro arrependido se afasta do mal e volta-se para o que é certo.*

## 30 de junho
## Instintivamente errado

Leitura:
Judas 1:18-20

*...edificando-vos na vossa fé santíssima, orando no Espírito Santo, guardai-vos no amor de Deus...* —Judas 1:20,21

Saul Gellerman, em seu livro *How People Work* (Como as pessoas trabalham – inédito), diz: "Resolver problemas organizacionais sérios pode exigir estratégias intuitivas de contra-ataque". Nos negócios, intuição de contra-ataque é uma maneira de referir-se a ideias que contrariam o senso comum.

Os consultores que defendem essa forma de pensamento estão simplesmente reforçando o conselho de Jesus. Ele advertiu diversas vezes aos Seus seguidores a fazerem o que Deus dizia ser o certo — e não o que o desejo, instinto e a intuição mandavam que fizessem.

O desejo diz: "Eu quero isto". Jesus disse: "Há maior felicidade em dar do que em receber" (Atos 20:35).

O instinto diz: "Eu primeiro". Jesus disse: "...os últimos serão primeiros, e os primeiros serão últimos" (Mateus 20:16). A intuição diz: "Eu me sinto melhor se me vingar". Jesus disse: "...fazei o bem aos que vos odeiam" (Lucas 6:27).

Querer algo não significa que isto seja bom; realizar algo não lhe dá mais valor. Ter sentimentos fortes com relação a alguma coisa não significa que você está certa. Como Judas escreveu, aqueles que seguem os seus próprios desejos e instintos conduzem outros a conflitos e divisões (1:18,19).

A alternativa é ser espiritual, o que significa fazer o que não vem naturalmente. Na realidade, isto requer forças sobrenaturais que somente Deus pode dar. —*Julie Ackerman Link*

*Você pode confiar nos seus instintos quando está confiando em Cristo.*

## 1.º de julho
## Feliz, mesmo na pobreza

Leitura:
Habacuque 3:14-19

*Ainda que a figueira não floresça, nem haja fruto na vide; eu me alegro no SENHOR...* —HABACUQUE 3:17,18

No livro *450 Stories for Life* (450 Histórias para a vida), Gust Anderson relata sobre a visita a uma igreja numa comunidade rural no Canadá, onde houve 8 anos de seca. A situação econômica dos fazendeiros parecia sem esperança, mas apesar da pobreza, muitos deles continuaram a se reunir para adorar e louvar a Deus.

Anderson ficou especialmente impressionado com o testemunho de um fazendeiro que se levantou e citou o livro de Habacuque 3:17,18. Com profunda emoção, ele disse: "Ainda que a figueira não floresça, nem haja fruto na vide; o produto da oliveira minta, e os campos não produzam mantimento; as ovelhas sejam arrebatadas do aprisco, e nos currais não haja gado, todavia, eu me alegro no SENHOR, exulto no Deus da minha salvação." Anderson pensou: este santo querido encontrou o segredo da verdadeira alegria!

Não está errado ter prazer nas coisas boas que podemos comprar com o dinheiro, mas nunca deveríamos confiar nelas para sermos felizes. Se nossa satisfação depende das posses materiais, seremos fortemente abalados quando as perdermos. Mas se nossa alegria está no Senhor, nada pode desfazê-la — nem mesmo problemas financeiros.

Sim, aqueles que conhecem e confiam no Senhor podem exultar — mesmo na pobreza! —*Richard DeHaan*

*A alegria do cristão depende exclusivamente de Jesus!*

## 2 de julho
## Bagagem desnecessária

Leitura:
1 Coríntios 9:24-27

*...desembaraçando-nos de todo peso e do pecado que tenazmente nos assedia...* —Hebreus 12:1

Em 1845, a malsucedida Expedição Franklin saiu da Inglaterra para cruzar o Oceano Ártico. A tripulação carregou os dois navios com muitas coisas que desnecessárias como: uma biblioteca com 1.200 livros, louça chinesa, cálices de cristal e pratarias com as iniciais dos oficiais gravadas nos cabos. É interessante que cada um dos navios carregou para as máquinas auxiliares apenas o suprimento de carvão para 12 dias.

Os navios ficaram presos nas vastas extensões de gelo. Depois de alguns meses, Franklin morreu. Os homens decidiram iniciar a viagem penosa para um lugar seguro, dividindo-se em pequenos grupos, mas ninguém sobreviveu.

Uma história em especial é comovente. Dois oficiais arrastaram um grande trenó por mais de 100 quilômetros sobre o gelo traiçoeiro. Quando a equipe de resgate encontrou os corpos, descobriram que o trenó estava repleto de utensílios de prata.

Aqueles homens contribuíram para o seu próprio fim, carregando algo que não necessitavam. Mas nós, muitas vezes, não fazemos o mesmo? Não arrastamos pela vida bagagens que não necessitamos? Pensamentos maus e hábitos perniciosos que nos arrastam para baixo e nos atrapalham. Guardamos rancor dentro de nós?

Vamos tomar a decisão de nos livrar "... de todo peso e do pecado que tenazmente nos assedia..." (Hebreus 12:1). —*Dave Egner*

*Mantenha afastado de sua vida tudo o que poderia destronar Cristo do seu coração.*

## 3 de julho
# Evangelho diferente

Leitura:
Gálatas 1:6-12

*...estejais passando tão depressa daquele que vos chamou [...] para outro evangelho.* —GÁLATAS 1:6

Qual é o grande desafio para os cristãos no século 21? A imoralidade desenfreada? As questões sociais que nos dividem? A crescente hostilidade contra Deus? Com certeza esses fatos são perigosos, mas me arrisco a afirmar que a nossa grande ameaça é a religião — a religião que nos afasta do evangelho.

Algumas religiões se opõem abertamente a Cristo, mas outras são mais sutis. Elas usam uma linguagem que os cristãos conhecem, dando às suas crenças um som familiar. Então acrescentam a sua própria forma distorcida de pensar e não dão uma orientação à semelhança de Cristo, por meio de uma instrução bíblica cuidadosa (1 Timóteo 4:6; Judas 4).

Se tais grupos parecem ser cristãos, como podemos saber se estão pregando um "outro evangelho" ou não? (Gálatas 1:6). Apresentamos abaixo alguns ensinamentos falsos dos quais temos que nos precaver:

1. A salvação vem por intermédio de qualquer outro meio e não somente pela fé na obra consumada de Jesus na cruz (Atos 4:12).

2. Jesus não é o Deus eterno que se tornou carne, tampouco nosso único Salvador (João 1).

3. É mais importante dar atenção à palavra dos homens do que à Palavra de Deus (1 Coríntios 2:12,13).

Existem aqueles que querem conduzir você a outro evangelho. Aprenda a Palavra de Deus e você não será enganada. —*Dave Branon*

*Estude as Escrituras
e aplique-as à sua vida.*

## 4 de julho
## Os direitos de Deus

Leitura:
Isaías 5:1-7

*Ele [Deus] esperava que desse uvas boas, mas só deu uvas azedas.* —Isaías 5:2

A canção de Isaías retratando Israel como a vinha do Senhor nos ensina que Deus tem o direito de esperar amor, adoração e obediência daqueles que Ele abençoa. Infelizmente, como as pessoas nos dias de Isaías, muitos de nós também demonstramos pouca gratidão a Deus e desrespeitamos deliberadamente as Suas leis morais. Quando agimos desta forma, Deus tem o direito de nos julgar.

A história revela que sempre que uma nação ignora a Deus e rejeita a Sua palavra, ela tem uma colheita amarga.

Nos EUA, hoje comemora-se o Dia da Independência como um lembrete da liberdade. Porém, devemos também ser profundamente gratos pela liberdade que temos. No entanto, algumas vezes nós a vemos como algo normal e pouco nos preocupamos com aqueles que não são abençoados de forma tão abundante. Estamos nos tornando indivíduos que insistem de maneira egocêntrica nos seus próprios direitos, fazem exigências injustas a outros e não pensam no seu bem-estar.

Pior ainda, neste clamor pela liberdade pessoal, ouvimos muito pouco a respeito dos direitos de Deus. Deveríamos reconhecer que Ele é o "dono da vinha". O Senhor espera que venhamos a produzir os frutos do amor e obediência em lugar das uvas azedas da ingratidão e da maldade (Isaías 5:2).

Ao agradecermos a Deus pelos nossos direitos, não nos esqueçamos dos direitos de Deus. —*Herb Vander Lugt*

*A verdadeira liberdade não está em andarmos nos nossos caminhos, mas nos de Deus.*

## 5 de julho

## Refeição no carro

Leitura:
Apocalipse 3:14-22

*...se alguém ouvir a minha voz e abrir a porta, entrarei em sua casa e cearei com ele, e ele, comigo.* —Apocalipse 3:20

Nos EUA, usa-se a expressão "refeição no carro" para nos referirmos à prática de comer enquanto se dirige o veículo, a fim de economizar um pouco de tempo. A comida popular das estradas inclui iogurte em tubos, sopas em recipientes apropriados para poderem ser bebidas e bolachas que cabem num porta-copos.

Um analista de consumo disse que as pessoas querem cada vez mais comidas que possam ser ingeridas de forma rápida e fácil enquanto viajam. Em algumas culturas, uma refeição demorada ao redor da mesa de jantar está se tornando uma prática pouco comum.

Esta mentalidade de "comer e correr" às vezes é aplicada na forma como praticamos a espiritualidade. Será que dedicamos tempo diariamente para um encontro sem pressa com Jesus? Nosso momento devocional, orando e lendo a Bíblia, é rápido e apressado, ou tranquilo e calmo?

O Cristo ressurreto falou à igreja morna de Laodiceia: "Eis que estou à porta e bato; se alguém ouvir a minha voz e abrir a porta, entrarei em sua casa e cearei com ele, e ele, comigo" (Apocalipse 3:20). A Sua oferta de comer conosco contém a promessa de uma refeição nutritiva com uma conversa descontraída e não apenas um "alô" rápido seguido de um "adeus".

Enquanto a cultura moderna aprecia a eficiência e a rapidez, Deus nos convida para diminuirmos o ritmo e sentarmo-nos com Ele para um banquete de comunhão. —*David McCasland*

*O tempo é amigo quando você o usa para fortalecer a sua comunhão com Jesus.*

## 6 de julho

## Folhas sujas

Leitura:
Salmo 32:1-7

*...Disse: confessarei ao SENHOR as minhas transgressões; e tu perdoaste a iniquidade do meu pecado.* —SALMO 32:5

A seringueira que comprei para a minha esposa deu um toque de vida à nossa casa. Mas certa manhã, as suas folhas estavam caindo como se a planta estivesse deprimida. Perguntei-me o que estava acontecendo.

Quando voltei para casa na hora do almoço, a planta estava completamente transformada. Ela parecia bonita como quando a comprei na floricultura. Suas folhas estavam novamente como antes. Quando perguntei à minha esposa a respeito, ela me contou que leu uma dica sobre como manter as plantas saudáveis: o pó que se acumula nas folhas não permite que a luz incida sobre elas, e por isso é necessário limpá-las regularmente. Ela o fez e o resultado foi maravilhoso.

Ao vivermos neste mundo, pequenas "partículas" de pecado podem se acumular facilmente em nossas vidas. Ressentimentos, palavras ásperas, pensamentos impuros ou atitudes egoístas — tudo isso bloqueia a nossa vitalidade espiritual. A não ser que esses pecados sejam logo confessados, eles começam a formar uma camada de 'pó', a qual nos priva da luz da graça de Deus em nossos corações. Os que estão ao nosso redor sentirão que algo está errado conosco.

Se um acúmulo de pecados não confessados envolveu a sua alma, faça o que Davi fez — confesse-os ao Senhor (Salmo 32:5). Limpe as "folhas sujas" da sua vida e desfrute novamente o brilho glorioso do amor de Deus. —*Dennis DeHaan*

*A confissão dos pecados permite que a luz do perdão de Deus possa brilhar sobre nós.*

## 7 de julho

## Livros perdidos?

Leitura:
1 João 4:1-3

*...e todo espírito que não confessa a Jesus não procede de Deus [...] este é o espírito do anticristo...* —1 João 4:3

Todos gostam de uma boa história, mas muitas pessoas consideraram o grande sucesso de vendas *O Código da Vinci* (Editora Arqueiro, 2004) como se fosse um fato histórico.

O enredo do livro consiste na alegação de que "os livros perdidos da Bíblia" foram escondidos pela igreja por séculos. Estes livros perdidos afirmam que Jesus casou com Maria Madalena e teve filhos com ela. Isso adultera a história de forma radical e está enganando muitas pessoas.

Estes supostos "livros perdidos da Bíblia" foram encontrados no Egito, em 1945. Eles negam o Jesus bíblico, promovem a adoração de deusas, a divindade pessoal e conhecimentos secretos.

Por que a igreja excluiu esses livros da Bíblia? Porque os documentos não correspondiam aos critérios da autenticidade das Escrituras, o que envolve diversas perguntas centrais: o escritor foi alguém que Jesus escolheu como apóstolo? O livro teve uma larga aceitação pelos líderes das igrejas? O Espírito de Deus falou por meio dele? Os "livros perdidos" não passaram por este teste. Todos os livros que temos no Novo Testamento passaram.

Quando as pessoas questionam a veracidade das Escrituras, devemos dar-lhes uma resposta respeitosa e informativa. Isto pode levá-las a querer saber mais sobre a nossa Bíblia — e nosso Deus. —*Dennis Fischer*

*Para os sábios,
a Palavra de Deus é suficiente.*

## 8 de julho

## Veja os pássaros

Leitura:
Mateus 6:25-34

*Observai as aves do céu [...]. Porventura, não valeis vós muito mais do que as aves?* —Mateus 6:26

Quando a sua mente está em "ponto morto" para onde vão os seus pensamentos? Você pensa em dinheiro? Realmente, devemos ser cuidadosos com o dinheiro — mas Jesus nos ensinou que não devemos pensar só nisso. Se você colocou a sua fé no Senhor, não precisa se angustiar com as necessidades da vida. O próprio Deus assumiu a responsabilidade pelo nosso alimento — e todas as demais necessidades.

Quando Jesus falou da nossa necessidade de comida, usou o exemplo das aves e disse: "...não colhem, nem ajuntam em celeiros; contudo, vosso Pai celeste as sustenta. Porventura, não valeis vós muito mais do que as aves?" (Mateus 6:26). Isto não significa que recebemos o que necessitamos sem nada fazer, pois os pássaros também precisam procurar a comida. Mas o fato é que eles não se afligem com isso.

Jesus ensinou que devemos focalizar a nossa vida no reino de Deus. Quando fizermos isto também receberemos roupas, comida e bebida. Veja a questão da seguinte maneira: pode ser que você esteja vivendo para o dinheiro ou não, mas, no final, você vai deixar o dinheiro, ou o dinheiro irá deixá-la. Mas se centrar a sua vida em Deus e em fazer a Sua vontade, todas estas outras coisas serão providenciadas.

Será que a sua preocupação em conseguir e acumular dinheiro está ofuscando a sua preocupação em fazer a vontade de Deus? Se você responder que sim, pare e olhe para os pássaros. —*Haddon Robinson*

*Pobreza de propósitos é bem pior do que pobreza financeira.*

## 9 de julho
## Nenhuma má notícia

Leitura:
Ester 1:1-9

*Vinde a mim, todos os que estais cansados e sobrecarregados, e eu vos aliviarei.* —MATEUS 11:28

A falta de disposição em ouvir más notícias já foi relacionada a tudo, desde colapsos de corporações ao aumento do terrorismo. Não são necessários longos estudos para dizer porque isso acontece. Más notícias revelam problemas; estes requerem uma solução; as soluções exigem tempo, dinheiro e energia, que preferiríamos gastar celebrando sucessos.

A falta de disposição para ouvir más notícias não é algo novo. No século 5.º a.C. o rei da Pérsia não permitia que pessoas desoladas entrassem pela porta do palácio (Ester 4:1,2). Um comentarista bíblico disse que ele preferia cercar-se de pessoas impressionadas com a sua riqueza e que ansiavam por participar das suas festas generosas (1:4). Sua relutância em ser incomodado por más notícias quase acabou aniquilando o povo judeu.

Compare a liderança do rei Assuero com a de Jesus, que disse: "Vinde a mim, todos os que estais cansados e sobrecarregados, e eu vos aliviarei" (Mateus 11:28). O rei Assuero governava seu reino permitindo que somente pessoas alegres entrassem em sua presença. Jesus constrói o Seu reino dando as boas-vindas aos sobrecarregados e aflitos. E ainda mais, Jesus não somente nos convida a contar-lhe as nossas más notícias, Ele quer e tem poder para transformar as nossas circunstâncias mais problemáticas numa celebração de louvor. —*Julie Ackerman Link*

*O evangelho é má notícia para os que o rejeitam e boas-novas para os que o aceitam.*

## 10 de julho

## Conhecemos a Deus?

Leitura:
João 17:1-5

*E a vida eterna é esta: que te conheçam a ti,
o único Deus verdadeiro, e a Jesus Cristo,
a quem enviaste.* —João 17:3

O escritor americano Mark Twain era conhecido por sua inteligência e charme. Numa viagem para a Europa, foi convidado para jantar com um chefe de Estado. Quando a sua filha soube do convite, disse: "Papai, você conhece todas as pessoas importantes que existem, com exceção de Deus." Isto era verdade porque Mark Twain era um cético descrente.

Este comentário desta filha deveria nos fazer perguntar se nós conhecemos a Deus. Quem sabe somos abençoados com amizades edificantes, podemos estar familiarizados com um grande círculo de pessoas importantes — mas será que conhecemos a Deus? E será que o conhecimento que temos dele é maior do que apenas uma informação de segunda mão ou uma especulação, coisas que lemos nos livros?

Jesus queria que Seus discípulos tivessem um conhecimento íntimo de Deus. Ele orou: "E a vida eterna é esta: que te conheçam a ti, o único Deus verdadeiro, e a Jesus Cristo, a quem enviaste" (João 17:3). Este conhecimento é algo intensamente pessoal e é adquirido por meio de uma profunda e prolongada amizade. De fato, o conhecimento ao qual se refere este e outros textos das Escrituras é comparado com a intimidade de um marido e sua esposa ao se tornarem um (Gênesis 4:1).

Podemos obter este conhecimento ao investir tempo falando com Deus, lendo a Sua Palavra e compartilhando o Seu amor com o mundo.

—*Vernon Grounds*

*Não basta conhecer a Deus com o intelecto;
você precisa conhecê-lo com o coração.*

## 11 de julho

### Apenas observe

Leitura:
1 Coríntios 4:14-17

*Tornem-se meus imitadores, como eu o sou de Cristo.*
—1 Coríntios 11:1

O menino olhou para o seu avô e perguntou admirado em voz alta: "Vovô, como você vive para Jesus?" O querido avô abaixou-se e disse baixinho para o menino: "Apenas observe."

Com o passar dos anos, o avô tornou-se para o menino um exemplo de como seguir a Jesus. Ele permaneceu firme, vivendo para o Senhor. Mas o neto, muitas vezes, viveu de uma maneira que não agradava a Deus.

Certo dia, o jovem visitou seu avô e eles sabiam que seria a última vez. O neto se inclinou sobre a cama onde o avô jazia prestes a partir e o ouviu sussurrar: "Você observou?"

Este momento foi decisivo na vida do jovem. Ele compreendeu que quando o seu avô lhe disse "Simplesmente observe", ele quis dizer: "Sede meus imitadores, como também eu sou de Cristo" (1 Coríntios 11:1). Prometeu que dali em diante iria viver como o seu avô — buscando agradar a Jesus. Havia observado e agora sabia como deveria viver.

Alguém o observa? Talvez alguns cristãos mais jovens que precisam ver que é possível viver para Jesus todos os dias e em todas as circunstâncias. Desafie-os e a você mesma também. Desafie-os a "simplesmente observar". E lhes mostre como. —*Dave Branon*

*Não existe sermão melhor do que um bom exemplo.*

## 12 de julho
# Começando do fim

Leitura:
Jó 3:20-26

*Pereça o dia em que nasci e a noite em que se disse:
Foi concebido um homem!*
—Jó 3:3

Com 30 anos, ela estava a ponto de desistir, e escreveu no seu diário: "Meu Deus, o que será de mim? Não tenho outro desejo a não ser morrer." Mas as nuvens escuras do desespero deram lugar à luz e com o tempo descobriu um novo propósito para a sua vida.

Quando morreu aos 90 anos, tinha deixado um marco na história. Alguns acham que ela e aqueles que introduziram os antissépticos e o clorofórmio na medicina, fizeram, no século 19, mais do que quaisquer outras pessoas para aliviar o sofrimento humano. O seu nome era Florence Nightingale, a precursora da enfermagem.

Jó foi tão longe que desejou nunca ter nascido (3:1-3). Mas graças a Deus, ele não acabou com a sua vida e, assim como Florence Nightingale, saiu da depressão e encontrou formas de ajudar a outros. Jó passou pelo sofrimento e a sua experiência tornou-se uma imensa fonte de conforto para pessoas na mesma situação.

Quem sabe você chegou ao ponto de não querer mais ir adiante. O que ainda intensifica o seu desespero é o fato de que você é filho de Deus e se pergunta como um cristão pode se sentir assim tão só e esquecido. Não desista! Chegar ao fundo do poço de suas emoções pode ser a experiência mais dolorosa pela qual você já passou. Mesmo sentindo-se exausta e no "fim", anime-se, agarre-se ao Senhor com fé. Deus fará algo novo em sua vida "começando do fim". —*Mart DeHaan*

*Em Cristo, os desesperados
encontram esperança.*

## 13 de julho

## Boa pergunta

Leitura:
Atos 16:16-34

*Senhores, que devo fazer para que seja salvo? Responderam-lhe: Crê no Senhor Jesus e serás salvo, tu e tua casa.* —Atos 16:30,31

O escritor de devocionais Henri Nouwen diz: "Encontrar as perguntas certas é tão crucial quanto encontrar as respostas certas." Mas como é fácil correr na frente do Espírito de Deus quando falamos com pessoas não-cristãs, dando a elas respostas prontas, antes até de ouvirmos as suas perguntas.

Essa tendência foi ressaltada anos atrás quando alguém rabiscou num prédio as palavras "Cristo é a resposta!" Alguém muito cínico acrescentou estas palavras: "Qual é a pergunta?"

Paulo e Silas, lançados na prisão por causa do evangelho, provocaram uma profunda pergunta espiritual no coração do carcereiro. Aquela pergunta surgiu no coração dele não porque Paulo e Silas pregaram um sermão — mas porque oraram e cantaram louvores a Deus. Quando um terremoto abriu as portas das prisões e as correntes se soltaram, o carcereiro estava a ponto de se suicidar, temendo ser morto se os prisioneiros escapassem. Mas Paulo e Silas o impediram de realizar o gesto desesperado, preferindo ficar na prisão, por amor ao carcereiro. Então ele gritou: "...Senhores, que devo fazer para que seja salvo?" (Atos 16:30).

Hoje, assim como naquela época, o Espírito quer despertar as perguntas certas nos corações das pessoas e prepará-las para ouvir a resposta certa: Jesus Cristo. —*Joanie Yoder*

*Os cristãos que são "sal da terra" tornam outras pessoas sedentas pela água da vida.*

## 14 de julho

## Do pôr do sol ao alvorecer

Leitura:
Hebreus 9:24-28

*...como aos homens está ordenado morrerem uma só vez [...] também Cristo, tendo-se oferecido uma vez para sempre para tirar os pecados de muitos...* —Hebreus 9:27,28

Uma menina estava voltando de carro da igreja, onde havia participado de um programa para crianças com os seus amiguinhos. Admirando o pôr do sol, ela disse para a motorista: "Este pôr do sol é tão lindo que parece o céu!" Então a mulher perguntou: "Você sabe como chegar ao céu?" A menina, de apenas 5 anos, respondeu confiante: "Você tem que ter Jesus como seu Salvador — e eu tenho!"

Naquela mesma noite, a sua irmã de 13 anos estava numa outra igreja, onde alguém lhe perguntou se ela conhecia a Jesus como seu Salvador. Ela respondeu que sim.

Na manhã seguinte um incêndio irrompeu na casa das meninas e ambas morreram tragicamente. Ao amanhecer, elas estavam no céu com Jesus.

Ninguém sabe o que será do dia de amanhã. A pergunta crucial é: nós já admitimos a nossa necessidade do perdão de Deus e já confiamos em Jesus como nosso Salvador? (Romanos 3:23; João 1:12). O nosso pecado nos separa de Deus e exige o julgamento, mas Jesus deu a Sua vida em nosso lugar (Hebreus 9:27,28).

Assegure-se de ter a mesma confiança que tinham aquelas duas meninas. Então, quando chegar a sua hora de partir, você irá ao céu com Jesus, no próximo amanhecer. —*Anne Cetas*

*Quando o sol se põe neste país, está amanhecendo em outro.*

## 15 de julho
## Não olhe para trás

Leitura:
Lucas 9:57-62

*…Ninguém que, tendo posto a mão no arado, olha para trás é apto para o reino de Deus.*
—Lucas 9:62

Quando ainda era menino, vivendo numa fazenda, meu pai me dizia. "Você não pode arar em linha reta se olhar para trás." Você mesmo pode fazer esta experiência olhando para trás quando estiver caminhando na areia da praia. Os seus passos não formarão uma linha reta.

Um bom fazendeiro não olha para trás depois de ter colocado a mão no arado. Jesus usou esta analogia para nos ensinar que, se somos Seus discípulos, temos que renunciar a todas as coisas que nos impedem de termos um relacionamento com Ele.

Lealdade total a Deus é um princípio que tem raízes no Antigo Testamento. Depois de terem sido libertos da escravidão e alimentados no deserto de maneira sobrenatural, os israelitas olharam para trás com saudades dos dias em que desfrutavam de peixes, pepinos, melões, cebolas e alho no Egito (Números 11:5,6). Deus ofendeu-se e julgou o povo. Ao olharem para trás, eles demonstraram falta de compromisso com o Senhor.

Hoje, muitas pessoas ainda estão presas aos pecados passados e aos prazeres mundanos que gozavam antes de se tornarem cristãs e isto as impede de ser discípulos leais de Jesus Cristo. Quando nos arrependemos e cremos nele, nos tornamos cidadãos de um novo reino. Temos que romper com os pecados do passado.

Ser um discípulo significa não olhar para trás. —*Herb Vander Lugt*

*No dicionário do discípulo, você não encontrará a palavra "retroceder".*

## 16 de julho
## Descanse em paz

Leitura:
Salmo 4:1-8

*Em paz me deito e logo pego no sono, porque, Senhor, só tu me fazes repousar seguro.* —Salmo 4:8

Um homem inventou uma cama de segurança e afirma que ela protege os usuários de furacões, tornados, ladrões, sequestradores e terroristas. Na página da internet do inventor, ele a chama de "O lugar de descanso mais seguro que você já teve."

Quando um sensor de movimentos detecta uma ameaça, a cama se dobra em volta do ocupante. A sua estrutura é forrada e à prova de balas. Um alarme desperta a pessoa, e a cama pode borrifar gás num eventual intruso — ou então, a pessoa pode assistir a um filme num aparelho de DVD enquanto espera passar a tempestade. Mesmo assim, suspeito que nem mesmo uma cama blindada como esta pode garantir uma noite tranquila de sono, sem ansiedade ou temor.

O Salmo 4:4,5 tem uma receita com três componentes para encontrar paz num mundo atribulado: quando você está irado, não reaja desobedecendo a Deus. Quando se deitar para dormir à noite, faça-o com um coração em busca de silêncio. Viva em renúncia, colocando a sua confiança no Senhor. Um antigo hino sublinha essa instrução bíblica:

*Descansando nos eternos braços do meu Deus;*
*Vou seguro, descansando no poder de Deus* (CC 314).

Davi concluiu este salmo: "Em paz me deito e logo pego no sono, porque, Senhor, só tu me fazes repousar seguro" (v.8). E este é, sem dúvida, o descanso mais seguro que podemos ter. —David McCasland

*Quem descansa em Jesus descansa bem.*

## 17 de julho

## Perdoado

Leitura:
Salmo 130

*Contigo, porém, está o perdão,
para que te temam.* —Salmo 130:4

Deus é altamente perigoso. Nós somos pecadores e Ele é santo. O pecado não pode existir na presença de Deus assim como a escuridão não pode persistir com a presença da luz. Tentar se colocar diante do Senhor confiando em sua justiça própria significaria a autodestruição. O salmista escreveu: "Se observares, Senhor, iniquidades, quem, Senhor, subsistirá?" (Salmo 130:3).

Num cemitério não muito distante da cidade de Nova Iorque, encontra-se uma lápide na qual está gravada uma única palavra: perdoado. A mensagem é simples e sem adorno. Não há data de nascimento, nem de morte e nenhum epitáfio. Há apenas um nome e a palavra solitária: perdoado.

Mas perdoado é a melhor palavra que poderia ser gravada em qualquer túmulo. O salmista disse: "Contigo, porém, está o perdão, para que te temam" (v.4). Estas palavras ecoam no Antigo e no Novo Testamento. Deus pode ser honrado e adorado porque somente Ele pode cancelar os nossos antecedentes e nos dar um registro novo.

Se Deus não pudesse nos perdoar, a única coisa que poderíamos fazer seria fugir dele com terror. Entretanto, o Deus cuja santidade nos ameaça é o Deus que nos redime por meio de Cristo. Este Deus poderoso oferece perdão para todos os nossos pecados. Precisamos somente pedir que Ele o faça.

Você já foi perdoada? —*Haddon Robinson*

*O pecado conduz ao julgamento;
a confissão nos assegura o perdão.*

## 18 de julho

## Uma ideia brilhante

Leitura:
2 Crônicas 16:1-13

*...ajuda-nos, pois, Senhor, nosso Deus,
porque em ti confiamos...* —2 Crônicas 14:11

Uma antiga fábula da Indonésia conta sobre uma tartaruga que podia voar. Ela era carregada por gansos, enquanto se segurava pela boca a um pedaço de pau. Quando ouviu os espectadores no chão dizerem "Como esses gansos são inteligentes!", seu orgulho ficou tão ferido que gritou "A ideia foi minha!". Ao abrir a boca para falar, ela se soltou e caiu. O orgulho provocou sua queda.

Asa foi um rei forte e humilde por 41 anos. Ele trouxe paz e prosperidade ao reino de Judá. Nos primeiros anos do seu reinado, ele orou: "...Senhor, além de ti não há quem possa socorrer numa batalha entre o poderoso e o fraco; ajuda-nos, pois, Senhor, nosso Deus, porque em ti confiamos..." (2 Crônicas 14:11).

Mas ao final do seu reinado, quando o exército do Reino do Norte, Israel, o atacou, Asa buscou a ajuda do rei da Síria em vez de buscar a ajuda de Deus. Por causa da sua insensatez, o governo dele enfraqueceu e a nação enfrentou diversas guerras. Qual foi o seu erro? Foi seu orgulho por aquilo que fez no passado. Esqueceu-se de depender do Senhor e por isso Deus não o "fortaleceu" mais (2 Crônicas 16:9).

Deus ainda está buscando pessoas que permitem que Ele se mostre forte em suas vidas. Viver com humildade e depender de Deus é verdadeiramente uma ideia brilhante! —*Albert Lee*

*Ninguém é mais forte do que aquele
que depende de Deus.*

## 19 de julho
## Caminhos misteriosos

Leitura:
Romanos 8:28-39

*...segundo o propósito daquele que faz todas as coisas conforme o conselho da sua vontade.* —Efésios 1:11

As reviravoltas na vida de Jacob DeShazer mais parecem o enredo de um fascinante filme de guerra, mas nos mostram os caminhos misteriosos pelos quais Deus se move. DeShazer serviu na Força Aérea dos EUA, durante a Segunda Guerra Mundial como bombardeador no esquadrão do General Doolittle.

Enquanto participava do ataque ao Japão em 1942, DeShazer e sua tripulação ficaram sem combustível e tiveram que fazer um pouso forçado na China. Ele foi levado a um campo de concentração japonês para prisioneiros, onde ele confiou em Jesus como seu Salvador. Depois de ser libertado, foi trabalhar como missionário no Japão.

Certo dia, DeShazer entregou um folheto com a sua história a um homem chamado Mitsuo Fuchida. Ele não sabia que Mitsuo estava sendo julgado por ser o comandante das forças japonesas que atacaram Pearl Harbor. Fuchida leu o panfleto e conseguiu uma Bíblia. Logo se tornou um cristão e evangelista do seu povo. Mais tarde, DeShazer e Fuchida encontraram-se novamente e tornaram-se amigos.

É maravilhoso ver como Deus pode fazer duas pessoas que eram inimigas mortais se encontrarem e o conhecerem. Isso nos mostra que o Senhor está no controle de todas as coisas, e nada — nem mesmo uma guerra mundial — pode impedir com que Deus realize o "...propósito daquele que faz todas as coisas conforme o conselho da sua vontade..." (Efésios 1:11). —*Dave Branon*

*Todo filho de Deus tem um lugar especial em Seu plano.*

## 20 de julho

## Pedras vivas

Leitura:
2 Coríntios 3:1-6

*...manifestos como carta de Cristo [...] escrita não com tinta, mas pelo Espírito do Deus vivente, não em tábuas de pedra, mas [...] nos corações.* —2 Coríntios 3:3

Tenho visto diversas reportagens acerca de esforços para remover monumentos com os Dez Mandamentos de lugares públicos nos EUA. Isso é lamentável, pois os monumentos enfatizam que "A justiça exalta as nações..." (Provérbios 14:34).

Creio que a tentativa de remover estes monumentos é reflexo da deterioração de fundamentos morais. Mas, existe um monumento de justiça que não pode ser removido jamais: a verdade a respeito de Cristo, escrita em corações humanos pelo Espírito de Deus (2 Coríntios 3:3).

Os que têm a lei de Deus escrita em seus corações amam ao Senhor com toda a mente, alma e forças. Tais pessoas demonstram este amor diante do mundo, honrando os seus pais, sendo fiéis no casamento e mostrando integridade no trabalho. Eles respeitam a vida humana e tratam todos os homens e mulheres com dignidade e honra. Não falam mal dos outros, não importando o mal que estes lhes tenham causado.

Estão contentes com Deus e com o que Ele lhes deu e nada mais desejam. Essas são características externas que mostram que a lei de Deus está viva, escrita em nossos corações "pelo Espírito do Deus vivente" (v.3).

Você e eu somos monumentos vivos da graça de Deus. Precisamos permanecer de pé. O mundo está nos observando. —*David Roper*

*As leis de Deus gravadas em nossos corações não podem ser removidas dos olhos do público.*

## 21 de julho

## O Seu caminho

Leitura:
Mateus 26:36-46

*...Meu Pai, se possível, passe de mim este cálice! Todavia, não seja como eu quero, e sim como tu queres.*
—Mateus 26:39

Cantávamos uma maravilhosa canção na igreja em minha infância. No coro dizia: "O Seu poder pode fazer de você o que você deve ser; Seu sangue pode limpar o seu coração e libertá-lo; Seu amor pode encher seu coração e você verá que o caminho de Deus foi o melhor para você."

Mesmo quando sabemos que o caminho de Deus é o melhor para nós, ainda assim podemos hesitar em obedecê-lo. Quando Cristo, nosso Salvador, enfrentou a horrível realidade de carregar os nossos pecados até a cruz, Ele viveu momentos de agonia em oração, dizendo: "...Meu Pai, se possível, passe de mim este cálice! Todavia, não seja como eu quero, e sim como tu queres" (Mateus 26:39). Jesus, que viveu para cumprir a vontade do Pai, lutou, orou e obedeceu de todo o coração. E Jesus Cristo pode nos ajudar quando lutamos com escolhas difíceis em nossas vidas.

C. S. Lewis escreveu: "No final, existem apenas dois tipos de pessoas: aquelas que dizem para Deus: 'seja feita a Tua vontade' e aquelas a quem Deus diz: 'seja feita a tua vontade'". Se escolhermos o nosso próprio caminho continuamente, no final, Ele permitirá que soframos as consequências.

É melhor render-se a Deus agora. Se o fizermos, teremos a certeza de que o Seu caminho é o melhor para nós. —David McCasland

*Há vitória na entrega,
pois o vencedor é Cristo.*

## 22 de julho
## Ostras feridas

Leitura:
Gênesis 41:46-57

*...Deus me fez próspero na terra da minha aflição.*
—Gênesis 41:52

Quando o sofrimento, aparentemente injustificado, invade as nossas vidas, perguntamos muitas vezes a nós mesmos: "quem precisa de todo este sofrimento?" Considere por um momento a origem das pérolas.

Cada pérola é formada pela reação interna da ostra quando ferida por algo irritante, como um grão de areia. Ela começa a envolver o grão, que a fere com camadas e mais camadas de nácar. O resultado final é uma pérola brilhante. Algo bonito foi criado — o que teria sido impossível sem a ferida.

Na leitura bíblica de hoje, vemos José numa posição de influência, uma posição que Deus usou para alimentar as nações vizinhas e a sua própria família durante uma época da fome. Mas como ele se tornou um homem de tanta influência? Tudo começou com uma provação ao ser vendido como escravo (Gênesis 39) — e isto produziu uma pérola de grande valor. José, quando humilhado, buscou ajuda nos recursos de Deus e por isso se tornou uma pessoa melhor e não ficou amargurado. Ele chamou seu segundo filho de Efraim, o que significa: "...Deus me fez próspero na terra da minha aflição" (41:52).

O autor Paul E. Billheimer afirma o seguinte sobre José: "Se a compaixão humana o tivesse livrado da parte triste de sua vida, a parte gloriosa, que se seguiu, não teria ocorrido." Assim, se você estiver sofrendo, lembre-se: sem dor não há pérolas! —*Joanie Yoder*

*As adversidades muitas vezes são bênçãos disfarçadas.*

## 23 de julho
## Agradando multidões

Leitura:
João 12:35-43

*...porque amaram mais a glória dos homens do que a glória de Deus.* —João 12:43

Certa vez, li uma história num jornal sobre um velho performista, apelidado "Bola de Canhão". Quando jovem, ele serviu de homem-bala 1.200 vezes, puxou um peso de 45 quilos amarrado às suas pálpebras por sobre uma mesa, e realizou muitos outros feitos bizarros. Quando lhe perguntaram por que fazia tais coisas, ele respondeu: "Você sabe o que significa ouvir o aplauso de 60 mil pessoas? Foi por isso que eu as fiz tantas vezes."

No evangelho de João 12 lemos a respeito de alguns líderes que também eram motivados pelo desejo de agradar aos outros. Eles se recusavam a seguir Jesus abertamente porque queriam ser aceitos pelos fariseus. Embora tivessem visto os milagres do Salvador e cressem nele, não queriam confessá-lo publicamente. "...porque amaram mais a glória dos homens do que a glória de Deus" (v.43). Creio que podemos afirmar com segurança que muitas pessoas não se voltam para Jesus porque também querem agradar as multidões e temem a desaprovação das pessoas.

Todos nós estamos sujeitos à pressões sociais. Se formos sinceros conosco e com Deus, seremos capazes de resistir à forte influência da multidão. Mas se nos tornarmos "seguidores da multidão", estaremos numa situação pior do que a daquele homem que sempre entrava no cano do canhão para ser lançado a distância! —*Mart DeHaan*

*A rendição interna ao Espírito de Deus impede que nos conformemos com o mundo exterior.*

## 24 de julho
## Ministério do lixo

Leitura:
1 Pedro 5:1-6

*...sede submissos aos que são mais velhos;
outrossim, no trato de uns com os outros,
cingi-vos todos de humildade...* —1 Pedro 5:5

Certa vez tive o privilégio de pregar numa igreja onde o amor e o calor humano eram evidentes. Fiquei impressionado com a disposição dos membros para trabalhar. No domingo no qual preguei, foram agendados três cultos. As mulheres da igreja prepararam uma refeição abundante, servida entre um culto e outro, para os visitantes que tinham vindo de longe.

Após o jantar, quando a maioria das pessoas já havia ido embora, percebi um dedicado casal que limpava as mesas e jogava os pratos descartáveis em grandes sacos plásticos. Quando os elogiei pelo que estavam fazendo, eles disseram: "Oh, sim, nós somos os faxineiros. Realizamos este trabalho voluntário depois de cada reunião da igreja, pois consideramos isto como um ministério."

Que atitude bonita daquele homem e daquela mulher, que não estavam apenas dispostos a servir ao Senhor, mas que humildemente faziam o que outros poderiam considerar um trabalho inferior. Esse querido casal estava contente em ser o que chamavam alegremente de "faxineiros".

Alguns membros do corpo de Cristo são chamados a servir em lugares proeminentes; outros a trabalharem silenciosamente atrás dos bastidores. Independentemente do que o Senhor pedir que façamos, estejamos dispostos a fazê-lo servindo uns aos outros com amor, sabendo que, desta forma, na realidade, estamos servindo ao Senhor.

—Richard DeHaan

*Não há tarefa insignificante na igreja.*

## 25 de julho
## Envelhecer e crescer

Leitura:
Salmo 71:14-24

*Não me desampares, pois, ó Deus, até à minha velhice e às cãs;
até que eu tenha declarado à presente geração a tua força...*
—Salmo 71:18

A velhice é o tempo em que podemos nos dedicar para a "formação das nossas almas". Podemos nos concentrar em conhecer melhor a Deus e cultivar traços de caráter que nos tornam mais semelhantes a Ele. Os anos atrofiam as nossas forças e energias e nos afastam de nosso trabalho. Esta é a maneira de Deus nos fazer andar mais devagar e termos mais tempo para Ele. Podemos pensar mais profundamente a respeito da vida, de nós mesmos e dos outros.

Mudanças são uma parte inevitável da vida. Somos moldados a cada minuto que vivemos. Cada pensamento, cada decisão, cada ato, cada emoção, cada reação está nos transformando num determinado tipo de pessoa. Podemos nos mover em direção à semelhança de Cristo ou nos afastar dele e nos tornarmos uma caricatura daquela pessoa que Deus planejou que fôssemos.

É verdade, perdemos algumas coisas à medida que envelhecemos: força física, rapidez, agilidade. Mas pense na tranquilidade que Deus nos dá, na paz que recebemos dele, nos benefícios de Sua salvação e em Sua fidelidade para conosco (Salmo 71:15).

A velhice é o melhor tempo para crescer na graça e piedade, na força interior e na beleza de caráter. O homem sábio disse: "Coroa de honra são as cãs, quando se acham no caminho da justiça" (Provérbios 16:31).
—David Roper

*"Trate de crescer" é o que se diz aos jovens;
"envelheça crescendo na fé" se diz aos idosos.*

## 26 de julho

## Par maravilhoso

Leitura:
Êxodo 23:1-13

*O que torna agradável o homem é a sua misericórdia;*
*o pobre é preferível ao mentiroso.* —Provérbios 19:22

Um homem honesto e amável estava dirigindo pelas ruas de São Francisco, Califórnia, EUA, por mais de uma hora, tentando encontrar uma mulher que havia deixado sua bolsa, com mil, setecentos e noventa e dois dólares, no banco de trás de seu táxi. Gostei do que ele disse quando alguns de seus companheiros o ridicularizaram por não ter ficado com o dinheiro. Ele respondeu: "Sou cristão, e que benefício há em ir à igreja se não pratico o que proclamo?"

No livro de Êxodo 23, os princípios da honestidade e da bondade foram apresentados aos israelitas por intermédio das leis de Deus. Eles deveriam ser suficientemente honestos a ponto de devolver um animal perdido para o seu dono, mesmo se este pertencesse ao seu inimigo (v.4). Deveriam ser amáveis até mesmo com os inimigos a ponto de os ajudar a colocar em pé um jumento teimoso deles (v.5). Deveriam se assegurar de que os pobres receberiam o tratamento justo e também ajudá-los mesmo que isto lhes custasse algo (vv.6-9). E ainda, não era permitido aos fazendeiros cultivar a terra em cada sétimo ano, a fim de permitir que os pobres comessem do que crescesse naturalmente (vv.10,11).

Pessoas honestas podem ser cruéis. Pessoas amáveis são brandas, mas nem sempre estão preocupadas com a justiça. Entretanto, se você unir a honestidade à bondade, esta será uma união maravilhosa que honrará a Deus e abençoará aos outros. —*Herb Vander Lugt*

*O homem honesto e bondoso*
*não provoca inimizades.*

## 27 de julho

## Soterrado

Leitura:
Mateus 11:25-30

*Tomai sobre vós o meu jugo e aprendei de mim, porque sou manso e humilde de coração...*
—Mateus 11:29

Certo vendedor de livros e revistas nas ruas da cidade de Nova Iorque foi resgatado após permanecer preso por dois dias debaixo de uma montanha de papel em seu apartamento. A sua coleção de materiais impressos, que ele havia empilhado e encostado nas paredes, atingindo o teto, desmoronara, enterrando-o vivo. A equipe de resgate encheu 50 sacos de lixo para abrir caminho por entre o entulho a fim de chegar até ele.

Não precisamos de uma montanha de jornais velhos para saber o que significa estar preso sob o peso do nosso trabalho e o fardo das esmagadoras exigências espirituais. Mas um olhar para o nosso Salvador revela a Sua profunda paz interior. Em um livro, Charles E. Hummel escreve: "A espera de Jesus pelas instruções de Deus em oração [...] lhe mostrou a direção, determinou um caminhar seguro e o capacitou para fazer toda tarefa que Deus havia determinado."

Jesus convida os fracos a virem a Ele. "Tomai sobre vós o meu jugo e aprendei de mim, porque sou manso e humilde de coração; e achareis descanso para a vossa alma" (Mateus 11:29).

Esse descanso que acompanha a salvação não se adquire por meio de esforços — mas o recebemos pela fé. Em Cristo também podemos encontrar a libertação da tirania do que achamos que é urgente e realizar tudo o que Ele nos incumbiu de fazer. —*David McCasland*

*Seguir a Jesus nos livra de vivermos sempre pressionados e agitados.*

## 28 de julho
## O sol não brilhou

Leitura:
Salmo 103

*Bendize, ó minha alma, ao Senhor,
e não te esqueças de nem um só de seus benefícios.*
—Salmo 103:2

Muitas vezes, vemos as bênçãos de Deus como algo normal, até que sejam retiradas de nós. Então reconhecemos o quão importantes são as Suas dádivas mais simples.

Existe uma lenda sobre um dia em que não nasceu o sol. Às 6h da manhã estava escuro. Às 7h ainda era noite. Chegou o meio-dia e era como se fosse meia-noite. Às 4h da tarde, as pessoas iam em grande número para a igreja a fim de rogar que Deus enviasse o sol.

Na manhã seguinte, grandes multidões se reuniram ao lado de fora das casas para observar o céu. Quando os primeiros raios de sol abriram as portas do amanhecer, as pessoas irromperam em aplausos e louvaram a Deus.

O salmista sabia que não conseguia se lembrar de todos os benefícios que recebera do Senhor. Ele angustiou-se pela possibilidade de esquecê-los e falou à sua alma indolente, sacudiu-a e incentivou-a a considerar pelo menos algumas das coisas boas que Deus lhe dera.

Como a bondade divina é tão constante quanto o sol, corremos o risco de esquecer o que o Senhor derrama sobre nós todos os dias. Se contarmos as bênçãos de Deus uma após a outra, nunca terminaremos. Mas se as anotarmos e fizermos uma lista de 10 ou 20 dádivas que Deus nos dá a cada dia, algo acontecerá em nossos corações.

Vamos fazer essa tentativa e iremos descobri-las. —*Haddon Robinson*

*Quer saber o quanto você é rico? Conte tudo o que possui e que o dinheiro não pode comprar.*

## 29 de julho

## Cascas de laranja

Leitura:
1 Coríntios 10:1-13

*Aquele, pois, que pensa estar em pé
veja que não caia.*
—1 Coríntios 10:12

Em 1911, um dublê chamado Bobby Leach se lançou nas Cataratas do Niágara dentro de um barril de aço — e saiu vivo para contar a sua história. Embora tivesse sofrido pequenas lesões, ele sobreviveu porque, reconhecendo os tremendos perigos envolvidos na façanha, fez tudo o que podia para se proteger.

Diversos anos mais tarde, quando caminhava numa rua na Nova Zelândia, Leach escorregou numa casca de laranja, caiu e fraturou seriamente a perna. Foi levado ao hospital, onde morreu de complicações daquela queda. Sofreu uma lesão muito maior caminhando pela rua do que se jogando nas Cataratas do Niágara. Não estava preparado para o perigo numa situação em que pensava estar seguro.

Muitas vezes as maiores tentações, que rugem ao nosso redor como as fortes torrentes de água do Niágara, não podem nos fazer mal algum, enquanto um pequeno, aparentemente insignificante incidente, pode nos fazer cair. Por quê? Porque não estamos atentos e não percebermos o perigo potencial e pensamos erroneamente que estamos seguros (1 Coríntios 10:12).

Precisamos estar sempre vigilantes em relação à tentação. O cristão vitorioso é alerta, e presta atenção mesmo nas pequenas "cascas de laranja". —*Richard DeHaan*

*Geralmente caímos no ponto
em que pensamos ser fortes.*

## 30 de julho
## Fonte de esperança

Leitura:
Lamentações 3:19-41

*As misericórdias do S<small>ENHOR</small> são a causa de não sermos consumidos, porque as suas misericórdias não têm fim.* —L<small>AMENTAÇÕES</small> 3:22

De que nos vale a fé quando tudo parece perdido? Tenho questionado isso e há pouco tempo recebi uma carta de uma mãe que fez a mesma pergunta.

Essa mulher relatou que ela e seu esposo começaram seu casamento buscando a vontade de Deus para as suas vidas e confiaram seu futuro a Ele. Mas, o segundo filho do casal nascera com a síndrome de Down, e a sua reação inicial fora de "dor, choque e descrença".

Mas no mesmo dia em que ele nasceu, Deus usou a passagem da carta aos filipenses para encher seus corações com paz e dar-lhes um amor sem fim para com seu precioso filho: "…sejam conhecidas, diante de Deus, as vossas petições, pela oração e pela súplica, com ações de graças. E a paz de Deus, que excede todo o entendimento, guardará o vosso coração e a vossa mente…" (4:6,7).

Mas os seus dias de deserto não haviam terminado. Nove anos mais tarde, seu quarto filho fora diagnosticado com câncer. Antes de completar três anos, ele já havia partido para a eternidade. Choque, dor e tristeza voltaram a fazer parte do seu mundo. E novamente, encontraram ajuda em Deus. Esta mãe disse: "Quando o sofrimento nos esmaga, nos voltamos para a Palavra de Deus."

Quando os problemas da vida nos golpeiam como uma onda gigantesca, podemos nos lembrar de que as misericórdias de Deus nunca falham (Lamentações 3:22). Ele pode nos dar a esperança que precisamos.

—*Dave Branon*

*Ao nos sentirmos desoladas, somos lembradas
de que sem Deus, somos indefesas.*

## 31 de julho

# Pontes da graça

Leitura:
Atos 5:33-42

*E eles se retiraram do Sinédrio regozijando-se
por terem sido considerados dignos de sofrer afrontas
por esse Nome.* —Atos 5:41

Imagine-se por um momento dirigindo e vislumbrando uma ponte magnífica estendendo-se sobre o leito de um pequeno riacho seco. Que ridícula seria essa cena!

Da mesma maneira, o Senhor nunca demonstra o Seu poder e graça num tempo ou lugar inapropriado, mas Ele sempre provê o necessário conforme a dificuldade do momento. Ele não nos dá força até que ela seja necessária.

Estremecemos quando pensamos no que alguns filhos de Deus estão suportando por causa de sua fidelidade ao Salvador. Muitos escolheram o caminho do sofrimento intenso em vez do caminho fácil do menor esforço. E me pergunto: será que faríamos o mesmo?

É claro que o Senhor não pede que façamos tal compromisso se não houver necessidade. E podemos estar seguros de que, quando nos for dado o privilégio "de sofrer por ele" (Filipenses 1:29), Ele proverá tudo o que necessitarmos para suportar a dor.

Como servos de Cristo, podemos dar apenas um passo de cada vez e estar confiantes de que quando chegarmos a um desfiladeiro íngreme ou a um rio caudaloso, as pontes da graça de Deus estarão ali para permitir que passemos seguros para o outro lado. —*Mart DeHaan*

*Deus nos dá graça suficiente
para cada provação que enfrentamos.*

## 1.º de agosto

## Tome conforme prescrito

Leitura:
Salmo 119:33-48

*Achadas as tuas palavras, logo as comi;
as tuas palavras me foram gozo
e alegria para o coração...* —Jeremias 15:16

O Dr. Smiley Blanton era um psiquiatra muito ocupado, mas sempre tinha uma Bíblia na mesa do seu consultório. Surpreso por ver isso, um paciente perguntou: "Você, como psiquiatra, lê a Bíblia?" Dr. Blanton, um cristão dedicado, respondeu: "Não somente leio a Bíblia, mas a estudo." E acrescentou: "Se as pessoas absorvessem a sua mensagem, muitos psiquiatras perderiam o seu emprego."

Para esclarecer o seu pensamento, o Dr. Blanton explicou que se os pacientes, torturados pela culpa, lessem a parábola do filho pródigo e de seu pai que o perdoou (Lucas 15:11-32), encontrariam a chave para a cura.

Estamos buscando a cura na poderosa Palavra de Deus? Quem sabe lemos a Bíblia, mas será que cremos realmente nela, e a estudamos e colocamos os seus ensinamentos em prática? A verdade salvadora das Escrituras é o remédio potente e eficaz para nos libertar da doença do pecado.

O profeta Jeremias, apesar das dificuldades e problemas, encontrou alegria nas palavras do Senhor (Jeremias 15:16). E o salmista amava os mandamentos de Deus (Salmo 119:47) e disse ao Senhor: "Terei prazer nos teus mandamentos, os quais eu amo [...] meditarei nos teus decretos" (vv.47,48).

Assim como fazemos com os remédios, devemos tomar a Palavra de Deus como ela é prescrita. Você está absorvendo as verdades ali contidas? —*Vernon Grounds*

*A Bíblia contém as vitaminas
para a saúde da alma.*

## 2 de agosto

## Perdoe-me!

Leitura:
Lucas 15:11-24

*Pai, pequei contra o céu e diante de ti;
já não sou digno de ser chamado teu filho.*
—Lucas 15:21

Um pedido de desculpas significativo pode ser o primeiro passo em direção ao perdão. A autora, Colleen O´Connor, escreveu: "…os pedidos de desculpas bem-sucedidos dissolvem a ira e a humilhação. Eles mostram respeito, edificam a confiança e ajudam a prevenir futuros mal-entendidos. Um pedido de desculpas sincero é uma ajuda que facilita o perdão."

Outra autora, Barbara Engel, afirma que um verdadeiro pedido de desculpas depende de três coisas: arrependimento, responsabilidade e cura.

Na história de Jesus sobre o filho pródigo, o jovem teimoso aproximou-se de seu pai e disse com humildade e remorso ao voltar para casa, depois de esbanjar a sua herança: "…Pai, pequei contra o céu e diante de ti; já não sou digno de ser chamado teu filho (Lucas 15:21). Ele expressou pesar pela dor que havia causado, assumiu a responsabilidade pelo que fez e estava preparado para trabalhar como empregado (v.19).

Como seguidores de Jesus, fomos instruídos a perdoar aos outros (Lucas 17:3,4). No mesmo espírito de humildade e amor, devemos ajudar aqueles que precisam nos perdoar, aceitando as suas desculpas.

Um pedido de desculpas sincero não obriga os outros a perdoar, mas é a coisa certa a ser feita. Devemos dar o primeiro passo, no caminho em direção à liberdade do perdão. —*David McCasland*

*Um pedido de desculpas sincero pode não mudar o passado, mas pode iluminar o futuro.*

## 3 de agosto
## Não precisamos de você

Leitura:
Jeremias 2:5-13

*Assim diz o* Senhor: *Que injustiça acharam vossos pais em mim, para de mim se afastarem, indo após a nulidade dos ídolos...* —Jeremias 2:5

Conta-se a história de um grupo de cientistas que decidiram que os seres humanos poderiam viver sem Deus. Um deles olhou para Deus e disse: Decidimos que não precisamos mais de você. Temos sabedoria suficiente para clonar pessoas e fazer muitas coisas milagrosas.

Deus ouviu pacientemente e respondeu: "Muito bem, vamos fazer uma competição criando um ser humano. Vamos fazê-lo assim como Eu o fiz nos antigos dias com Adão." Os cientistas concordaram e um deles abaixou-se e ajuntou um punhado de terra. Deus olhou para ele e disse:" Não! Você precisa fazer o seu próprio pó!"

Nos dias de Jeremias, os israelitas viviam como se já não precisassem mais do Senhor. Haviam confiado em outros deuses, apesar de não poderem responder às suas necessidades. Jeremias confrontou-os mostrando-lhes a sua rebelião, pois haviam abandonado o Deus verdadeiro e não o temiam (Jeremias 2:13,19).

Somos culpadas por viver como se não precisássemos de Deus? Quem sabe o conhecemos como nosso Salvador, mas estamos adorando a nossa própria sabedoria ou autossuficiência. Será que o Senhor está dizendo de nós: "...Que injustiça acharam [...] em mim, para de mim se afastarem, indo após a nulidade dos ídolos..."? (2:5).

Viver longe de Deus o desonra e desagrada, e isso nunca resolverá nossas mais profundas necessidades. Mas podemos voltar para Ele ainda hoje (Jeremias 3:7). —*Anne Cetas*

*O egocentrismo é um substituto lamentável para Deus.*

*4 de agosto*

## A evolução é um fato?

Leitura:
Gênesis 2:1-7
Hebreus 11:1-3

*Pela fé, entendemos que foi o universo formado pela palavra de Deus...* —Hebreus 11:3

A teoria da evolução não está isenta de problemas. Foi isso o que um cientista disse quando afirmou que a vida surgiu por si mesma: "Aminoácidos devem ter uma sequência exata para formar a proteína [...] assim como as letras numa sentença. As leis da química e física não podem fazer isso. A probabilidade de se formar uma proteína por casualidade seria de 10, com 64 zeros depois do mesmo, por um!"

Muitas pessoas acham que a teoria da evolução é verdadeira. Mas será que ela pode ser cientificamente comprovada? Consideramos algo cientificamente verdadeiro somente se puder ser verificado repetidas vezes, em condições de laboratório. A reivindicação de que a vida nasceu por acaso, depois de um longo processo impessoal, não passa neste teste da verdade. Por essa razão, a evolução é apenas uma teoria.

Assim, se você alguma vez se sentir propenso a duvidar do registro do livro de Gênesis sobre a história da criação, considere a alternativa. A improbabilidade de uma simples proteína surgir por acaso é astronômica. É muito mais razoável crer em Deus e em Sua Palavra: "Pela fé, entendemos que foi o universo formado pela palavra de Deus, de maneira que o visível veio a existir das coisas que não aparecem" (Hebreus 11:3).

Não é mais sensato crer que Deus planejou e criou o universo? (Gênesis 1:1). —*Dennis Fischer*

*Toda a criação aponta para o Criador Todo-poderoso.*

## 5 de agosto
## Humor sadio

Leitura:
Efésios 5:1-10

*Mas a impudicícia e toda sorte de impurezas ou cobiça nem sequer se nomeiem entre vós [...] nem palavras vãs ou chocarrices...* —Efésios 5:3,4

Abraham Lincoln enfrentou enormes pressões como presidente durante a Guerra Civil. É provável que sem bom humor não teria sido capaz de suportar a tensão. Quando a pressão emocional era muito forte nas reuniões de gabinete, ele muitas vezes contava uma história engraçada para diminuir a tensão. Rir o ajudava a não se tornar defensivo. E uma boa história, com uma profunda verdade, às vezes vencia o oponente.

A espontaneidade do humor reflete a forma como Deus criou o homem. O humor é benéfico, física e emocionalmente. Rir pode impedir uma situação tensa de terminar em palavras amargas ou ressentidas.

Embora Jesus tivesse sido um homem de dores que experimentou o sofrimento (Isaías 53:3), creio que Ele riu em muitas oportunidades. Às vezes, Jesus fazia uso do humor para esclarecer o Seu ponto de vista. Imagine um camelo tentando passar pelo fundo de uma agulha? (Mateus 19:24).

Mas existe um lado sombrio com relação ao humor. Paulo o chamou de gracejos imorais e disse que eles não deveriam ter lugar na vida de um cristão (Efésios 5:4). Isso rebaixa, é degradante e profana aqueles que o usam, bem como àqueles que o ouvem.

Então, de que vamos rir? Que tipos de histórias podemos contar uns aos outros? Será que Jesus riria conosco? Creio que sim — se fosse humor sadio. —*Dennis DeHaan*

## Rir é ser completamente humano!

## 6 de agosto
## Caixa da preocupação

Leitura:
Filipenses 4:1-9

*Por isso, vos digo: não andeis ansiosos
pela vossa vida...*
—Mateus 6:25

Ouvi a respeito de uma mulher que tinha uma caixa em sua cozinha que chamava de "Caixa da Preocupação". Toda vez que algo a atormentava, ela o escrevia num papel e o colocava na caixa. Decidira não pensar sobre os seus problemas, contanto que permanecessem na caixa. Isto a ajudava a deixá-los fora de sua mente. Sabia que poderia lidar com eles mais tarde.

De vez em quando, tirava um papel e revisava a preocupação nele registrada. Como não havia se esgotado pela ansiedade, conseguia ficar relaxada e encontrar a melhor solução para o problema. Descobriu, muitas vezes, que uma preocupação específica anterior já nem existia mais.

Escrever suas preocupações num papel e colocá-las numa caixa pode ser uma ajuda, mas é muito melhor colocá-las nas mãos de Deus. A preocupação nos rouba a alegria, esgota nossas energias, limita o nosso crescimento espiritual e desonra a Deus.

Jesus disse: "...não vos inquieteis com o dia de amanhã, pois o amanhã trará os seus cuidados; basta ao dia o seu próprio mal" (Mateus 6:34). Vamos crer nas promessas do Senhor e confiar que Ele vai suprir as nossas necessidades. Colocar nossos problemas em Suas mãos é muito melhor do que colocá-las numa caixa de preocupações. —*Richard DeHaan*

*Quando colocamos nossas vidas nas mãos
de Deus, Ele coloca a Sua paz em nosso coração.*

## 7 de agosto
## Sem modificações

Leitura:
Romanos 4:1-12

*Justificados, pois, mediante a fé, temos paz com Deus por meio de nosso Senhor Jesus Cristo.*
—Romanos 5:1

A vida está mudando em ritmo atordoante ao nosso redor. Mesmo na igreja, as mudanças ocorrem tão rapidamente que pode ser difícil acompanhá-las.

Por exemplo: para comunicar-se de forma mais efetiva com as pessoas, os cristãos mudaram a maneira como é a "igreja". Muitos cristãos se acostumaram a igrejas sem bancos, santuários sem hinários, mensagens sem um esboço e hinos projetados em telões.

Os cristãos também reconheceram a necessidade de mudar os seus métodos de alcançar os não-cristãos com o evangelho de Jesus. As igrejas usam clubes esportivos para levar o evangelho às pessoas da vizinhança; distribuem comida para alcançar os menos privilegiados; fazem reuniões especiais para pessoas que estão em sofrimento ou com vícios.

Todavia, nem tudo está sendo modificado. O doutor Mart DeHaan escreveu na primeira edição do *Pão Diário*, em 1956: "Se há uma coisa na qual Paulo insistiu é que as obras não têm nenhuma influência em obter ou manter a nossa salvação. Somos justificados pela fé e somente pela fé" (Romanos 4:5; 5:1).

Modos e métodos de adoração podem mudar, mas a salvação vem por meio da fé, e somente pela fé em Jesus. Isso nunca mudará — jamais. —*Dave Branon*

*Num mundo de constantes modificações, você pode confiar na Palavra imutável de Deus.*

## 8 de agosto

## Aquilo que não perdemos

Leitura:
Salmo 92:12-15

*Até à vossa velhice, eu serei o mesmo e, ainda até às cãs, eu vos carregarei; já o tenho feito; levar-vos-ei, pois, carregar-vos-ei e vos salvarei.* —Isaías 46:4

Anos atrás, ouvi a respeito de um homem idoso que estava sofrendo os primeiros estágios de demência. Ele lamentou o fato de que muitas vezes se esquecia de Deus. Um bom amigo disse a ele: "Não se preocupe, Deus nunca vai se esquecer de você."

Envelhecer é, talvez, a tarefa mais difícil que temos que enfrentar na vida. Como diz um ditado: "Ficar idoso não é para os fracos."

Na maioria das vezes, envelhecer está relacionado com perdas. Dedicamos a maior parte da nossa vida adquirindo coisas, mas não simplesmente essas que vamos perder quando ficarmos idosos. Perderemos nossa energia, nossa aparência, nossos amigos, nosso emprego. Quem sabe perderemos nossa riqueza, casa, saúde, cônjuge, independência e talvez a maior de todas as perdas — nosso senso de dignidade e valor próprio.

Mas há uma coisa que você e eu jamais perderemos — o amor de Deus. O Senhor disse para o profeta: "Até à vossa velhice, eu serei o mesmo e, ainda até às cãs, eu vos carregarei; já o tenho feito; levar-vos-ei, pois, carregar-vos-ei e vos salvarei" (Isaías 46:4).

O escritor do Salmo 92 afirmou: "O justo florescerá como a palmeira…" (v.12). "Plantados na Casa do Senhor, florescerão nos átrios do nosso Deus. Na velhice darão ainda frutos" (vv.13,14). —*Dennis DeHaan*

*O amor de Deus nunca envelhece.*

## 9 de agosto
## Considere tudo alegria

Leitura:
Tiago 1:2-12

*Bem-aventurado o homem que suporta, com perseverança, a provação; porque, depois de ter sido aprovado, receberá a coroa da vida...* —Tiago 1:12

Certo pastor colocou este anúncio em sua porta: "Se você tem problemas, entre e fale-me a respeito deles. Se não os tem, entre e conte-me como evitá-los."

O que fazemos quando os problemas aparecem sem serem anunciados e em grande intensidade? A carta de Tiago afirma que devemos considerar motivo de grande alegria o fato de passarmos por diversas provações, porque elas não acontecem sem motivo: "...sabendo que a provação da vossa fé, uma vez confirmada, produz perseverança. Ora, a perseverança deve ter ação completa, para que sejais perfeitos e íntegros..." (1:3,4). Com essa compreensão, nossas orações mudam e não perguntamos 'por quê', mas agradecemos pelo que Deus está fazendo.

Depois de suportar muitas provações e enfrentar lutas contra o câncer, a escritora do *Pão Diário*, Joanie Yoder, compartilhou numa carta: "Entreguei meu destino à vontade de Deus. Nada, nem mesmo o câncer pode desfazer a Sua vontade. Posso ter câncer, mas ele não me possui — somente Deus me possui. Agradeço e peço que orem para que Cristo seja glorificado no meu corpo, seja por meio da vida ou da morte."

As provações são inevitáveis e imprevisíveis, e elas vêm com uma variedade inimaginável. Sabendo que nosso Deus soberano vai caminhar conosco e usar nossas tribulações para nos tornar mais maduros, podemos considerá-las todas um "motivo de grande alegria". —*Albert Lee*

*Podemos suportar as provações nesta vida por causa das alegrias da vida futura.*

## 10 de agosto

## Retirando-se

Leitura:
Êxodo 33:12-23

*Respondeu-lhe: A minha presença irá contigo,
e eu te darei descanso.*
—Êxodo 33:14

Após ganhar a medalha de bronze nas Olimpíadas de Atenas de 2004, o lutador Rulon Gardner tirou os sapatos, colocou-os no chão e retirou-se em lágrimas. Com esse ato simbólico, Gardner anunciou que se afastaria do esporte ao qual havia dedicado a sua vida, por muitos anos.

Sempre há o momento em que no qual temos que nos retirar de alguma atividade, e eles podem ser emocionalmente arrasadores. Um ente querido "retira-se" por meio da morte. Um filho tem de sair de casa. Deixamos um emprego ou uma comunidade e sentimos como se tivéssemos deixado tudo para trás. Mas quando conhecemos o Senhor, nunca precisamos caminhar sozinhos em direção ao futuro desconhecido.

Vale a pena fazer uma pausa e refletir o quanto os filhos de Israel deixaram para trás quando Moisés os conduziu para fora do Egito. Eles deixaram o fardo pesado da escravidão, mas também deixaram tudo o que era estável e previsível e que já conheciam. Mais tarde, quando o Senhor disse a Moisés: "... A minha presença irá contigo, e eu te darei descanso" (Êxodo 33:14), Moisés respondeu: "...Se a tua presença não vai comigo, não nos faças subir deste lugar" (v.15).

Durante os nossos tempos mais difíceis, a nossa estabilidade provém da presença e da paz de Deus. Porque Ele vai conosco, podemos caminhar em direção ao futuro com confiança. —*David McCasland*

*Toda perda deixa um vazio que somente
a presença de Deus pode preencher.*

## 11 de agosto
## Por que eu suspiro?

Leitura:
Eclesiastes 2:1-11

*Então, me empenhei por que o coração se desesperasse de todo trabalho com que me afadigara debaixo do sol.*
—Eclesiastes 2:20

Conforme um registro mundial de 1888, uma garota de 15 anos bocejou continuamente por cinco semanas. Não foram apresentados detalhes sobre o que gerou o problema dela.

Isso me fez perguntar por que nós bocejamos. Por que uma pessoa repentinamente abre a boca, respira profundamente e então boceja? Para descobrir que uma respiração fraca, ar quente e abafado ou nervosismo podem esgotar o oxigênio no corpo. Por causa disso o nosso Criador e projetista nos equipou com um reflexo de respiração profunda que envia uma corrente de oxigênio para nos aliviar. Além dessa explicação técnica, um bocejo geralmente indica nervosismo, cansaço ou tédio.

E ainda há o "bocejo" da alma. Lendo o livro de Eclesiastes, quase podemos ouvir como Salomão bocejou ao provar uma coisa após a outra, num esforço para encontrar significado para sua vida. Depois de cada tentativa, o seu espírito reagiu somente para exclamar: "Que grande inutilidade!". Tudo o que empreendia produzia somente o vazio (1:2; 2:11). Finalmente, compreendeu que nada satisfaz a não ser temer a Deus e obedecer aos Seus mandamentos (12:13).

Que o Senhor nos ajude a reconhecer que os nossos suspiros de frustração em relação aos prazeres e coisas dessa vida têm o objetivo de conduzir-nos a Ele. Somente Ele dá significado eterno a tudo que adquirimos. —*Mart DeHaan*

*Depois de nos banquetearmos com a bondade de Deus, nada mais vai nos satisfazer.*

## 12 de agosto

## Nenhum remorso

Leitura:
1 Pedro 4:12-19

*Porque o Filho do Homem há de vir na glória de seu Pai, com os seus anjos, e, então, retribuirá a cada um conforme as suas obras.* —Mateus 16:27

Uma pequena menina que precisava fazer uma cirurgia estava aterrorizada. Para animá-la, seus pais prometeram dar-lhe algo que ela queria havia muito tempo — um gatinho. A cirurgia foi bem-sucedida, mas quando a anestesia estava passando, a pequenina sussurrou para si mesma: "Com certeza esta é uma maneira desagradável de conseguir um gatinho!"

Os cristãos que suportam sofrimentos servindo ao Senhor nunca sentirão isso quando olharem para as suas provações. "Ora, todos quantos querem viver piedosamente em Cristo Jesus serão perseguidos" (2 Timóteo 3:12). Jesus disse aos Seus discípulos: "...Se alguém quer vir após mim, a si mesmo se negue, tome a sua cruz e siga-me" (Mateus 16:24). Também lhes assegurou que, quando voltar à terra, "...retribuirá a cada um conforme as suas obras" (v.27).

O apóstolo Paulo disse que nossos sofrimentos por amor a Cristo não são dignos de serem "...comparados com a glória a ser revelada em nós" (Romanos 8:18). E o apóstolo Pedro nos alerta: "...alegrai-vos na medida em que sois coparticipantes dos sofrimentos de Cristo, para que também, na revelação de sua glória, vos alegreis exultando" (1 Pedro 4:13).

Os cristãos que suportam privações por amor a Cristo consideram um privilégio serem identificados com seu Salvador, e sabem que sofrer por Ele trará uma recompensa segura, sem remorsos. —*Richard DeHaan*

*Servir ao Senhor é um investimento com dividendos eternos.*

## 13 de agosto
## Passeio com o cachorro

Leitura:
Gênesis 1:20-25

*...voem as aves sobre a terra,*
*sob o firmamento dos céus.*
—Gênesis 1:20

Quando meu cachorro e eu fazemos nosso passeio matinal por entre os bosques, o ar está cheio de sons. Os pássaros de diversas espécies quebram o silêncio da manhã com as suas canções. Constantemente, ouço um som contínuo — provavelmente vindo de um pardal. Pode ser também a melodia animada e alegre de um pintarroxo ou o trilado feliz de um orgulhoso cardeal. Às vezes, é uma única nota contínua de algum pássaro não muito familiar. Então ouço o ruído dissonante de algum pássaro azul ou o ruído rouco de um corvo. Vejo um pequeno grupo de bem-te-vis voando por entre as árvores e repetindo os seus sons.

"Como Deus é grande!", falo em voz alta para o meu cachorro ouvir. Agradeço ao Senhor pelo grande presente de poder ouvi-los e a maravilhosa variedade de sons com os quais Ele enche as florestas. Ele criou centenas de variedades de pássaros, cada qual com sua cor, hábitos e sons peculiares. "...E viu Deus que isso era bom. E Deus os abençoou..." (Gênesis 1:20-22).

Ao continuar o passeio com o meu cachorro, meu coração está repleto de gratidão a Deus pela grande variedade de cenários, sons, cores e espécies que enriquecem nosso mundo. Eu o louvo pela Sua criatividade em não somente formar o nosso mundo — mas em fazê-lo tão bonito e bom. —David Egner

*Nós ouvimos a voz de Deus*
*até mesmo na natureza.*

## 14 de agosto
## O boné do papai

Leitura:
Efésios 6:1-4

*Honra a teu pai...*
—Efésios 6:2

Em meio à celebração, ocorreu uma tragédia. Foi na cerimônia de abertura dos Jogos Olímpicos de 1992, em Barcelona. Um após outro, os times entraram no estádio e permaneceram ao redor da pista, sob os aplausos de 65 mil pessoas. Mas, num setor do estádio olímpico, pairou o choque e a tristeza quando Peter Karnaugh, o pai do nadador americano Ron Karnaugh, foi vitimado por um ataque cardíaco fulminante.

Cinco dias depois, Ron se apresentou para competir usando o boné de seu pai. Por que usou este boné? Foi um tributo ao pai, que o usava quando iam pescar e fazer outras atividades juntos e a quem descreveu como "meu melhor amigo". Ao usá-lo, Ron Karnaugh estava honrando seu pai que sempre estivera ao seu lado, por tê-lo encorajado e guiado. Quando o rapaz mergulhou na água, ele o fez sem a presença do pai, mas inspirado pela sua lembrança.

Existem diversas formas de honrar os nossos pais, como as Escrituras nos dizem que devemos fazer (Efésios 6:2). Uma delas, mesmo que eles já não estejam mais conosco, é mostrar respeito pelos valores que nos ensinaram.

O que você pode fazer hoje pelo seu pai para mostrar a ele o tipo de honra da qual a Bíblia nos fala? —*Dave Branon*

*Os melhores pais não nos dão apenas a vida*
*– eles nos ensinam a viver.*

## 15 de agosto
## Que coisa bonita!

Leitura:
Marcos 14:3-9

*Mas Jesus disse: Deixai-a; por que a molestais?
Ela praticou boa ação para comigo.*
—Marcos 14:6

Depois de estar longe de casa, a negócios, Teresa queria comprar alguns presentes para seus filhos na loja do aeroporto. O vendedor recomendou alguns produtos caros. Ela disse então: "Não tenho muito dinheiro comigo. Preciso de algo mais barato." O vendedor tentou transmitir-lhe a impressão de que estava sendo mesquinha. Mas Teresa sabia que seus filhos ficariam contentes com qualquer coisa que lhes desse porque vinha de um coração cheio de amor. E estava certa, eles gostaram muito dos presentes que ganharam.

Durante a última visita de Jesus à cidade de Betânia, Maria quis lhe mostrar o amor que sentia (Marcos 14:3-9). Por isso, comprou um "vaso de alabastro com preciosíssimo perfume de nardo puro" e o ungiu (v.3). Os discípulos perguntaram indignados: "Para que este desperdício?" (Mateus 26:8). Jesus ordenou que parassem de perturbá-la, dizendo: "Ela praticou boa ação para comigo" (Marcos 14:6). Outra tradução diz: "Ela fez para mim uma coisa muito boa " (NTLH). Jesus se agradou com o presente de Maria, pois veio de um coração cheio de amor. Mesmo ungindo-o para o sepultamento, ela estava fazendo algo bonito!

O que você gostaria de dar para Jesus a fim de demonstrar o seu amor? Seu tempo, talentos, dinheiro? Não importa se for algo caro ou barato — se outros o entendem ou criticam. Tudo o que damos com o coração cheio de amor para Ele o agrada. —Anne Cetas

*Um coração saudável
pulsa com amor por Jesus.*

## 16 de agosto
## O gênio que faz-tudo

Leitura:
Efésios 4:11-16

*...designou alguns para apóstolos, outros para profetas, outros para evangelistas [...] com o fim de preparar os santos para a obra do ministério.* —Efésios 4:11,12

Meu sogro é um gênio. Não, ele não desenvolveu nenhuma teoria científica como Einstein. Ele é o gênio que faz tudo. Pergunte-lhe a respeito de problemas com o forno ou um entupimento. Ele consegue diagnosticar intuitivamente o problema e encontrar a solução. Quando meus sogros vêm me visitar, parece até que estamos num programa de TV sobre como fazer reparos na casa. Muitas vezes faço anotações, pois quando o observo fazendo as coisas, estou aprendendo a fazê-las por mim mesmo.

Na igreja, temos os líderes espirituais cuja função é nos equipar para o ministério. Na carta de Paulo à igreja de Éfeso, ele escreveu sobre a preparação das pessoas para o serviço (Efésios 4:11,12). A palavra usada para "equipar" é a mesma usada para descrever os discípulos consertando suas redes quando Jesus os chamou para o Seu serviço (Marcos 1:16-20). Por três anos, Jesus "consertou os buracos" que eles tinham em seu "ministério de redes", de forma que pudessem ser produtivos — pescadores de homens (v.17).

Se você não sabe como encontrar e participar de um ministério, procure pessoas que podem mostrar-lhe como ele é desenvolvido. Observe a maneira como usam a Bíblia, oram e trabalham com as pessoas. Em breve, você verá que o Senhor a estará usando de forma mais efetiva na vida de outras pessoas. Tudo o que você precisa é estar preparada. —*Dennis Fischer*

*Você está seguindo o líder certo?*

## 17 de agosto
## Enfrentando inimigos

Leitura:
Salmo 27

*Ainda que um exército se acampe contra mim,
não se atemorizará o meu coração...*
—Salmo 27:3

Durante a Guerra Civil dos EUA, uma luta intensa ocorria perto de Moorefield, no oeste do estado da Virgínia. Como a cidade estava perto das linhas de combate, um dia ela era controlada por tropas da União e no outro pelas tropas da Confederação.

No centro da cidade vivia uma senhora idosa. Segundo o testemunho de um ministro presbiteriano, certa manhã diversos soldados inimigos bateram à sua porta e exigiram que lhes preparasse o café da manhã. Ela pediu que entrassem e disse que prepararia algo para eles.

Quando a comida estava pronta, ela falou: "Tenho o costume de ler a Bíblia e orar antes de tomar o café. Espero que não se importem com isso." Eles consentiram e ela, em seguida, tomou a Bíblia, abriu-a casualmente e começou a ler o Salmo 27. "O Senhor é a minha luz e a minha salvação; de quem terei medo? O Senhor é a fortaleza da minha vida; a quem temerei?" (v.1). Seguiu lendo até o último versículo: "...tem bom ânimo, e fortifique-se o teu coração; espera, pois, pelo Senhor" (v.14). Quando terminou de ler, disse: "Vamos orar." Enquanto estava orando, ouviu sons dos homens se movendo pelo recinto. Quando disse "amém" e ergueu os olhos, os soldados haviam saído.

Medite no Salmo 27. Se você está enfrentando inimigos, Deus usará a Sua Palavra para ajudá-la. —*Haddon Robinson*

*Permita que os seus temores a conduzam
para o seu Pai celestial.*

## 18 de agosto
## Amor, razão do ódio

Leitura:
João 15:18-27

*Se o mundo vos odeia, sabei que,
primeiro do que a vós outros, me odiou a mim.*
—João 15:18

Se existe algo que deve caracterizar os cristãos, — é o amor. A palavra amor aparece mais de 500 vezes nas Escrituras. A essência do evangelho é o amor, como lemos no evangelho de João 3:16: "Porque Deus amou o mundo de tal maneira…". A carta de 1 João 3:16 especifica: "Nisto conhecemos o amor: que Cristo deu a sua vida por nós…".

Os cristãos devem servir uns aos outros em amor (Gálatas 5:13), amar seu próximo como a si mesmo (Gálatas 5:14), ter uma vida cheia de amor (Efésios 5:2) e amar com atos e em verdade (1 João 3:18).

Se Jesus e Seus seguidores tem tudo a ver com o amor, por que algumas pessoas nos odeiam? Por que (segundo uma estimativa) há 200 milhões de cristãos sendo perseguidos hoje no mundo?

Jesus nos explicou o porquê disso, quando falou aos discípulos: "Pois todo aquele que pratica o mal aborrece a luz e não se chega para a luz, a fim de não serem arguidas as suas obras" (João 3:20). Jesus é a Luz. Quando Ele viveu neste mundo, as pessoas o odiaram porque o Mestre manifestava a escuridão do pecado delas. Agora nós somos a Sua luz nesse mundo (Mateus 5:14); portanto, o mundo também vai nos odiar (João 15:19).

Nossa tarefa é nos tornarmos canais do amor e da luz de Deus, mesmo se em troca formos odiados. —Dave Branon

*Retribuir o amor com amor é natural,
mas retribuir o ódio com amor é sobrenatural.*

## 19 de agosto
## Fundo rochoso

Leitura:
Salmo 119:65-72

*Foi-me bom ter eu passado pela aflição, para que aprendesse os teus decretos.* —Salmo 119:71

Quando tinha um pouco mais de 30 anos, eu era uma esposa e mãe dedicada, uma cristã que trabalhava ao lado do marido. No entanto, interiormente me encontrava numa viagem que ninguém quer empreender. Essa viagem me conduzia ao desânimo, e eu estava a caminho do quebrantamento da minha obstinada autossuficiência.

Finalmente, experimentei o estranho alívio de chegar ao fundo rochoso, onde fiz uma descoberta inesperada: a rocha sobre a qual fui lançada não era outra senão o próprio Cristo. Lançada sobre Ele, ali me encontrei e comecei a reconstruir o resto da minha vida, dessa vez como uma pessoa dependente de Deus e não como alguém que dependia de si mesma. A minha experiência naquele fundo do poço tornou-se o ponto de retorno e um dos amadurecimentos espirituais vitais da minha vida.

A maioria das pessoas sente tudo, menos algo espiritual, quando chega bem no fundo do poço. A sua miséria muitas vezes é reforçada por cristãos que têm um ponto de vista míope sobre o sofrimento que a pessoa está passando e o porquê dele. Mas nosso Pai celestial se agrada com o que Ele quer nos mostrar por meio desse processo doloroso.

Uma pessoa que conhece o segredo de uma vida de dependência de Deus pode dizer: "Foi-me bom ter eu passado pela aflição, para que aprendesse os teus decretos" (Salmo 119:71). —Joanie Yoder

*Quando um cristão atinge o fundo do poço, descobre que Cristo é o firme fundamento.*

## 20 de agosto

## Não esqueça!

Leitura:
2 Pedro 1:12-21

*...sempre estarei pronto para trazer-vos lembrados acerca destas coisas, embora estejais certos da verdade [...] e nela confirmados.* —2 Pedro 1:12

Como podem pessoas que experimentaram o mesmo acontecimento terem recordações radicalmente diferentes do que aconteceu? Um artigo resumiu os resultados de dezenas de estudos sobre a memória humana: "Longe de ser um registro indelével, a memória humana é frágil, incompleta, maleável e altamente sugestionável."

As lembranças podem mudar com o tempo. Em alguns casos, pessoas alteram um pouco a sua versão de um acontecimento cada vez que o recontam, à semelhança do pescador quando conta "daquele peixe que escapou". Mas um registro objetivo e real pode corrigir os devaneios mentais aos quais todos nós somos suscetíveis.

Pedro escreveu duas cartas para nos dar um registro preciso e duradouro da verdade de Deus. "...sempre estarei pronto para trazer-vos lembrados acerca destas coisas, embora estejais certos da verdade [...] e nela confirmados [...] esforçar-me-ei [...] por fazer que [...] conserveis lembrança de tudo" (2 Pedro 1:12,15).

Nossas frágeis memórias necessitam de constantes lembretes que encontramos na imutável Palavra de Deus, a Bíblia. Com os lembretes confiáveis da Palavra, podemos proteger os nossos pensamentos de derivarem sutilmente em direção a uma perspectiva de vida meramente humana.

Por toda a Bíblia, o propósito do Senhor é ativar nossas mentes para que não esqueçamos a Sua verdade. —David McCasland

*A melhor maneira de refrescar as nossas mentes é ler a Palavra de Deus diariamente.*

## 21 de agosto

## Perspectiva do céu

Leitura:
Apocalipse 22:1-5

*Porque, agora, vemos como em espelho, obscuramente; então, veremos face a face...* —1 Coríntios 13:12

Quando me aproximei dos 90 anos, duas emoções vieram em meu coração. Uma foi a segurança, a certeza positiva da vida eterna. E por que não? Jesus disse: "...porque eu vivo, vós também vivereis" (João 14:19).

Essa certeza, entretanto, frequentemente vem acompanhada por outra emoção — a curiosidade. Como, na verdade, será o outro mundo? Mesmo as descrições inspiradas da moradia celestial que encontramos no último livro da Bíblia são insuficientes para exprimir o que nos espera. Mas elas intensificam o nosso desejo de deixar essa existência escura e entrar na realidade do céu. Lemos a respeito do "...rio da água da vida, brilhante como o cristal, que sai do trono de Deus...", lemos sobre a "árvore da vida" e que "...nunca mais haverá qualquer maldição" (Apocalipse 22:1-3).

Quais são as suas reações ao pensar na vida após a morte? Quem sabe você não é tão curiosa, mas está sendo abençoada com a certeza do céu que pode obter pela fé em Jesus? Pense nas palavras que Ele falou no túmulo de Lázaro: "...Eu sou a ressurreição e a vida. Quem crê em mim, ainda que morra, viverá; e todo o que vive e crê em mim, não morrerá, eternamente..." (João 11:25).

A sua certeza fundamenta-se nessa promessa? Você pode obter essa certeza, crendo em Jesus. —*Vernon Grounds*

*O que você faz com Jesus agora, determina o que Ele fará com você no porvir.*

## 22 de agosto
## Concentre-se no alvo

Leitura:
1 Timóteo 4:1-11

*Rejeite, porém, as fábulas profanas e tolas, e exercite-se na piedade.* —1 Timóteo 4:7

O erudito da Bíblia e professor do Novo Testamento, William Barclay, conta sobre caminhadas pelo campo com seu cachorro Rusty. Sempre que encontrava um riacho raso, o animal pulava nele e começava a remover pedras, uma por uma, deixando-as na beira do riacho. Essa atividade sem sentido se repetia por horas.

Barclay disse que o comportamento estranho do cachorro o fez lembrar algumas pessoas que dizem ser peritas na Bíblia. Gastam enorme energia e incontáveis horas tentando interpretar passagens obscuras, mas todo o seu esforço não contribui nem para a sua edificação, nem para a de outros.

Ao longo dos anos, tenho recebido longas cartas de pessoas como essas das quais Barclay falou. Algumas mostram como será exatamente o anticristo. Outras reivindicam que encontraram a chave para certos mistérios da Bíblia, estudando o significado dos nomes nas listas genealógicas.

Aparentemente, havia alguns mestres em Éfeso que procuravam impressionar os cristãos, inserindo mitos e fábulas em sua interpretação da Bíblia. Mas o que ensinavam não contribuía para promover a piedade. Foi, portanto, inútil como o projeto de remoção de pedras de Rusty.

Paulo disse ao jovem Timóteo: "exercite-se na piedade". Esse é o alvo mais importante, no qual temos que manter nossos olhos, ao estudarmos a Bíblia. —*Herb Vander Lugt*

*Não estude a Bíblia para poder citá-la, mas para obedecê-la.*

## 23 de agosto
## Revestimento espiritual

Leitura:
Efésios 4:17-24

*Revestir-se do novo homem, criado para ser semelhante a Deus em justiça e em santidade* —Efésios 4:24

Quando mudamos para nossa casa, cinco anos atrás, descobrimos que o antigo proprietário havia deixado seis cadeiras de jantar. Estavam revestidas com um bonito tecido de arte africana — belas listras de zebra. Ficamos contentes com estes presentes inesperados e os usamos com frequência quando tínhamos hóspedes.

Quando, pouco tempo atrás, mudamos para uma nova residência, aquelas cadeiras precisaram ser reformadas para combinar com a nova decoração. Então chamei um estofador e lhe perguntei: "Não poderíamos colocar simplesmente o novo material sobre o tecido já existente?" Ele respondeu: "Não, você vai arruinar o formato da cadeira se colocar simplesmente um novo material por cima do velho."

A obra de Deus em nossas vidas é semelhante. Ele não está interessado em simplesmente mudar a nossa aparência espiritual. Pretende substituir o nosso caráter com o que chamamos de "novo homem", feito para ser semelhante a Cristo (Efésios 4:24). A carne tem a tendência de realizar atividades religiosas, mas essa não é a obra do Espírito Santo. Ele quer transformar completamente o nosso interior.

Mas este processo é uma parceria (Filipenses 2:12,13). Quando deixamos os nossos velhos comportamentos de lado diariamente e os substituímos com ações piedosas, o Deus da graça trabalha em nós por meio do poder do Espírito Santo.

Deus quer nos renovar. —Dennis Fischer

*Quando você recebe Cristo, a obra de Deus em você está apenas começando.*

## 24 de agosto
## Chamado principal

Leitura:
Êxodo 19:1-8

*Eu [Deus] os transportei sobre asas de águias
e os trouxe para junto de mim.* —Êxodo 14:9

Em nosso mundo cheio de realizações e feitos, os cristãos muitas vezes acham que o principal chamado de Deus para a sua vida é servi-lo. Mas trabalhar para Cristo deveria vir depois da nossa devoção a Ele. Como o autor Oswald Chambers adverte: "O maior competidor da devoção ao Mestre é o serviço para Jesus."

Encontrei esse sutil "competidor" logo depois que o Senhor levou nossa família para começar um ministério entre os dependente químicos em situação de rua. Amávamos aqueles jovens e dediquei toda a minha atenção e energia em ajudá-los a experimentar o poder salvador de Cristo.

Mas, Daniel, um dos viciados, mudou de cidade e voltou para as drogas. Essa perda me chocou e compreendi que o trabalho me envolvera de tal maneira que minha devoção a Jesus tinha perdido a importância. Deus usou as minhas aflições como "asas de águias" para me afastar da minha paixão pelo trabalho e me trazer de volta ao meu primeiro amor — Jesus!

Deus fez o mesmo com Israel nos dias de Moisés. Ele os libertou do implacável rei do Egito e os transportou sobre "asas de águias" de volta para si (Êxodo 19:4).

Louvado seja Deus! Daniel retornou logo depois. Enquanto isso, eu havia aprendido uma lição que é vital para todos os seguidores de Jesus. O trabalho que recebemos de Deus nunca deve competir com o nosso principal chamado: a devoção a Cristo. —Joanie Yoder

*Muitos cristãos são fortes no serviço,
mas fracos na adoração.*

## 25 de agosto
## Cisternas rachadas

Leitura:
João 4:9-14

*...a mim me deixaram, o manancial de águas vivas,
e cavaram cisternas, cisternas rotas,
que não retêm as águas.* —Jeremias 2:13

Imagine-se pegando uma picareta e, desde o amanhecer até o anoitecer, escavando o chão para fazer uma cisterna no solo duro e rochoso. Imagine-se fazendo isso no frio cortante do inverno e no calor ardente do verão.

Após anos de árduo esforço, finalmente a tarefa está completa. Você dá um passo para trás e espera que a cisterna fique cheia — mas ela está vazando. Descobre, tarde demais, que todas as cisternas, não importa quão bem tenham sido construídas, podem vazar.

Essa história é uma figura da futilidade de nossas tentativas em encontrar satisfação na vida. Trata-se de um problema muito antigo.

Deus disse ao profeta Jeremias que o Seu povo o abandonou, "...a mim me deixaram, o manancial de águas vivas, e cavaram cisternas, cisternas rotas, que não retêm as águas" (Jeremias 2:13).

Você está sendo impelida pela sede da alma, suspirando por satisfação? Existe uma fonte de água viva emergindo de profundezas escondidas, jorrando para dentro dos nossos corações, satisfazendo-nos mesmo que tenhamos muita sede. Incline-se e beba-a.

Somente Deus pode satisfazer o nosso coração. Todas as outras coisas vão nos enganar e decepcionar. Disse Jesus: "...aquele, porém, que beber da água que eu lhe der nunca mais terá sede; pelo contrário, a água que eu lhe der será nele uma fonte a jorrar para a vida eterna" (João 4:14). —*David Roper*

*Somente a Água Viva pode matar
a sede implacável da alma.*

## 26 de agosto
## Fuja da tentação

Leitura:
2 Timóteo 2:14-26

*Foge, outrossim, das paixões da mocidade.*
*Segue a justiça, a fé, o amor e a paz...*
—2 Timóteo 2:22

De acordo com a mitologia grega, as sereias viviam em certas áreas da costa do Mediterrâneo. Quando os navios passavam, elas cantavam canções tão encantadoras que os marinheiros pulavam do navio e se afogavam, atraídos pela música.

Ulisses estava num navio que fazia aquela rota. Consciente da sedução poderosa daquelas canções, ordenou que fosse amarrado com cordas no mastro e que os ouvidos dos tripulantes fossem fechados com cera para bloquear a música tentadora das sereias. Ao tomar tais precauções, Ulisses e o resto da tripulação conseguiram passar por aquelas áreas sem ceder à sedução das ninfas do mar.

Como cristãos, deveríamos estar preparados para resistir a qualquer tentação do inimigo. Devemos odiar o pecado e estar convictos sobre a nossa posição em não ceder às suas seduções. Dessa maneira, podemos permanecer firmes em negar o nosso desejo de rendição.

Há pecados em sua vida que a derrotam? Tome medidas drásticas. Você deve se manter afastada de qualquer tentação que a atinge numa área em que tem fraqueza. A melhor proteção contra a tentação é considerar a admoestação que o apóstolo Paulo deu ao jovem Timóteo: "Foge, outrossim, das paixões da mocidade. Segue a justiça..." (2 Timóteo 2:22). Esse conselho foi bom para ele; e ainda hoje é bom para nós. —*Richard DeHaan*

*A melhor maneira de escapar da tentação*
*é refugiar-se em Deus.*

## 27 de agosto
## Crescer na dificuldade

Leitura:
Hebreus 12:1-11

*Não despreze a disciplina do Senhor nem se magoe com a sua repreensão.* —Provérbios 3:11

Muitos cristãos precisam ser disciplinados com amor antes de amadurecerem. Embora o Pai celestial não deseja que Seus filhos sofram desnecessariamente, algumas vezes Ele permite que experimentem golpes fortes para que se tornem cristãos maduros.

A necessidade de "tempo ruim" para estimular o crescimento pode ser observada na natureza. Os cientistas dizem que as sementes de alguns arbustos do deserto têm de sofrer estragos pelas tempestades antes de germinarem. Elas são cobertas com cascas duras que não deixam penetrar água e isso facilita para que permaneçam latentes na areia por diversas estações até que surjam condições apropriadas para crescerem.

Quando chegam as chuvas, as sementes são levadas pelas enxurradas e lançadas com força contra a areia, o cascalho e as pedras que as arrastam ladeira abaixo. Por fim, permanecem num lugar onde o solo se tornou úmido. Somente nesse momento germinam e crescem, pois a umidade é absorvida pelos cortes e arranhões que receberam na descida pela encosta.

De forma semelhante, as dificuldades talvez sejam necessárias para acordar um santo adormecido. Isso pode machucar por algum tempo, mas se nos rendermos ao Senhor descobriremos que as contusões podem marcar o início de avanços espirituais. Talvez prefiramos continuar a ser apenas "sementes", mas Deus quer que nos tornemos "árvores frutíferas". —*Mart DeHaan*

*Não há ganhos sem dores.*

## 28 de agosto
## A beleza do silêncio

Leitura:
Salmo 62:1-8

*Somente em Deus, ó minha alma, espera silenciosa; dele vem a minha salvação.* —SALMO 62:1

Na parede atrás do púlpito da igreja que frequentei quando adolescente estavam escritas essas palavras: "O SENHOR, porém, está no seu santo templo; cale-se diante dele toda a terra" (Habacuque 2:20). E nós permanecíamos em silêncio! Todos nós, oito meninos, nada dizíamos um para o outro enquanto estávamos lá sentados esperando que o culto começasse.

Eu gostava desse tempo de silêncio e muitas vezes tive sucesso em manter afastados da minha mente pensamentos com relação às meninas e ao time para o qual torcia. E tentava da melhor maneira possível refletir sobre a maravilha da presença de Deus e em Sua salvação. E no silêncio muitas vezes senti a Sua presença.

Hoje vivemos num mundo ruidoso. Muitas pessoas nem conseguem dirigir o carro sem que a música ecoe do aparelho de som. Até mesmo alguns cultos de igreja são caracterizados mais pelo som alto do que pela reflexão silenciosa.

Nos tempos antigos, os pagãos gritavam em altas vozes para os seus deuses (1 Reis 18:25-29). Em forte contraste, o salmista viu a sabedoria no silêncio porque na reverência silenciosa, podemos ouvir o Senhor Deus. No silêncio da noite sob um céu estrelado, num santuário quieto ou no quarto silencioso em casa, podemos nos encontrar com o Deus vivo e ouvi-lo falar.

As palavras do salmista são relevantes hoje: "Somente em Deus, ó minha alma, espera silenciosa…" (62:5). —*Herb Vander Lugt*

*Para ouvir a voz de Deus, abaixe o volume do mundo.*

## 29 de agosto

## Doce companhia

Leitura:
João 14:15-26

*...o Espírito da verdade [...] vós o conheceis, porque ele habita convosco e estará em vós.*
—João 14:17

A senhora de idade no asilo de idosos não falava com ninguém nem pedia nada. Parecia que ela simplesmente existia, enclausurada na cadeira de balanço. Não recebia muitas visitas, e por isso uma jovem enfermeira frequentemente ia para o quarto da senhora em suas folgas. Sem fazer perguntas para a mulher, tentando fazê-la falar, a enfermeira simplesmente buscava outra cadeira e ficava balançando com ela. Depois de alguns meses, a senhora de idade disse a ela: "Obrigada por balançar comigo." Ela ficou agradecida pela companhia.

Antes de voltar para o céu, Jesus prometeu aos Seus discípulos que enviaria alguém que seria uma companhia constante pare eles. Ele falou que não os deixaria sozinhos, mas que enviaria o Espírito Santo para estar com eles (João 14:17). Essa promessa ainda hoje tem validade para os cristãos. Jesus disse que o Deus trino faz "morada em nós" (v.23).

O Senhor é nossa companhia fiel e próxima por toda a nossa vida. O artista Scott Krippayne expressou essa verdade numa canção: "Na minha noite mais profunda, Ele é a estrela guia; nos meus pecados, Ele é o coração que perdoa; é um ouvido atento para cada oração silenciosa, um ombro para os fardos que não consigo carregar. Doce companhia desde agora até a eternidade."

Podemos desfrutar da Sua doce companhia, hoje. —*Anne Cetas*

*O coração do cristão
é o lar do Espírito Santo.*

## 30 de agosto
## Tornando-se pessoal

Leitura:
Mateus 1:18-25

*Eis que a virgem conceberá e dará à luz um filho, e ele será chamado pelo nome de Emanuel (que quer dizer: Deus conosco).* —Mateus 1:23

Quem sabe você recebeu recentemente uma carta e olhou admirado para o selo. Em vez de ver a face de uma pessoa famosa ou uma figura histórica, você viu seu irmão e seu cachorro.

Como um teste, o serviço de correios dos EUA deu licença para uma companhia privada vender selos oficiais com estampas personalizadas. Estes selos custam o dobro dos normais, mas os interessados podiam mandar imprimi-los com fotos digitais de sua escolha e depois colar, por exemplo, nos seus cartões de agradecimento. Muitas pessoas esperam que a tecnologia faça surgir novamente a arte de enviar uma mensagem pessoal pelo correio.

É bom relembrar que o nascimento de Jesus foi a mensagem mais pessoal possível que Deus nos enviou. Um anjo disse a José que esse bebê-milagroso seria o cumprimento da profecia do Antigo Testamento: "Eis que a virgem conceberá e dará à luz um filho, e ele será chamado pelo nome de Emanuel (que quer dizer: Deus conosco)" (Mateus 1:23).

Paulo confirmou a identidade de Jesus quando escreveu que Ele "é a imagem do Deus invisível" e que toda a plenitude de Deus habita nele (Colossenses 1:15,19).

O próprio Deus veio à terra na pessoa de Jesus Cristo para nos salvar dos nossos pecados. Poderia haver algo mais pessoal do que isso?

—David McCasland

*Deus foi em busca da humanidade por intermédio dos braços de Jesus.*

## 31 de agosto

## Os únicos

Leitura:
Salmo 34

*Porque os olhos do Senhor repousam sobre os justos, e os seus ouvidos estão abertos às suas súplicas...*
—1 Pedro 3:12

Como professor com muitos anos de experiência no Ensino Médio e nas salas da universidade, observei diversos tipos de alunos. Há um em especial que chamo de: o estudante — "somente eu e o professor".

Esse tipo de aluno conversa com o professor como se mais ninguém estivesse na sala de aula. Ele responde às perguntas do educador sem se importar com as reações de qualquer outra pessoa. Mesmo que a classe esteja repleta de outros estudantes, esse tipo de aluno parece pensar que se trata apenas "de si mesmo e do professor". Ao observar recentemente um desses estudantes e vendo como estava concentrado na conversa com o professor, pensei: "Ele realmente está tendo a atitude que todos nós precisamos ter quando oramos."

Pensar que milhões de outros cristãos estão falando com Deus ao mesmo tempo em que nós, nunca deveria nos fazer sentir menos importantes. Quando conversamos com o nosso Deus Onipresente, Onisciente, Onipotente, podemos ter a confiança de que Ele está nos dando toda a Sua atenção. Davi disse: "Clamou este aflito, e o Senhor o ouviu e o livrou de todas as suas tribulações" (Salmo 34:6). Deus direciona toda a Sua atenção para o nosso louvor, nossos pedidos e nossas preocupações.

Quando você ora, você é o único para Ele. —*Dave Branon*

*Muitos oram a Deus buscando a Sua atenção, e Ele ouve a cada um individualmente.*

## 1.º de setembro

## Está com sede?

Leitura:
Salmo 73:23-28

*...Não há outro em quem eu me compraza na terra.*
—Salmo 73:25

Os especialistas na área da saúde aconselham a tomar pelo menos dois litros de água por dia. Isso pode reduzir o risco de ataque cardíaco, dar um ar saudável à pele e ajudar a perder peso. Deveríamos tomar ainda mais água ao fazermos exercícios ou se vivemos num clima quente ou seco. Ainda que não sintamos sede, devemos tomar água de qualquer maneira.

Nossa sede por Deus é ainda mais benéfica e necessária. Quando estamos espiritualmente sedentas, ansiamos por ouvi-lo falar por meio de Sua Palavra e buscamos até por uma gota de conhecimento a Seu respeito. Ao exercitarmos a nossa fé dessa nova maneira, queremos estar perto dele e receber Suas forças. Esta sede pode aumentar quando vemos como as pessoas ao nosso redor vivem em pecado ou quando nos conscientizamos de nosso próprio pecado e da necessidade que temos do Senhor.

A sede espiritual é uma metáfora usada em toda a Escritura Sagrada. Asafe tinha sede por respostas para as perguntas que fez em seus salmos. Quando viu como os ímpios prosperavam, clamou a Deus para entender o porquê (Salmo 73:16). Encontrou forças no seu Senhor e compreendeu que não desejava nada mais além dele (vv.25,26).

Se estivermos espiritualmente sedentas, podemos seguir o exemplo de Asafe e nos aproximar de Deus (v.28). Ele nos satisfará e nos, dará ao mesmo tempo, maior sede por Ele. —*Anne Cetas*

*A sede pela presença de Deus só pode ser satisfeita por Cristo, a Água Viva.*

## 2 de setembro

## Pontos cegos

Leitura:
Deuteronômio 6:1-9

*Estas palavras que, hoje, te ordeno estarão no teu coração.*
—Deuteronômio 6:6

Quando estava aprendendo a dirigir, o instrutor me deu um bom conselho: "você pensa que quando olha pelo espelho retrovisor sabe o que está do seu lado esquerdo, mas a sua visão é limitada. Sempre olhe por cima dos seus ombros, antes de passar para uma outra pista. Pode ser que haja um carro que não aparece no seu retrovisor". Esta sábia instrução me poupou de acidentes graves, sobre os quais nem gosto de pensar.

Moisés recebeu sábias instruções para o povo de Israel. Eles deveriam fazer do estudo e meditação dos mandamentos de Deus uma parte integral da sua vida. Moisés disse: "...tu as inculcarás a teus filhos, e delas falarás assentado em tua casa, e andando pelo caminho, e ao deitar-te, e ao levantar-te" (Deuteronômio 6:7). Em resumo, as palavras de Deus deveriam permear todos os aspectos da vida.

A Bíblia é o manual de instrução de Deus para a nossa jornada pela vida. Mas simplesmente possuir uma cópia das Escrituras não é o suficiente. Ela precisa ser estudada, aplicada e transmitida aos outros.

Assim como o controle dos pontos cegos de nosso campo visual deveria se tornar uma resposta automática ao dirigirmos, assim também aplicar a Palavra de Deus deveria ser nossa resposta natural ao nos confrontarmos com os perigos da vida. Isso nos ajudará a evitar um acidente espiritual. —*Dennis Fischer*

*A Bíblia lhe diz o que está errado antes de você cometer o erro!* —Moody

## 3 de setembro
## Palavras de luz

Leitura:
João 8:12-20

*...Eu sou a luz do mundo...*
—João 8:12

Jesus, um rabino itinerante da cidade de Nazaré, afirmou que era a luz do mundo. Esta foi uma reivindicação incrível feita por um homem do primeiro século, que vinha da Galileia, região obscura no Império Romano.

A Galileia não podia se orgulhar de nenhuma cultura impressionante, não foi o berço de filósofos famosos, autores de destaque ou escultores dotados. E não temos qualquer registro de que Jesus teve qualquer educação formal. Mais do que isso, Jesus viveu antes da invenção da imprensa, do rádio, televisão e do *email*. Como Ele poderia esperar que as Suas ideias circulassem ao redor do globo? Suas palavras dependiam da memória dos Seus seguidores.

Então a Luz do mundo dominou a escuridão — pelo menos parecia assim. Séculos mais tarde, nós ainda ouvimos maravilhados as palavras do Mestre, as quais o Seu Pai preservou de forma milagrosa. Sua mensagem nos tira da escuridão e nos conduz à luz da verdade de Deus. Elas cumprem a Sua promessa: "...quem me segue não andará nas trevas; pelo contrário, terá a luz da vida" (João 8:12). Quero encorajá-la a ler as palavras de Jesus nos evangelhos. Medite nelas. Absorva-as e permita que transformem a sua mente e a sua vida. Você exclamará como os contemporâneos de Jesus: "...Jamais alguém falou como este homem" (João 7:46). —*Vernon Grounds*

*Não precisamos permanecer na escuridão em relação a Deus porque Jesus é a Luz do mundo.*

## 4 de setembro

# Deus é grande e bom

Leitura:
Naum 1:1-8

*O Senhor é tardio em irar-se, mas grande em poder [...].*
*O Senhor é bom, é fortaleza no dia da angústia...*
—Naum 1:3,7

Quando ainda éramos crianças, meu irmão e eu recitávamos essa oração todas as noites antes do jantar: "Deus é grande, Deus é bom. Vamos agradecer a Ele por essa comida." Falei essas palavras por muitos anos, sem parar para considerar o que seria a vida se elas não fossem verdadeiras — se Deus não fosse grande e bom.

Sem a Sua grandeza, que mantém a ordem no universo, as galáxias seriam um ferro-velho cheio de pedaços de estrelas e planetas. E sem a Sua bondade que diz "basta" aos déspotas perversos, a terra seria um parque governado pelo maior valentão.

Aquela simples oração infantil destaca dois atributos profundos de Deus: a Sua transcendência e a Sua imanência. Transcendência significa que Sua grandeza está além da nossa compreensão. Imanência descreve como Ele está próximo de nós. A grandeza do Deus Todo-poderoso faz nos ajoelharmos em gratidão, louvor e júbilo. Aquele que está acima de tudo se humilhou e tornou-se como nós (Salmo 135:5; Filipenses 2:8).

Graças a Deus que Ele usa a Sua grandeza não para nos destruir, mas para nos salvar, e usa a Sua bondade não como uma razão para nos rejeitar, mas como uma forma de nos alcançar. —*Julie Ackerman Link*

*Ao experimentar a bondade de Deus,*
*os seus lábios ficarão cheios do Seu louvor.*

## 5 de setembro

## Dia de primavera

Leitura:
Gênesis 8:15-22

*Enquanto durar a terra, não deixará de haver sementeira e ceifa, frio e calor, verão e inverno, dia e noite.* —Gênesis 8:22

Quando ainda era menina, minha família e eu sempre festejávamos a chegada da primavera e o desabrochar das primeiras flores. Eu fazia uma cesta de papel e a enchia com todas as flores que encontrava — na maioria narcisos do prado e violetas. Então, colocava a cesta na escada da porta de entrada dos meus vizinhos, batia na porta e me escondia rapidamente por entre os arbustos. Ficava espiando quando alguém abria a porta e recolhia a surpresa que eu tinha preparado. Quando a pessoa voltava para dentro de casa, eu corria de volta para a minha.

A beleza das flores e a mudança regular das estações lembram-nos da fidelidade de Deus. Quando Noé, sua família e os animais saíram da arca depois que as águas do dilúvio haviam baixado, Deus deu a eles esta promessa: "Enquanto durar a terra, não deixará de haver sementeira e ceifa, frio e calor, verão e inverno, dia e noite" (Gênesis 8:22). E, desde então, Ele tem sido fiel em cumprir esta promessa. Deus "fez o universo" e continua "…sustentando todas as coisas pela palavra do seu poder" (Hebreus 1:2,3).

Vamos agradecer a Deus pela Sua maravilhosa criação e fidelidade em sustentar o mundo e a nós. —Anne Cetas

*Observe o esplendor da criação e diga:
"Que Deus maravilhoso!"*

## 6 de setembro

## Bom marido

Leitura:
Efésios 5:25-33

*Maridos, amai vossas mulheres,
como também Cristo amou a igreja...*
—Efésios 5:25

No início do seu casamento, o renomado pregador W. E. Sangster (1900–60) disse à sua esposa: "Não posso ser um bom marido e um bom pastor. Serei um bom pastor."

Sangster era requisitado como pregador e conferencista e muitas vezes passava muito tempo longe de casa, em viagens, para participar de conferências. Quando estava em casa, raras vezes saía com a esposa para jantar fora ou para terem uma noite de entretenimento. Também não ajudava nas tarefas da casa. O seu filho percebeu essas falhas, mas, por respeito ao pai, escreveu: "Se um 'bom marido' é um homem que ama totalmente a sua esposa [...] e se dedica a uma causa que é maior do que ambos, então meu pai foi um marido tão bom quanto um bom pastor."

Não há dúvidas de que Sangster sentia-se comprometido com a sua esposa, mas creio que poderia ter sido um marido melhor e um pastor melhor se tivesse se preocupado mais com as necessidades dela do que com a sua agenda tão atarefada.

Muitas pessoas em posições de responsabilidade têm priorizado essas exigências, algumas inevitáveis. Mas se um marido cristão toma as instruções de Paulo a sério, de amar a sua esposa "...como também Cristo amou a igreja...", ele encontrará maneiras de dedicar-se a ela, mesmo que seja em pequenas coisas. Foi assim que Cristo, o nosso exemplo, amou a igreja. —*Herb Vander Lugt*

*Alimente o seu casamento e você estará alimentando a sua alma.*

## 7 de setembro

## Meu pecado

Leitura:
Gênesis 3:1-6

*Então, a cobiça, depois de haver concebido, dá à luz o pecado; e o pecado, uma vez consumado, gera a morte.*
—Tiago 1:15

Eva explicou as normas para o tentador. Ela e Adão podiam comer os frutos de qualquer árvore do Jardim do Éden, com exceção daquela árvore em especial, no meio do jardim. Disse-lhe que somente tocá-la traria a morte a eles.

Posso imaginar Satanás jogando sua cabeça para trás e com um sorriso dizer: "...É certo que não morrereis" (Gênesis 3:4). Então afirmou que Deus os estava privando de algo bom (v.5).

Por milhares de anos, o inimigo tem repetido essa estratégia. Ele não se importa se você crê na autoridade da Bíblia, desde que consiga fazê-lo descrer que não há algo entre a sua pessoa e Deus: o pecado.

Diz-nos: "você certamente não morrerá." Esse é o tema de tantas novelas modernas. O herói e a heroína desobedecem a Deus, mas não sofrem as consequências. Nos shows de TV e nos filmes, os personagens se revoltam contra as leis morais do Senhor, e em seguida, vivem felizes para sempre. Existe até um perfume chamado *My sin* (Meu pecado). A propaganda nos diz que se trata de uma fragrância "tão sedutora, tão encantadora, tão emocionante", "que podemos chamá-la apenas de: 'Meu Pecado'". Você jamais imaginaria que o pecado é um mau cheiro nas narinas de Deus.

Ao enfrentar as tentações, você acreditará nas mentiras de Satanás ou obedecerá às advertências de Deus? —*Haddon Robinson*

*Uma mordida no pecado deixa um sabor amargo.*

## 8 de setembro

## Mão auxiliadora

Leitura:
Lucas 5:17-26

*Ao aflito deve o amigo mostrar compaixão...*
—Jó 6:14

Uma estudante universitária chamada Karen quebrou o braço no primeiro jogo de voleibol da temporada. Por causa disso não podia mais trabalhar no seu emprego de meio expediente. Para completar, seu carro deixou de funcionar. Como se tudo isso não bastasse, seu namorado parou de lhe telefonar. Essa moça se sentiu tão deprimida que começou a ficar horas sozinha no seu quarto, chorando.

Laura, uma amiga cristã do seu time de voleibol, ficou preocupada com Karen e decidiu ajudá-la. Por isso, planejou uma festa. Ela e algumas amigas reuniram dinheiro e alguns rapazes conseguiram consertar o carro de Karen. Eles encontraram um trabalho temporário no qual ela poderia trabalhar usando apenas uma das mãos. E esses amigos lhe deram entradas para que pudesse assistir ao seu herói de basquete jogar, quando o time dele viesse à cidade.

Em pouco tempo, Karen voltou a ser quem era antes. Quando perguntou o porquê fizeram tudo isso para ela, Laura pôde lhe falar do amor de Jesus.

A história de Karen lembra-me do homem paralítico que foi curado por Jesus. Os amigos do homem aflito se preocuparam tanto com ele que o trouxeram ao Salvador (Lucas 5:17-26).

Você tem alguma amiga em necessidade? Pense em algumas formas de ajudá-la. Mostre o amor de Cristo e então compartilhe o evangelho. Você nunca sabe o que poderá acontecer quando se tornar uma mão auxiliadora. —*Dave Egner*

*O amor verdadeiro transforma
as boas intenções em ações.*

## 9 de setembro
## Por quem os sinos tocam?

Leitura:
1 Coríntios 15:51-56

*…Tragada foi a morte pela vitória. Onde está, ó morte, a tua vitória? Onde está, ó morte, o teu aguilhão?* —1 Coríntios 15:54,55

No século 17, na Inglaterra, os sinos das igrejas falavam do que estava acontecendo numa paróquia. Eles anunciavam não somente os cultos religiosos, mas também casamentos e funerais.

Assim, quando John Donne, autor e decano da Catedral St. Paul se encontrava gravemente enfermo, acometido por uma praga que estava matando milhares de pessoas em Londres, ele podia ouvir os sinos anunciando uma morte após a outra. Ao escrever seus pensamentos num diário, que se tornou um clássico, Donne avisou seus leitores: "Nunca procure saber por quem os sinos tocam. Eles tocam por você."

Que verdade! Lemos na carta de Hebreus que um dia todos nós enfrentaremos a morte: "O homem está destinado a morrer uma só vez e depois disso enfrentar o juízo" (9:27).

Mas se cremos no evangelho, as notícias da morte não precisam suscitar medo. Sabemos, como Paulo nos assegurou alegremente, que com a Sua ressurreição, Jesus quebrou o poder da morte e "…trouxe à luz a vida e a imortalidade mediante o evangelho" (2 Timóteo 1:10). "…Tragada foi a morte pela vitória" de Jesus Cristo (1 Coríntios 15:54). O aguilhão da morte desapareceu (v.55).

Quando os sinos tocam para os cristãos, eles anunciam as boas-novas da vitória de Jesus sobre a morte. —*Vernon Grounds*

*A ressurreição de Cristo é a causa da nossa celebração.*

## 10 de setembro

## Como exemplos

Leitura:
1 Tessalonicenses 1

*...pastoreai o rebanho de Deus [...]
tornando-vos modelos do rebanho.*
—1 Pedro 5:2,3

Uma mãe chita (leopardo da Índia) trouxe uma pequena gazela viva para os seus filhotes e deixou-a com eles. Depois que estes fizeram diversas tentativas de ataque sem nenhum sucesso, a mãe interveio e mostrou aos pequenos como se "caça uma janta".

Observei uma técnica semelhante usada por um vendedor de seguros de vida. Depois de me contar sobre os benefícios de determinada apólice, o profissional falou de quanta cobertura ele tinha em seguro para a sua própria família. Suas palavras tiveram um novo significado porque ele demonstrou pelo próprio exemplo como sustentar adequadamente uma família.

Se queremos ensinar outras pessoas a arte de conhecer e servir a Deus, não podemos deixar de enfatizar a importância e o poder do exemplo. Foi assim que Cristo e Seus apóstolos comunicaram a mensagem. A Sua obediência a Deus foi encarnada e facilmente compreendida.

A liderança por meio do exemplo é contagiosa. Quando o apóstolo Paulo mencionou que os tessalonicenses haviam se tornado imitadores dele e do Senhor, disse: "...tornastes o modelo para todos os crentes na Macedônia e na Acaia" (1 Tessalonicenses 1:7).

A liderança é mais do que algo que vem automaticamente com um título oficial como pai, mãe, pastor ou professor. Os que querem ajudar as pessoas precisam ser, antes de mais nada, bons exemplos.

—*Mart DeHaan*

*Você não pode ensinar quem não sabe
nem guiar se não estiver junto.*

## 11 de setembro
## Cante ao Senhor

Leitura:
Salmo 30

*...Ao anoitecer, pode vir o choro,
mas a alegria vem pela manhã.*
—Salmo 30:5

A sensação descrita nesta situação parece como se um estranho batesse em sua porta. Você o deixa entrar, pois bate com insistência e não quer ir embora. É a aflição personificada.

Você pensa que ninguém vê as suas lágrimas e se sente totalmente só — mas Deus as vê e as compreende. Davi disse no Salmo 6: "...todas as noites faço nadar o meu leito, de minhas lágrimas o alago […] o Senhor ouviu a voz do meu lamento" (vv.6,8). "Contaste os meus passos quando sofri perseguições; recolheste as minhas lágrimas no teu odre; não estão elas inscritas no teu livro? (Salmo 56:8). Embora o choro possa persistir uma noite, é um hóspede transitório pois "...a alegria vem pela manhã" (Salmo 30:5).

Assim como Davi, nos lembramos de que o amor e o favor de Deus duram por toda a vida. Ele prometeu nunca nos deixar nem nos abandonar. Quando o amor de Deus vem à nossa mente, nossos sentimentos de tristeza e temor fogem. Nosso lamento se transforma em dança, a nossa veste de lamento transforma-se em veste de alegria. Podemos saudar cada dia com cânticos de louvor pela Sua misericórdia, direção e proteção. Nós nos alegramos no Seu santo nome (Salmo 30:11,12).

Não importa quais sejam as nossas circunstâncias, cantemos novamente ao Senhor! —*David Roper*

*O louvor é a voz de uma alma liberta.*

## 12 de setembro
## Conhecendo Jesus

Leitura:
2 Pedro 1:1-11

*...crescei na graça e no conhecimento de nosso Senhor e Salvador Jesus Cristo.*
—2 Pedro 3:18

Em seu livro *O Chamado*, o autor Os Guinness conta uma história sobre Arthur Burns, presidente do Banco Central dos EUA durante a década de 1970. Burns, era judeu e, começou a participar dos estudos bíblicos que ocorriam naquela época na Casa Branca. Certo dia, os participantes do grupo ouviram surpresos quando Burns orou: "Ó Deus, que venha o dia em que todos os judeus irão conhecer Jesus." Mas uma surpresa ainda maior aconteceu quando ele orou pelo tempo "em que todos os cristãos também viessem a conhecer Jesus".

Burns tocou numa verdade profunda com a qual todos nós temos que lidar. Mesmo que professemos o nome de Jesus Cristo, pode ser que os outros não estejam vendo nenhuma evidência de que realmente o conhecemos. Temos um relacionamento pessoal com Ele? Se a resposta é sim, estamos nos esforçando, orando e trabalhando para cenhecê-lo de forma mais pessoal?

Pedro, um homem que conhecia bem Jesus, disse: "...graça e paz vos sejam multiplicadas, no pleno conhecimento de Deus e de Jesus, nosso Senhor (2 Pedro 1:2). Conhecer Jesus nos deu tudo de que necessitamos para a vida e para a piedade (v.3). E conhecer Jesus nos ajudará a desenvolver traços de caráter que mostram ao mundo que estamos conectados a Ele (vv.5-8).

Podemos dizer honestamente: "Conheço Jesus melhor hoje do que ontem?" —*Dave Branon*

*Quanto melhor você conhecer Jesus em seu coração, mais o mundo o verá em sua vida.*

## 13 de setembro

# Caminhando em Suas pegadas

Leitura:
Marcos 1:16-20

*E logo [Jesus] os chamou. Deixando eles no barco a seu pai Zebedeu com os empregados, seguiram após Jesus.* —Marcos 1:20

No primeiro século, um homem judeu que quisesse se tornar discípulo de um rabino (doutor da lei) deveria deixar a família e o emprego para se unir a ele. Viveriam juntos 24 horas por dia — caminhando de um lugar a outro, ensinando e aprendendo, estudando e trabalhando. Discutiam e decoravam as Escrituras e aplicavam-nas em seu dia a dia.

O chamado do discípulo, como está descrito em antigos escritos judeus, era para "cobrir-se com o pó dos pés [do rabino]", absorvendo cada uma de suas palavras. Seguia-se o mestre tão de perto que era possível "caminhar em seu pó". Ao fazê-lo, o aprendiz se tornava semelhante ao seu mestre.

Simão, André, Tiago e João sabiam que esse era o tipo de relacionamento para o qual Jesus os estava chamando (Marcos 1:16-20). Por isso se afastaram imediatamente do seu trabalho e "o seguiram" (v.20). Por três anos, permaneceram próximos dele — ouvindo Seus ensinamentos, observando os Seus milagres, aprendendo Seus princípios e caminhando em Suas pegadas.

Como seguidores de Jesus hoje, também podemos "caminhar em Suas pegadas". Investindo o nosso tempo em estudo, em meditação da Sua Palavra e aplicando os Seus princípios à nossa vida, seremos como o nosso rabino, Jesus. —*Anne Cetas*

*A fé em Cristo não significa dar apenas um passo, é caminhar por toda a vida com Ele.*

## 14 de setembro

## *Ira ou aplauso?*

Leitura:
Jonas 3:10–4:11

*Viu Deus o que fizeram, como se converteram do seu mau caminho; e Deus se arrependeu do mal que tinha dito lhes faria...* —Jonas 3:10

Como reagimos quando Deus demonstra misericórdia àqueles que achamos que merecem ser punidos? Se ficamos ressentidos, isso pode indicar que nos esquecemos do quanto o Senhor nos perdoou.

Após Jonas ter obedecido o segundo chamado de Deus para anunciar o julgamento que Ele enviaria sobre Nínive (Jonas 3:1-4), as pessoas da cidade abandonaram os seus maus caminhos e assim o Senhor não os destruiu (v.10). A misericórdia de Deus deixou Jonas irado. Ele disse para o Senhor que temia que isso fosse acontecer e que foi por essa razão que, desde o começo, fugiu para Társis. "...Por isso, me adiantei, fugindo para Társis, pois sabia que és Deus clemente, e misericordioso, e tardio em irar-se, e grande em benignidade, e que te arrependes do mal" (4:2).

Mas o Senhor declarou a este profeta: "...e não hei de eu ter compaixão da grande cidade de Nínive, em que há mais de cento e vinte mil pessoas...?" (4:11).

A graça maravilhosa de Deus é maior do que todos os nossos pecados. "Porque pela graça sois salvos, mediante a fé; e isto não vem de vós; é dom de Deus" (Efésios 2:8). Por causa da Sua graça a nós demonstrada, deveríamos ser "...benignos, compassivos, perdoando-vos [nos] uns aos outros, como também Deus, em Cristo, vos [nos] perdoou" (Efésios 4:32).

Em vez de ficar irado quando Deus é misericordioso, deveríamos aplaudi-lo. —*David McCasland*

*Demonstremos a misericórdia aos outros, como Cristo a demonstrou por nós.*

## 15 de setembro
## Faça o trabalho pesado

Leitura:
1 Timóteo 6:6-19

*Combate o bom combate da fé. Toma posse da vida eterna, para a qual também foste chamado...* —1 Timóteo 6:12

Como já vivi por mais de 80 anos, sei que qualquer afirmação de que podemos conseguir um bom condicionamento físico sem esforço é trote. Classifico, da mesma maneira, qualquer título de sermão que promete uma forma fácil de nos tornarmos semelhantes a Cristo.

O autor Brennan Manning relata sobre um alcoólatra que pediu ao seu pastor para orar com ele a fim de ser liberto do alcoolismo. Achou que esta seria uma maneira rápida e fácil de se livrar do vício. O pastor percebeu a sua motivação e respondeu: "Tenho uma ideia melhor. Procure a instituição Alcoólicos Anônimos." Aconselhou àquele homem que seguisse o programa deles de forma diligente e que lesse a Bíblia diariamente. O pastor concluiu: "Em outras palavras, faça o trabalho pesado."

Faça o trabalho pesado — foi isso o que Paulo disse ao jovem Timóteo quando lhe falou sobre como deveria ordenar sua vida de forma que pudesse ensinar os cristãos sobre como viver. Observe os verbos ativos: segue a justiça, a piedade, a fé, o amor, a constância, a mansidão. Combate o bom combate da fé. Toma posse da vida eterna" (1 Timóteo 6:11,12).

Assim como não existe um caminho fácil para se libertar do alcoolismo, também não existe um caminho livre de esforços para nos tornarmos semelhantes a Jesus. Se realmente quisermos nos tornar como Ele, precisamos continuar fazendo o trabalho pesado. —*Herb Vander Lugt*

*Conversão é milagre de um momento; tornar-se semelhante a Cristo é trabalho de toda uma vida.*

## 16 de setembro

## "Sofro com você"

Leitura:
1 Coríntios 12:12-27

*...se um membro sofre, todos sofrem com ele...*
—1 Coríntios 12:26

Quando meus filhos eram pequenos, um deles deu uma topada com um dos dedos e fez diversas caretas de dor. Quando vi como ele tentava suportar corajosamente a agonia daqueles momentos, disse-lhe: "Filho, lamento realmente. O meu dedo está doendo por você."

Erguendo a cabeça, ele olhou para mim e respondeu: "Papai, o seu dedo não está doendo de verdade, está?"

Não, não senti qualquer dor física — mas ao dizer isso, eu estava compartilhando o seu sofrimento. Até desejei que essa dor pudesse de alguma forma ser transferida para o meu corpo. O apóstolo Paulo disse que todos os cristãos fazem parte de "um só corpo" (1 Coríntios 12:13) e se um deles sofre, todos os outros sofrem com ele (v.26).

Você fica triste quando um irmão ou irmã em Cristo está em dificuldades? Sente-se incomodado quando um cristão tropeça em algum pecado e é punido pela mão do Senhor? Sente tristeza em seu coração quando um filho de Deus está passando por águas profundas de aflição e provação? Se não, peça agora mesmo que o Senhor a ajude a tornar-se o tipo de pessoa que pode compartilhar o pesar de outros e sentir o mesmo que eles.

Sim, deveríamos estar prontos a dizer: "Eu sofro com você" a todo cristão que encontramos e que está sofrendo algum tipo de angústia.

—*Richard DeHaan*

*Empatia = a sua dor em meu coração.*

## 17 de setembro

## Magia ou milagre?

Leitura:
João 10:22-39

*...mas, se faço, e não me credes, crede nas obras;
para que possais saber e compreender que o Pai está em mim,
e eu estou no Pai.* —João 10:38

O mágico Harry Houdini muitas vezes realizou truques espetaculares. Algemado, entrava num saco e se trancava numa caixa, mas sempre conseguia sair dali sozinho. Alguns diziam que tinha poderes sobrenaturais, mas o próprio Houdini disse que todos os seus truques podiam ser explicados.

Quando um museu americano foi aberto e mostrou os segredos dos atos famosos de Houdini, muitos mágicos disseram que o código de ética fora violado, pois é proibido revelar como as mágicas são realizadas. A exposição provou que Houdini foi mágico, e não um operador de milagres. Jesus, porém, foi um operador de milagres.

Ele atribuiu Seus atos sobrenaturais ao poder de Deus e os realizou a fim de curar pessoas e provar que Ele era aquele que reivindicava ser — o Filho de Deus. Disse: "…As obras que eu faço em nome de meu Pai testificam a meu respeito […] mas, se faço, e não me credes, crede nas obras; para que possais saber e compreender que o Pai está em mim, e eu estou no Pai" (João 10:25,38).

As obras admiráveis de Jesus estabeleceram a Sua identidade na história. As obras maravilhosas que Ele realiza por meio de todos os que creem nele revelam a Sua identidade no mundo de hoje. Você já comprovou em sua vida que isso é verdade? —*David McCasland*

*Neste mundo cheio de ilusões,
Jesus nos oferece o milagre da salvação.*

## 18 de setembro
## Uma "boa" igreja

Leitura:
Atos 2:41-47

*E perseveravam na doutrina
dos apóstolos e na comunhão...*
—Atos 2:42

O pastor e autor Greg Laurie diz que as igrejas são "boas" quando praticam a adoração, evangelismo, aprendizado e o amor. Como a igreja primitiva, também hoje deveríamos praticar essas mesmas coisas.

*Adoração.* Precisamos nos reunir para praticarmos a comunhão, a Ceia do Senhor, a oração e a adoração. Deus é o foco de tudo o que fazemos em Sua igreja.

*Evangelismo.* Quando compartilhamos a Palavra, o Senhor quer aumentar o número de cristãos em Sua casa (Atos 2:47). Todos nós podemos nos envolver em difundir a Palavra de Deus, desenvolvendo amizades, dando para alguém um artigo sobre o evangelho ou compartilhando alguns versículos da Bíblia com um estranho.

*Aprendizado.* Devemos continuar a aprender a sã doutrina que é ensinada por líderes qualificados (v.42). A Bíblia está repleta com instruções para a vida e deveríamos aproveitar todas as oportunidades para aprender dela, aplicá-la em nossas vidas e ensiná-la aos outros.

*Amor.* Temos que repartir com qualquer pessoa em necessidade e desfrutar da comunhão com outros cristãos regularmente (vv.45,46). Uma igreja cujos membros adoram, evangelizam, aprendem e amam será uma "boa" igreja, efetiva na comunidade e terá a "simpatia de todo o povo" (v.47). —Anne Cetas

*Neste mundo em desespero precisamos
de igrejas que se importam.*

## 19 de setembro
# Mandamento do Senhor

Leitura:
João 21:14-22

*Disse-lhes Jesus: Vinde após mim,
e eu vos farei pescadores de homens.* —Marcos 1:17

Há muito tempo, nas margens do mar na Galileia, Jesus fez uma pergunta a Simão Pedro: "...tu me amas?..." (João 21:15-17). Então o Senhor ressurreto disse ao Seu discípulo Pedro que no futuro este apóstolo enfrentaria o martírio. E o discípulo aceitou esse destino sem se queixar.

Mas em seguida, Pedro perguntou sobre o futuro do apóstolo João (v.21). Somente podemos fazer suposições sobre o que o levou a fazer tal pergunta. Tratava-se de uma preocupação fraternal? Uma curiosidade carnal? Um ressentimento porque ele pensou que João seria poupado da morte como mártir?

Qualquer que tenha sido a motivação de Pedro, Jesus respondeu com outra pergunta que não se aplicava somente a ele, mas a qualquer discípulo: "Se eu quero que ele permaneça até que eu venha, que te importa? Quanto a ti, segue-me" (v.22). Nessa pergunta, Jesus estava dizendo em essência: "Não se preocupe com o que vai acontecer na vida de qualquer outra pessoa. A sua tarefa é continuar me seguindo fielmente."

É tão fácil deixar que o nosso relacionamento com o Senhor seja excessivamente influenciado pelo comportamento e pelas experiências de outros. Porém não devemos nos preocupar com o que Deus planejou para os outros. Por meio das vozes conflitantes que nos rodeiam, precisamos continuar ouvindo o mandamento claro do Salvador: "Siga-me!" —*Vernon Grounds*

*Para encontrar o seu caminho na vida,
siga Jesus.*

## 20 de setembro
## Por que eu?

Leitura:
Lucas 17:11-19

*Um dos dez, vendo que fora curado, voltou, dando glória a Deus em alta voz.* —Lucas 17:15

Há alguns anos, um jovem descuidado e desajustado chamado Luís se converteu a Cristo numa cruzada evangelística. Alguns dias mais tarde, ainda com aparência descuidada, foi enviado para a minha casa a fim de que eu o ajudasse a encontrar uma boa igreja. Foi assim que ele começou a ir à igreja comigo.

Embora esse jovem necessitasse e tivesse recebido muita ajuda amorosa para melhorar na aparência e em boas maneiras, havia uma característica que não mudou — seu amor imutável pelo seu Salvador.

Certo domingo, após o culto, ele correu ao meu encontro, com um olhar perplexo. E exclamou: "Por que eu? Sempre me pergunto de novo: por que eu?" E pensei: "Ó, não, ele tornou-se mais um cristão que só se queixa de tudo." Então com as mãos esticadas, prosseguiu dizendo: "De todas as pessoas do mundo que são maiores e mais inteligentes do que eu, por que Deus me escolheu?" E em seguida bateu palmas alegremente.

Com o passar dos anos, ouvi muitos cristãos, eu inclusive, especialmente em tempos difíceis, perguntar: "Por que eu?" Mas Luís foi o primeiro que ouvi fazer essa pergunta, ao falar sobre as bênçãos de Deus. Muitos outros se converteram naquela mesma noite como Luís, mas eu gostaria de saber quantos, dentre eles, fizeram humildemente essa pergunta: "Por que eu?" Que possamos fazer essa pergunta muitas vezes. —Joanie Yoder

*A gratidão deveria ser uma atitude contínua.*

## 21 de setembro
## Companheiros invisíveis

Leitura:
Hebreus 12:18-24

*...e a incontáveis hostes de anjos,
e à universal...* —Hebreus 12:22

Certo domingo de manhã, enquanto viajávamos, visitamos uma pequena igreja num vilarejo. Havia somente 15 pessoas, mas elas irradiavam muita alegria ao cantar. E o pastor ensinou sobre a Bíblia com entusiasmo. Não pude deixar de sentir pena dele e daquelas pessoas. Pareciam poucas as chances de crescer, e parecia ser um ministério desencorajador.

Mas o testemunho de um jovem seminarista mostrou-me como eu estava errado! Designado para trabalhar na capela de uma pequena vila, ele ficou desanimado quando somente duas pessoas permaneceram para a Ceia do Senhor. Lendo a liturgia, chegou nas palavras: "Portanto, com os anjos e arcanjos e todos os companheiros do céu, nós louvamos e adoramos teu glorioso nome." Essa sentença mudou tudo para ele. Disse em seu coração: "Deus, perdoa-me. Eu não sabia que estava com uma multidão tão grande de companheiros."

Quando confiamos em Cristo, nos unimos a uma hoste invisível de companheiros, e o escritor da carta de Hebreus a descreve como sendo "incontáveis hostes de anjos, e [...] universal assembleia e igreja dos primogênitos arrolados nos céus" (12:22,23). Guarde em sua mente essa realidade maravilhosa quando estiver adorando a Deus. Isso dará um significado grandioso a qualquer culto, não importa se milhares de adoradores estiverem presentes ou se apenas dois ou três ali estiverem.

—Herb Vander Lugt

*Quando os cristãos adoram a Deus aqui
na terra, as hostes do céu o adoram também.*

## 22 de setembro
## Faça o brilho aparecer

Leitura:
Jó 23:8-17

*Mas ele sabe o meu caminho; se ele me provasse, sairia eu como o ouro.* —Jó 23:10

Há muitos anos, comprei de meu vizinho um carro do ano 1964. Quanto à mecânica, o carro estava em boas condições, mas, por fora, estava bem feio. A lataria estava cheia de amassados, manchas e sujeiras haviam escurecido a cor azul-marinho original.

Com o passar do tempo, me questionei se o brilho e a beleza original do carro poderiam ser restaurados. Eu sabia que as partes amassadas podiam ser eliminadas, mas e o brilho? Então comecei a trabalhar nas piores partes. Para minha alegria, descobri que com polimento e boa porção de cera, meu pequeno carro, tão sem atração, poderia adquirir um brilho bonito.

Nós, como cristãos, temos o maravilhoso potencial de refletir a beleza de nosso Salvador. Mas o pecado deixou suas marcas em nossas personalidades e uma camada de "poeira da estrada" precisa ser removida antes que o caráter de Jesus possa ser visto em nós.

Às vezes, Deus opera essa mudança por meio de dificuldades e provações, pois a pressão tem a sua forma de soltar a sujeira da rebelião e do egoísmo. A Bíblia nos diz que a tribulação produz perseverança, caráter, esperança e confiança no Espírito Santo (Romanos 5:3-5).

Quem sabe desejemos que uma rápida lavagem no carro fizesse este trabalho — mas não há qualquer substituto para as dificuldades que podem fazer aparecer o brilho do caráter à semelhança de Cristo.
—Dennis DeHaan

*Uma joia não pode ser polida sem fricção nem um homem ser aperfeiçoado sem adversidade.*

## 23 de setembro

## Roupa suja

Leitura:
Levítico 10:8-11;
1 Coríntios 2:13-16

*…para fazerdes diferença entre o santo e o profano e entre o imundo e o limpo.* —Levítico 10:10

Sempre que meu marido e eu saímos de casa, nossa cachorra Maggie vai em busca de sapatos velhos e roupa suja. Ela se cerca das coisas que encontra e então dorme com elas bem perto de seu nariz. O cheiro familiar a conforta até regressarmos.

É claro, Maggie não compreende que está seguindo o mandamento do livro de Levítico de fazer separação entre o puro e o impuro (10:10). E ela também não sabe que está violando o mesmo. Num mundo que ainda se move no pecado muito depois da colisão catastrófica com o mal, Deus mandou que Seus seguidores vivessem de modo santo (Levítico 1:45). Distinguir entre puro e impuro é essencial nessa tarefa.

Tal discernimento requer mais do que sentidos físicos apurados. O apóstolo Paulo escreveu que o "homem natural" — isto é, um ser humano no seu estado pecaminoso — "…não aceita as coisas do Espírito de Deus […] e não pode entendê-las, porque elas se discernem espiritualmente" (1 Coríntios 2:14). É o Espírito Santo que nos provê dessa sabedoria (v.13).

Assim como Maggie encontra conforto em sapatos velhos e em meias, muitas pessoas buscam conforto em pecados velhos e sujos. Precisamos ser cuidadosas para que o nosso conforto e o consolo venham de Deus, o qual nos ama e fortalece para que façamos "…boa obra e boa palavra" (2 Tessalonicenses 2:16,17). —Julie Ackerman Link

*Não há verdadeira felicidade sem santidade e não há santidade sem Cristo.*

## 24 de setembro

### Proveniente do pó

Leitura:
Salmo 119:25-32

*Baixem sobre mim as tuas misericórdias,
para que eu viva...*
—Salmo 119:77

Sentindo-se deprimida? Lutando com um dos piores cenários da vida? Você não está sozinha. Seria fantástico se pudéssemos citar algumas palavras com conteúdo espiritual e fazer com que todos os nossos problemas desaparecessem, mas isso não acontece. A vida não consiste só de sorrisos e corações alegres — até mesmo para o povo de Deus.

Entretanto, mesmo das expressões mais sombrias da tristeza pode vir a esperança da ajuda. O desespero do salmista, registrado no Salmo 119, conduz à promessa de conforto e misericórdia. Da tribulação pode surgir nova compreensão e forças. O salmista expressou livremente seus sentimentos e a sua confiança de que Deus cuidaria dele.

"A minha alma está apegada ao pó..." (v.25). Ele fez um pedido a Deus: "A minha alma, de tristeza, verte lágrimas; fortalece-me segundo a tua palavra" (v.28). Então fala da esperança na provisão de Deus: "...percorrerei o caminho dos teus mandamentos, quando me alegrares o coração" (v.32). Mesmo em meio à profundas provações, o salmista estava comprometido a obedecer a Deus.

Sim, expresse seu desespero ao Senhor — mas não pare aí. Peça-lhe por misericórdia e forças. Comprometa-se a obedecê-lo. Agarre-se às promessas das Escrituras. Ele será fiel quando você estiver passando pelas provações. —*Dave Branon*

*Se temos esperança, podemos seguir adiante.*

## 25 de setembro
## Sendo levados

Leitura:
Hebreus 2:5-18

*Pois, tanto o que santifica como os que são santificados, todos vêm de um só. Por isso, é que ele não se envergonha de lhes chamar irmãos.* —Hebreus 2:11

Um coro de reclamação irrompeu depois que foi anunciado que o nosso voo teria um atraso de uma hora e meia porque o tempo ruim em Chicago, EUA, só permitiria a aterrissagem de alguns poucos aviões. Mas pouco tempo depois, outro anúncio alegrou essas mesmas pessoas. Disseram-nos que um emissário médico estava transportando uma medula óssea necessária para um transplante e por isso o nosso voo teria prioridade na aterrissagem em Chicago. Em poucos minutos, estávamos a caminho, "sendo transportados" para cumprir uma importante missão de outra pessoa.

Quando aterrissamos e fomos levados diretamente para determinado portão, num dos aeroportos mais movimentados do mundo, pensei em Jesus Cristo, o qual por meio da Sua morte e ressurreição nos possibilitou entrar na presença de Deus. Pela fé unicamente em Seus méritos, nos identificamos com Ele e partilhamos de tudo que Ele nos assegurou. O escritor da carta de Hebreus disse: "…conduzindo muitos filhos à glória, aperfeiçoasse, por meio de sofrimentos, o Autor da salvação deles. Pois, tanto o que santifica como os que são santificados, todos vêm de um só…" (2:10,11).

Vamos agradecer todos os dias pela obra salvadora de Jesus Cristo, cujo amor e sacrifício nos "levou" para Deus, o Pai. —*David McCasland*

*Se fôssemos merecedores de nossa própria salvação, Jesus não teria morrido.*

## 26 de setembro
## Conte com isso!

Leitura:
Gálatas 6:1-10

*...pois aquilo que o homem semear,
isso também ceifará.*
—Gálatas 6:7

Li, certa vez, um livro infantil que descreve um planeta imaginário onde tudo acontece de forma imprevisível. Por exemplo: o sol pode surgir num dia ou não e pode aparecer a qualquer hora. Em alguns dias a lua pode aparecer em seu lugar. Um dia você pode levantar e não conseguir se deitar e no outro ver que a gravidade é tão forte que nem consegue erguer os seus pés.

O biólogo escocês Henry Drummond comentou que num lugar como esse, onde não existe a lei natural, "a razão seria impossível. Se tornaria um mundo lunático com uma população de lunáticos".

Deveríamos ser agradecidos por dependermos das leis naturais que o Criador colocou em movimento. Elas são muito benéficas para nós se as reconhecermos e respeitarmos. Mas, se violarmos essas leis, sofreremos as consequências.

O mesmo acontece em relação às leis espirituais de Deus, como vemos neste texto de hoje. A pessoa que ignora os padrões divinos e satisfaz os apetites pecaminosos pode esperar destruição. Mas a pessoa que segue as orientações do Espírito Santo experimentará as bênçãos da vida eterna.

As leis de Deus nunca falham. Para melhor ou pior, você vai colher o que semear. Conte com isso! —*Richard DeHaan*

*Se semearmos sementes de pecado, poderemos contar
com uma colheita de julgamento.*

## 27 de setembro

# O lamento de Davi

Leitura:
2 Samuel 12:1-14

*Purifica-me com hissopo, e ficarei limpo; lava-me,
e ficarei mais alvo que a neve.* —Salmo 51:7

Você talvez já conheça a história. O rei Davi — governante mais ilustre de Israel e homem segundo o coração de Deus — tornou-se sedutor, adúltero, mentiroso, assassino, totalmente cruel e insensível com os seus monstruosos crimes. O monarca de Israel agora era governado pelo pecado.

Um ano havia se passado desde que Davi havia cometido adultério com Bate-Seba e arranjado a morte de seu esposo. Durante este tempo deteriorou física e emocionalmente. A sua consciência atormentada o deixava inquieto e melancólico. À noite, ele se debatia de um lado para o outro.

Quando Davi foi confrontado face a face com sua corrupção, suas defesas desmoronaram. Clamou: "Pequei contra o Senhor." E o profeta Natã disse a Davi: Também o Senhor te perdoou o teu pecado…" (2 Samuel 12:13). Apesar das consequências devastadoras do pecado, Deus assegurou-lhe o Seu perdão.

Depois de compreender a extensão do seu pecado e suas consequências, Davi escreveu o Salmo 51, um hino de arrependimento e busca pelo perdão de Deus. "Pois eu conheço as minhas transgressões […] lava-me, e ficarei mais alvo que a neve" (vv.3,7).

Você está sofrendo as consequências do pecado? Admita os seus erros e peça para que Deus purifique o seu coração. Ele lhe mostrará misericórdia e irá restaurar a sua alegria, se você se voltar para Ele.

—David Roper

*Arrepender-se significa odiar o pecado
de tal maneira a ponto de afastar-se dele.*

## 28 de setembro

## Marchar num quarto

Leitura:
Tito 1:5-16

*Porque é indispensável que o bispo seja irrepreensível como despenseiro de Deus...* —Tito 1:7

O autor e pastor Stuart Briscoe escreve sobre o funeral de um veterano de guerra no qual os seus companheiros teriam um papel especial a desempenhar no culto. Estes homens pediram que o pastor os conduzisse até onde estava o caixão para um momento de silêncio. Então, seguiram o pastor por uma porta de saída, lateral.

O plano foi executado com precisão militar, mas em lugar de conduzi-los para fora, o pastor os conduziu para uma despensa. Todos se retiraram dali embaraçados.

O pastor errou sem intenção, mas isso ilustra que os líderes devem saber para onde estão caminhando. O que vale para os líderes também vale para os seguidores.

O apóstolo Paulo deixou Tito na ilha de Creta para ser uma testemunha de Jesus Cristo. Tito estava incumbido de designar líderes para o crescente número de cristãos. Com exceção de pregar o evangelho, nada era mais importante para este jovem do que encontrar a liderança certa para eles.

Os líderes das igrejas devem cumprir os padrões apresentados na carta de Tito 1:6-9 e guiar outros a uma maior maturidade em seu relacionamento com Cristo. E os seguidores devem ajudar de forma amável aos seus líderes espirituais na realização destes objetivos.

Qualquer que seja sua condição, de líder ou seguidora, você deve saber para onde está indo — ou você acabará numa despensa.
—*Haddon Robinson*

*O único líder digno de ser seguido é aquele que está seguindo a Cristo.*

## 29 de setembro

## Vencedora

Leitura:
Filipenses 1:15-26

*Porquanto, para mim, o viver é Cristo,
e o morrer é lucro.*
—Filipenses 1:21

Elena acabara de fazer uma cirurgia por causa de um câncer e estava sozinha, entretida em seus pensamentos. Já havia enfrentado a morte anteriormente, mas sempre fora a morte de pessoas que amava — não a sua própria.

Repentinamente compreendeu que perder alguém a quem amava lhe fora mais ameaçador do que a possibilidade de perder a própria vida. Perguntou-se o porquê. Ela recorda de ter perguntado a si mesma antes da cirurgia: "Estou pronta para morrer?" A sua resposta imediata foi: "Sim, estou. Cristo é o meu Senhor e Salvador".

Certa de estar pronta para morrer, naquele momento precisava se concentrar em viver. Viveria com medo ou com fé? Então pareceu-lhe que Deus lhe dizia: "Salvei você da morte eterna. Quero salvá-la de viver com o medo." O versículo de Isaías 43:1 veio à sua mente: "...Não temas, porque eu te remi; chamei-te pelo teu nome, tu és meu".

Agora Elena testemunha: "Sim, eu sou dele! Essa realidade é mais importante do que os médicos que me dizem que estou com câncer." E acrescenta: "De qualquer forma, sou vencedora!"

A compreensão desta mulher é um eco claro das palavras de Paulo no texto de hoje: "Porquanto, para mim, o viver é Cristo, e o morrer é lucro." Vamos orar para que essas palavras ressoem em nosso coração. Essa confiança nos torna vencedoras, em qualquer situação. —*Joanie Yoder*

*Podemos realmente viver
se estivermos prontas para morrer.*

## 30 de setembro

## O melhor médico

Leitura:
Lucas 19:1-10

*Senhor, resolvo dar aos pobres a metade dos meus bens; e, se nalguma coisa tenho defraudado alguém, restituo quatro vezes mais.* —Lucas 19:8

Os médicos podem curar muitas doenças, físicas ou mentais. Mas somente Jesus pode transformar pessoas más em pessoas boas.

Um notável psiquiatra reconheceu as suas próprias limitações numa conversa com o pastor britânico William Barclay. O doutor disse: "Tudo o que um psiquiatra pode fazer é despir um homem até chegar ao seu ponto essencial, e, se este ponto essencial é mau, não há nada que possamos fazer. É então que você entra em cena."

Mais tarde, Barclay comentou: "Penso que ele quis dizer que é nesse momento que Jesus entra em ação." Zaqueu foi um homem mau que necessitava de cura interior. Como chefe dos coletores de impostos, ele podia pegar para si uma parte do que os seus subordinados haviam recolhido. Portanto, era um homem rico. Ouvira a respeito de Jesus e queria muito vê-lo e, como era de pequena estatura, subiu numa árvore para poder olhar por cima da multidão.

Creio que Zaqueu sentiu-se sobrecarregado de culpa quando Jesus olhou para cima e lhe disse que precisava ficar em sua casa. Mais tarde, ele disse a Jesus que daria metade da sua riqueza aos pobres e devolveria quatro vezes mais àqueles aos quais havia defraudado. Jesus disse: "Hoje, houve salvação nesta casa …" (Lucas 19:9). Naquele instante, Zaqueu foi curado espiritualmente.

Somente o melhor Médico pode transformar pessoas más em pessoas boas. —*Herb Vander Lugt*

*O melhor Médico poderá alcançá-lo onde você estiver.*

## 1.º de outubro

## Vidas transformadas

Leitura:
João 3:1-16

*Não te admires de eu te dizer:
importa-vos nascer de novo.*
—João 3:7

Kenneth Clark, conhecido internacionalmente pelas suas séries de televisão, viveu e morreu sem confiar em Jesus Cristo. Na sua autobiografia, ele escreveu a respeito de uma experiência religiosa impressionante que teve quando visitou uma bela igreja.

Clark escreveu: "Todo o meu ser se encheu de um tipo de alegria celestial muito mais intensa do que qualquer coisa que havia conhecido antes." Infelizmente, a "inundação da graça", como ele a descreveu, criou para ele um problema. Se permitisse que ela o influenciasse, Clark sabia que teria que haver uma mudança em sua vida. A sua família pensaria que ele perdera a cabeça. Ou quem sabe a intensa alegria provaria que se tratava apenas de uma ilusão. Então concluiu: "Estava muito absorvido pelo mundo, para mudar o meu curso."

Que tragédia! Se simplesmente tivesse respondido àquele fraco vislumbre de outro mundo! Se tivesse deixado que a sua atenção se desviasse desse mundo e se voltasse para Jesus! Então faria parte daquele mundo invisível, o qual não é uma ilusão, mas uma realidade gloriosa.

Deus pode capacitar qualquer um de nós a mudar, não importa quão profundamente absorvidos estejamos nesse mundo. O milagre do novo nascimento (João 3:5-7) ocorrerá quando dissermos sim ao agir da graça de Deus em nossas almas. —*Vernon Grounds*

*A salvação não é uma reforma,
mas uma transformação.*

## 2 de outubro

## *Quando somos imprudentes*

Leitura:
Salmo 39

*Desvia de mim o olhar, para que eu tome alento,
antes que eu passe e deixe de existir.*
—Salmo 39:13

Quando o ex-professor de Direito Phillip E. Johnson teve um derrame cerebral, ele ficou tão receoso de ficar com deficiências mentais e físicas que pediu ao médico que lhe desse uma morte sem dor. Disse: "É claro, esse foi um pensamento imprudente, mas não foi o último pensamento imprudente que tive."

Em meu ministério pastoral, ouvi alguns filhos de Deus expressarem pensamentos piores do que os de Johnson — até palavras de rebelião contra Deus.

O Salmo 39 dá conforto para pessoas que lamentam as coisas impensadas que disseram em tempos de desespero. Davi estava gravemente enfermo e desesperado quando escreveu esse salmo. Inicialmente, ficou em silêncio a fim de não falar de forma imprudente. Mas quando não conseguiu mais se calar, fez uma maravilhosa oração (vv.4-9).

Entretanto, nos versículos 10 e 11 o seu tom começa a mudar. Segundo o erudito britânico Derek Kidner, Davi falou como um imprudente, quando disse: "Desvia de mim o olhar [...] antes que eu passe e deixe de existir" (v.13). Este rei expressou uma atitude sem esperança com relação à morte e disse a Deus: "Deixe-me sozinho." Kidner comenta que o Senhor pode ter incluído essa oração na Bíblia para nos assegurar de que quando falamos coisas imprudentes em momentos de desespero, Ele nos compreende. E quando lhe pedimos perdão, Ele nos perdoa graciosamente. —*Herb Vander Lugt*

*A nossa língua pode ser o nosso pior inimigo.*

## 3 de outubro

## Cuidado!

Leitura:
2 Pedro 3:10-18

*...prevenidos [...] acautelai-vos; não suceda que, arrastados pelo erro desses insubordinados, descaiais da vossa própria firmeza.* —2 Pedro 3:17

A vida diária é perigosa. Essa é a tese do livro de Laura Lee "*100 Most Dangerous things in everyday life: and what you can do about them*" (As 100 coisas mais perigosas da vida e o que você pode fazer a respeito, inédito). Trata-se de um olhar irônico para as ameaças despercebidas na vida, como os carrinhos de supermercados (que causam anualmente 27.600 ferimentos nos EUA) e lava-louças (que ferem mais de 7 mil americanos por ano). Uma das razões para escrever esse livro, diz a autora, foi "zombar da cultura do medo".

Por outro lado, Jesus Cristo chama os Seus seguidores a um estilo corajoso de vida de fé, no qual o objetivo não é evitar danos pessoais, mas cumprir a missão de Deus no mundo.

O apóstolo Pedro descreveu de forma vívida o Dia do Senhor, o qual trará o fim dos tempos, como o conhecemos (2 Pedro 3:10). Mas em vez de esmorecer de apreensão, Pedro disse que deveríamos estar cheios de expectativa (v.14). E admoestou a respeito daqueles que distorcem as Escrituras: "Vós, pois, amados, prevenidos como estais de antemão, acautelai-vos; não suceda que, arrastados pelo erro desses insubordinados, descaiais da vossa própria firmeza" (v.17).

A preocupação correta ajuda a nos proteger, mas a errada nos paralisa. Deveríamos ter mais medo de não viver confiando completamente em Deus. —*David McCasland*

*O poder de Cristo em você é maior do que o poder do mal ao seu redor.*

## 4 de outubro
## Com um propósito

Leitura:
Gênesis 50:15-21

*Sabemos que todas as coisas cooperam para o bem daqueles que amam a Deus, daqueles que são chamados segundo o seu propósito.* —ROMANOS 8:28

Quando um caubói quis fazer uma apólice de seguro, o corretor lhe perguntou: "Você alguma vez já teve um acidente?" Depois de uns momentos de reflexão, o requerente respondeu: "Não, mas no verão passado um cavalo indomado me coiceou e quebrei duas costelas, e há alguns anos uma cascavel me picou no tornozelo."

O agente surpreso respondeu: "Você não chamaria isso de acidentes?" O caubói respondeu: "Não, porque eles fizeram de propósito!"

Essa história me lembra a verdade bíblica de que não existem acidentes na vida dos filhos de Deus. Na leitura das Escrituras de hoje, lemos como José interpretou uma experiência difícil que parecia ser uma grande calamidade. Ele foi lançado num poço e depois vendido como escravo. Esse foi um grande teste para a sua fé e do ponto de vista humano, parecia ser um caso trágico de injustiça — e não um meio providencial de bênção. Mas José mais tarde aprendeu que Deus *o tornou em bem* (Gênesis 50:20).

Você está passando por profundas águas de provação e decepção? Parece que tudo está contra você? Essas aparentes desgraças não são acidentes. O Senhor permite tais coisas com o propósito de abençoar. Por isso, confie pacientemente nele. Se você conhece o Senhor, algum dia você o louvará por tudo isso! —*Richard DeHaan*

*Deus transforma as provações em triunfos.*

## 5 de outubro

## Utilidades da seringueira

Leitura:
1 Coríntios 12:4-11

*Ora, os dons são diversos, mas o Espírito é o mesmo.
E também há diversidade nos serviços,
mas o Senhor é o mesmo.* —1 Coríntios 12:4,5

Em uma de suas navegações para o Novo Mundo, Cristóvão Colombo encontrou uma árvore notável. Ela tinha frutos redondos que pulavam como bola. O seu nome, na linguagem dos índios, era *caoutchouc* — "a árvore que chora".

A árvore recebeu esse nome porque secretava uma seiva que parecia ser lágrimas. Mais tarde se descobriu que a seiva podia ser colhida e se tornava sólida, permitindo apagar escritos a lápis — desde então a conhecemos com o nome de "seringueira".

Nos anos de 1830 descobriu-se que a borracha podia suportar temperaturas bastante baixas quando o enxofre era removido da sua composição. Isso levou a uma grande procura por ela, pois nessa mesma época foi inventado o automóvel. Mais tarde descobriram que a seiva podia ser usada para fabricar luvas cirúrgicas. A seringueira tinha múltiplas utilidades que precisaram apenas ser descobertas.

Da mesma maneira, quando consideramos os dons espirituais que nos são ensinados na Bíblia, vamos descobrir que temos mais do que apenas um. Se tentarmos novos caminhos em nosso ministério, descobriremos habilidades que antes desconhecíamos.

Quaisquer que sejam os seus dons espirituais, eles provêm do Senhor (1 Coríntios 12:4-6). Que novo ministério você deveria experimentar? Quem sabe você descobrirá um dom espiritual que nunca havia reconhecido antes. —*Dennis Fischer*

*Descubra os seus dons espirituais,
usando os talentos que Deus lhe deu.*

## 6 de outubro
# O milagre do casamento

Leitura:
Mateus 19:1-8

*E disse o homem: Esta, afinal,
é osso dos meus ossos e carne da minha carne...*
—Gênesis 2:23

Quando fez a cerimônia do nosso casamento, o pastor Howard Sugden enfatizou que estávamos participando de um milagre. Acreditamos nisso, mas não compreendia o tamanho do milagre necessário para fazer duas pessoas permanecerem unidas, muito menos para fazer com que os dois se tornassem um.

Após 20 anos, compreendo que o casamento, não a cerimônia em si, foi o verdadeiro milagre. Todos podem ter uma cerimônia, mas somente Deus pode criar um casamento.

Uma definição de casamento é "uma união feita com dedicação ou com teimosia". Para alguns casais, "teimosia" é uma descrição mais exata para o seu relacionamento do que "dedicação".

Deus tem algo muito melhor em mente para nós do que recusa teimosa do divórcio. A união num casamento é tão forte que nos tornamos "uma só carne". Deus quer que o casamento seja como era quando criou Adão e Eva (Gênesis 2:21-24). Foi isso o que Jesus explicou aos fariseus quando lhe perguntaram: "É permitido ao homem divorciar-se de sua mulher por qualquer motivo?" (Mateus 19:3). Jesus respondeu: "...o homem [...] se unirá a sua mulher, tornando-se os dois uma só carne" (v.5).

Confiar sua vida a outro é sem dúvida um ato de fé que requer uma crença em milagres. Graças a Deus que Ele age para criar casamentos.

—Julie Ackerman Link

*Um casamento feliz é a união
de duas pessoas que sabem perdoar.*

## 7 de outubro

## *Espírito certo*

Leitura:
Lucas 12:4-7

*...temei aquele que [...] tem poder para lançar no inferno [...] Não temais! Bem mais valeis do que muitos pardais.* —Lucas 12:5

Certa vez li algo de teologia no para-choque de um carro, à minha frente. Dizia: "Se você for para o inferno, não culpe Jesus!" A frase, aparentemente, foi uma tentativa de evangelizar por parte do motorista. Dei-lhe crédito pela tentativa, mas me perguntei se os que leram a admoestação sentiram que ela fora colocada ali com amor.

O reverendo Newman Smith teve uma disputa doutrinária com o pregador Robert Hall. Então Smith escreveu um panfleto criticando Hall. Incapaz de selecionar um título apropriado, ele o enviou a um amigo e pediu uma sugestão.

Smith havia escrito anteriormente um panfleto intitulado: "Venha a Jesus." Depois que seu amigo leu a crítica amarga contra Hall, ele a enviou de volta com uma pequena nota: "O título que sugiro para o seu panfleto é esse: 'Vá para o inferno'", do autor do folheto 'Venha a Jesus'".

Uma das declarações mais perturbadoras da Bíblia é a de que os homens e mulheres que rejeitam Jesus vão passar a eternidade separados de Deus. E ainda mais preocupante ainda é que tudo o que sabemos sobre o inferno veio dos lábios de Jesus. Todavia, quando Jesus falou do inferno, Ele o fez de forma amorosa.

Quando testemunhamos para o nosso próximo, deveríamos nos fazer essas perguntas: "É isso que Deus quer que eu fale?" e "É assim que Ele quer que eu fale?" —*Haddon Robinson*

*A verdade deve ser embalada na linguagem do amor.*

## 8 de outubro
## Superando o medo

Leitura:
Salmo 31:14-24

*Quanto a mim, confio em ti, Senhor.*
*Eu disse: tu és o meu Deus.* —Salmo 31:14

Muitas pessoas têm medo de voar. A ideia de serem transportadas pelo ar as deixa angustiadas. Por essa razão, a Sociedade Americana de Fobias recomenda essas técnicas para superar este medo:

• Evite açúcar e cafeína antes e durante o voo.

• Recoste-se para trás na decolagem; deixe os seus músculos relaxarem.

• Avalie o seu medo de 1 a 10. Procure ter pensamentos positivos; observe o quanto o seu medo vai diminuindo.

• Respire profundamente; feche seus olhos e estique seus braços.

• Use um elástico no seu pulso e cada vez que tiver pensamentos desagradáveis, puxe e solte-o, para afastá-los.

Essas são cinco boas sugestões. Mas tenho uma sexta que funciona com todos os tipos de medo. Na realidade, é a sugestão mais importante de todas: confie em Deus.

Foi o que Davi fez no Salmo 31. Havia uma conspiração contra ele. Seus amigos o abandonaram. O seu reinado parecia ter chegado ao fim. A morte parecia certa. Entretanto ele fez uma escolha e declarou: "Quanto a mim, confio em ti, Senhor..." (v.14).

Quando você estiver com medo, pode ser que respirar profundamente ou puxar um elástico a ajude. Mas não deixe de lado a melhor maneira de superar o medo de voar — ou qualquer outro medo. Siga o exemplo de Davi e coloque a sua confiança em Deus. —*Dave Egner*

*A fé é o antídoto de Deus para o medo.*

## 9 de outubro

## Fracos, mas fortes

Leitura:
2 Coríntios 12:1-10

*...me gloriarei nas fraquezas, para que sobre mim repouse o poder de Cristo.* —2 Coríntios 12:9

Se existe algo que detestamos mais do que a arrogância dos outros é a consciência da nossa própria fraqueza. Nós a detestamos tanto que inventamos maneiras de encobri-la.

Até mesmo o apóstolo Paulo teve que ser lembrado da sua debilidade. Ele sofria com um "espinho na carne" (2 Coríntios 12:7) e não nos contou do que se tratava. Mas o autor, J. Oswald Sanders, nos lembra de que isso doía, humilhava e limitava Paulo. Ele pediu três vezes para que o Senhor o livrasse do mesmo, mas seu pedido não foi atendido. Em vez disso, usou o espinho para aceitar a graça suficiente de Deus. "...A minha graça te basta, porque o poder se aperfeiçoa na fraqueza..." (v.9).

Paulo começou corajosamente a aceitar a sua fraqueza e a experimentar a graça do Senhor, um caminho que Sanders chama de "um processo educativo gradual" na vida do apóstolo. Sanders observa que, por fim, Paulo já não via o seu espinho como um "obstáculo limitador" mas como um "benefício celestial". E o benefício foi esse: quando se sentia fraco, ele era forte no Senhor.

À medida que aceitarmos as nossas fraquezas, poderemos ser pessoas fracas em nossas próprias forças, mas fortes em Cristo. —*Joanie Yoder*

*Vemos melhor a força de Deus em nossa fraqueza.*

*10 de outubro*

## Fé e riquezas

Leitura:
Efésios 1

*...para saberdes qual é a esperança
do seu chamamento, qual a riqueza da glória
da sua herança nos santos.*
—Efésios 1:18

Você quer ser rico? Você acha que a sua fé lhe trará riquezas? Que tipo de riquezas você está procurando? Tenho boas e más notícias. A boa é que a Palavra de Deus promete riquezas ao cristão. A má notícia é que elas não se relacionam ao dinheiro.

Aqui temos alguns exemplos das riquezas que podemos ter, como cristãos:

• Compreensão de Deus Pai e Deus Filho, "...tenham toda a riqueza da forte convicção do entendimento, para compreenderem plenamente o mistério de Deus, Cristo" (Colossenses 2:2,3).

• Cristo, "a esperança da glória", que vive em nós (Colossenses 1:27).

• Poder no íntimo do nosso ser "mediante o seu Espírito" (Efésios 3:16).

• Todas as nossas necessidades supridas por Deus (Filipenses 4:19).

• A "...profundidade da riqueza, tanto da sabedoria como do conhecimento de Deus" (Romanos 11:33).

• "...a redenção, pelo seu sangue, a remissão dos pecados..." que vem pela graça de Deus (Efésios 1:7).

Sim, a Palavra de Deus nos promete grandes riquezas — tesouros que não podemos adquirir com dinheiro. São essas as riquezas que devemos buscar, desfrutar e usar para glorificarmos aquele que é a sua origem; nosso Pai celestial. —*Dave Branon*

*A Palavra de Deus promete riquezas
que o dinheiro não pode comprar.*

## 11 de outubro

## Falsificação

Leitura:
2 Timóteo 3:1-5,12-17

*Mas os homens perversos e impostores irão de mal a pior, enganando e sendo enganados.* —2 Timóteo 3:13

Quando as pessoas veem hoje uma fotografia ou um vídeo, muitas vezes perguntam: "É real?" Um computador pode manipular imagens para criar uma cena de um evento que nunca aconteceu. Imagens podem ser inseridas ou removidas de fotografias. Um vídeo pode ser produzido de forma a aparentar que uma pessoa foi flagrada cometendo um crime ou realizando um ato de heroísmo. A câmera pode não mentir, mas o computador pode.

Séculos antes dessa tecnologia moderna, o apóstolo Paulo advertiu Timóteo sobre a realidade da falsificação na igreja. Disse-lhe que nos últimos dias as pessoas se ocupariam consigo mesmas, "…tendo forma de piedade, negando-lhe, entretanto, o poder…" (2 Timóteo 3:5). Enfatizou repetidas vezes a necessidade de viver uma vida piedosa, admoestando que "…perversos e impostores irão de mal a pior, enganando e sendo enganados" (v.13).

Paulo ordenou que Timóteo permanecesse nas coisas que aprendera e das quais tinha convicção (v.14). A verdadeira piedade honra e obedece a Deus enquanto as falsificações procuram prazer e ganho pessoal. Uma agrada a Deus; a outra gratifica os desejos naturais. Ambas são identificadas pelos seus atos.

Quando as pessoas nos ouvem dizer que somos cristãos, elas podem se perguntar se nossa fé é real e verdadeira. Nossas vidas vão responder a essa pergunta ao refletir a realidade de Cristo. —David McCasland

*A árvore boa não pode dar frutos ruins, nem a árvore ruim pode dar frutos bons.* —Mateus 7:18

## 12 de outubro

## Nas mãos de Deus

Leitura:
Romanos 12:9-21

*...A mim me pertence a vingança; eu é que retribuirei, diz o Senhor.* —Romanos 12:19

O mundo ficou horrorizado quando os rebeldes chechenos massacraram centenas de reféns numa escola em Beslan, Rússia. Muitas vítimas eram crianças, incluindo seis delas que pertenciam a família de dois irmãos Totiev, que eram ativos no ministério cristão.

Um dos irmãos reagiu de forma que teríamos dificuldade em imitar. Disse: "Sim, sofremos uma perda insubstituível, mas não podemos nos vingar." Ele crê no que o Senhor diz na carta de Romanos 12:19: "A mim me pertence a vingança; eu é que retribuirei...".

Alguns têm dificuldades em se livrar da amargura com relação às pequenas ofensas, e muito mais das maiores, como as ofensas que essas famílias tiveram que suportar. A atitude de Totiev foi de não permitir amargura em seu coração e não buscar a vingança. Esta atitude odeia o que é mau (v.9), mas não retribui o mal com mal (v.17). Que diferença teríamos nos casamentos, famílias, igrejas e em todos os relacionamentos se, pela capacitação do Espírito, estivéssemos cheios de uma atitude semelhante à de Cristo, atitude que coloca nas mãos de Deus as injustiças que sofremos!

Por que não fazer agora mesmo uma pausa e examinar o seu coração. Se houver alguma amargura com relação a outras pessoas ou um desejo de vingança, peça que o Espírito Santo o ajude a não se deixar vencer pelo mal, mas vencer o mal com o bem (v.21). —*Vernon Grounds*

*Algum dia os parâmetros de justiça estarão perfeitamente equilibrados.*

## 13 de outubro

## Toupeiras?

Leitura:
1 Samuel 15:13-23

*...Eis que o obedecer é melhor do que o sacrificar,
e o atender, melhor do que a gordura de carneiros.*
—1 Samuel 15:22

Enquanto cortava a nossa grama, encontrei montes de argila arenosa no que antes fora um gramado macio. Uma família de toupeiras emigrou de uma floresta dos arredores para morar no solo do nosso jardim. As pequenas criaturas estavam destruindo a grama, escavando o solo e estragando o nosso bonito terreno.

De certa forma, esta atividade ilustra o lado obscuro do coração humano. Na superfície, podemos aparentar brilho e educação. Mas a ganância, os desejos carnais, a inveja e vícios podem nos destruir interiormente. Cedo ou tarde estes pecados aparecerão.

O rei Saul tinha um problema fatal e sórdido sob a superfície — a rebelião contra Deus. Foi-lhe ordenado que não tomasse os despojos da guerra após a batalha contra os amalequitas (1 Samuel 15:3). Entretanto, depois da vitória, ele levou os israelitas a poupar o melhor dos rebanhos para si mesmos (v.9).

Quando o profeta Samuel o confrontou, Saul racionalizou dizendo que tinha poupado as ovelhas, os bois, os animais gordos e os cordeiros para sacrificá-los ao Senhor. Mas isso era uma tentativa de encobrir o seu orgulho pecaminoso, que irrompeu como um desafio ao Deus a quem dizia estar servindo.

O remédio de Deus para a rebelião é a confissão e o arrependimento. Como Saul, você pode estar racionalizando sobre o seu pecado. Confesse e abandone-o antes que seja tarde demais. —*Dennis Fischer*

*Um pecado transforma-se em dois
quando o defendemos.*

## 14 de outubro
## Para falar a verdade

Leitura:
2 Coríntios 4:3-7

*Porque não nos pregamos a nós mesmos, mas a Cristo Jesus, o Senhor...* —2 Coríntios 4:5

Quando você pensa no termo evangelismo, que figura aparece em sua mente? Um grande estádio cheio de pessoas? Um pequeno livreto com um conjunto de diagramas? Um cristão usando um alfinete com o símbolo de um peixe? Um cristão zeloso, jogando um xadrez intelectual com um oponente pagão? Um vendedor convencendo uma pessoa relutante a "experimentar Jesus".

Evangelismo é uma palavra manchada para alguns de nós. Enquanto pensamos que ele pode ser uma ideia magnífica para os outros, estamos seguros de que não o é para nós. Não fomos feitos para vendas, nem somos suficientemente espertos para jogos intelectuais com pessoas não-cristãs.

Todavia, evangelismo nada tem a ver com um vendedor que tenta levar as pessoas a comprar o que não necessitam. Nada tem a ver com agarrar as pessoas pelo colarinho e pressioná-las a aceitar uma fé que não vai além das aparências. Que acusação amarga encontramos nesta observação: "Você pode identificar as pessoas que já ouviram a mensagem de um evangelista pelo seu olhar de desinteresse."

O evangelismo significa simplesmente compartilhar com os outros o que já sabemos a respeito de Jesus. "Porque não nos pregamos a nós mesmos, mas a Cristo Jesus, o Senhor..." (2 Coríntios 4:5). Nada de truques. Nada de enganos. Fale a verdade, toda a verdade, nada mais, a não ser a verdade — com amor. Em seguida, deixe os resultados nas mãos de Deus. —*Haddon Robinson*

*Nós que conhecemos a verdade da salvação não deveríamos guardá-la para nós.*

## 15 de outubro

## Nada é sempre seguro

Leitura:
Tiago 4:13-17

*Vós não sabeis o que sucederá amanhã...*
—Tiago 4:14

Em novembro de 1975, o enorme cargueiro Edmund Fitzgerald afundou nas águas do Lago Superior, na América do Norte, durante um violento temporal. Apenas uma semana antes da tragédia, o comissário de bordo Robert Rafferty havia escrito para a sua esposa: "Talvez esteja em casa no dia 8 de novembro. Porém, nada é sempre seguro." A ironia profética das suas palavras foram escritas num artigo de jornal, onde havia a lista de 29 tripulantes que pereceram no desastre.

Não há um dia que passe sem o lembrete de que a nossa vida terrena pode terminar a qualquer momento. Tudo o que necessitamos fazer é ler o obituário do jornal. Uma mensagem transparece de forma clara: estamos aqui hoje, mas talvez não estejamos mais amanhã! "...Que é a vossa vida? Sois, apenas, como neblina que aparece por instante e logo se dissipa" (Tiago 4:14).

Então, a única certeza que temos é saber que a qualquer momento poderemos ser levados para a eternidade? Não! Cristo é a âncora da alma. Ele pagou o castigo pelos nossos pecados na cruz. Se admitirmos a nossa culpa diante de Deus e confiarmos nele, receberemos o perdão e a vida eterna. Ele prometeu que permaneceria conosco, mesmo na hora da morte.

Será que a sua vida terrena parece sem valor porque "nada é sempre seguro"? Então confie em Cristo! Ele dá uma certeza alegre com relação à eternidade que pode ser sua, agora mesmo. —*Dennis DeHaan*

*Nunca é cedo demais para aceitar a Cristo, mas qualquer momento pode ser tarde demais.*

## 16 de outubro

## A quantia certa

Leitura:
Mateus 6:5-15

*...o pão nosso de cada dia dá-nos hoje.*
—Mateus 6:11

Uma mulher, que preparava refeições para trabalhadores famintos de uma fazenda, durante a época da colheita observava como eles consumiam toda a comida até não sobrar mais nada. Então ela dizia: "Ótimo. Preparei a quantia exata."

Muitos de nós lutamos para sentir o mesmo em relação aos recursos que nos foram confiados. No final de uma refeição ou de um mês, será que realmente cremos que Deus nos deu o suficiente?

Quando oramos, "...o pão nosso de cada dia dá-nos hoje" (Mateus 6:11), o que realmente estamos esperando que Deus nos dê? Tanto quanto queremos? Ou tanto quanto necessitamos? Pessoas experientes na área da saúde dizem que uma das chaves para uma boa nutrição é comermos apenas o necessário e suficiente e não nos fartarmos de comida. Em cada área da vida, existe uma diferença entre fome genuína e um apetite insaciável. Tantas vezes queremos apenas um pouco mais.

Nos ensinamentos de Jesus sobre a oração, Ele disse: "...o vosso Pai, sabe o de que tendes necessidade, antes que lho peçais. Portanto, não vos inquieteis, dizendo: Que comeremos? Que beberemos? Ou: Com que nos vestiremos?" (Mateus 6:8,31). Quando o Senhor supre as nossas necessidades, quem sabe deveríamos ver a Sua provisão de uma nova perspectiva e expressar a nossa gratidão, dizendo: "Pai, você me deu exatamente a quantia certa." —*David McCasland*

*Quando estiver em tempo de fazer uma oração de gratidão, não se detenha.*

## 17 de outubro
## Espírito crítico

Leitura:
Mateus 7:1-5

*Não julgueis, para que não sejais julgados.*
—MATEUS 7:1

Um jovem já casado começou a frequentar uma loja de pornografia. Quando seus pais souberam disso, eles o confrontaram gentilmente e com bastante tato, sem fazer nenhuma acusação. O filho respondeu com ira e disse que não via qualquer mal no que estava fazendo. Ele os acusou de tê-lo julgado.

Com corações partidos, eles tiveram que assistir ele deixar a sua esposa, família, perder seu emprego e por fim arruinar a sua vida.

Muitas pessoas hoje diriam que seus próprios pais não tinham o direito de dar-lhes a entender que eles estavam fazendo algo errado. Quem sabe eles até citassem as palavras de Jesus: "Não julguem, para que não sejais julgados" (Mateus 7:1).

Mas a Bíblia deixa claro que somos responsáveis em confrontar com humildade a um irmão cristão quando o vemos em pecado (Gálatas 6:1,2). Esses pais estavam fazendo justamente isso, e amorosamente.

Jesus não disse que não deveríamos confrontar o pecado, mas que devemos tomar muito cuidado quando julgamos os outros. Paulo escreveu que o amor não suspeita mal (1 Coríntios 13:5). Devemos dar aos outros o benefício da dúvida, reconhecendo nossas próprias limitações. E devemos rejeitar qualquer sentimento de superioridade espiritual, para não cairmos também no pecado.

Confrontar os outros é uma responsabilidade séria. Exercite-a com cuidado e sempre tenha cuidado em julgar os outros. —*Herb Vander Lugt*

*Julgue a si mesmo antes de julgar a outro.*

## 18 de outubro

## Coragem na crise

Leitura:
Daniel 3:8-18

*...não serviremos a teus deuses, nem adoraremos
a imagem de ouro que levantaste.*
—Daniel 3:18

Ao longo dos séculos, alguns dos servos de Deus enfrentavam a possibilidade de uma morte agonizante, a não ser que renunciassem a sua fé. Sabiam que Deus poderia libertá-los, mas também sabiam que Ele, mantendo Seus próprios propósitos, poderia não responder aos pedidos deles.

No livro de Daniel, três jovens hebreus cativos enfrentaram uma escolha de vida ou morte: adorar a imagem de ouro do rei ou serem lançados na fornalha em chamas. A sua resposta foi sem hesitação: "Se o nosso Deus [...] quer livrar-nos, ele nos livrará da fornalha de fogo ardente e das tuas mãos, ó rei." Então acrescentaram: "Se não [...] não serviremos a teus deuses, nem adoraremos a imagem de ouro que levantaste" (Daniel 3:17,18).

Mas, se não! Tais palavras desafiam a nossa lealdade. Suponha que enfrentemos uma doença que nos debilite, uma desgraça vergonhosa ou que estejamos passando por uma perda dolorosa. Rogamos a Deus que intervenha — todavia em todas as circunstâncias difíceis o nosso pedido deveria vir acompanhado do pré-requisito "mas, se não!"

A nossa atitude é a mesma de Jesus no Getsêmani? "...Meu Pai, se possível, passe de mim este cálice! Todavia, não seja como eu quero, e sim como tu queres" (Mateus 26:39). Você está disposto a suportar qualquer coisa que glorifique a Deus e cumpra os Seus santos propósitos?

—*Vernon Grounds*

*Quando a convicção é profunda,
a coragem emerge para sustentá-la.*

*19 de outubro*

## Bons conselhos

Leitura:
João 10:1-15

*...ele chama pelo nome as suas próprias ovelhas
e as conduz para fora.* —João 10:3

Há anos, fui convidada para falar sobre o assunto "guiar outras pessoas". Quando estava me preparando, abri a concordância bíblica para verificar a ocorrência da palavra guiar, esperando encontrar uma enorme lista de versículos que se referisse a direção de Deus. Para minha surpresa, a palavra guiar não aparecia muitas vezes. Em contraste, encontrei a palavra guia e um bom número de versículos prometendo que o próprio Deus seria o guia do Seu povo.

Essa descoberta deu uma nova visão à minha peregrinação cristã. Lembrei-me de que as pessoas cegas necessitam de cães-guia e não cães orientadores! Mesmo que os cachorros pudessem falar, como seria insatisfatório se fossem simples orientadores, avisando os cegos à distância: "Agora tenha cuidado! Você está se aproximando de um buraco. Cuidado com a beira da calçada!"

Não, essas criaturas fiéis, mas mudas, escoltam seus companheiros cegos a cada passo do caminho, atuando como seus olhos e dirigindo-os com segurança por caminhos inseguros.

Algumas pessoas querem que Deus seja semelhante a um balcão de informações. Mas quando a nossa vista está turva e nosso caminho escuro, como muitas vezes acontece, precisamos mais do que um bom conselho — precisamos do Bom Pastor para nos guiar (João 10:3,11). Ao seguirmos a Cristo a cada dia, teremos toda a direção que sempre vamos precisar. —*Joanie Yoder*

*Procurando direção?
Siga a Cristo, o seu melhor Guia.*

## 20 de outubro
## Viver com realeza

Leitura:
Gálatas 3:19-4:7

*De sorte que já não és escravo, porém filho; e, sendo filho, também herdeiro por Deus.* —Gálatas 4:7

Há uma história antiga sobre um homem chamado Astyages que decidiu eliminar uma criança real chamada Cyrus. Ele convocou um oficial da sua corte, dando-lhe a ordem de matar o príncipe bebê. O oficial, por sua vez, levou o menino a um pastor de rebanhos, instruindo-o para abandoná-lo no alto de uma montanha para que morresse pela exposição ao clima.

Entretanto, o pastor e sua esposa acolheram o bebê e o criaram como se fosse seu próprio filho. Crescendo na casa desses humildes camponeses, o menino acreditou que eles eram os seus pais verdadeiros. Ignorava seu nascimento e sua linhagem real e, como achava que era um camponês, viveu como um deles.

Muitos cristãos falham em se apropriar da herança real que receberam em Cristo. Vivem em pobreza espiritual, quando deveriam viver com realeza espiritual. Conforme o apóstolo Paulo, os cristãos são "...filhos de Deus mediante a fé em Cristo Jesus" (Gálatas 3:26). Ele também disse: "E, porque vós sois filhos, enviou Deus ao nosso coração o Espírito de seu Filho, que clama: Aba, Pai! De sorte que já não és escravo, porém filho; e, sendo filho, também herdeiro por Deus" (Gálatas 4:6,7).

Deus nos deu tudo o que necessitamos para viver de forma vitoriosa, com vidas realizadas. Não vivamos como pessoas derrotadas.
—*Richard DeHaan*

*Um filho do Rei deveria refletir o caráter de seu Pai.*

## 21 de outubro

## Ódio perfeito

Leitura:
Salmo 97

*Vós que amais o SENHOR, detestai o mal...*
—SALMO 97:10

Diga-me o que você odeia e eu poderei dizer-lhe muita coisa a seu próprio respeito. O ódio pode ser o lado forte da justiça, mas necessita de um letreiro escrito com letras garrafais: TRATE-O COM CUIDADO.

Olive Moore, escritor do século 19, retratou essa advertência com as palavras "Tenha cuidado com o ódio [...]. Este sentimento é uma paixão que necessita cem vezes mais energia do que o amor. Guarde-o para uma causa, e não para indivíduos. Guarde-o para a intolerância, injustiça, estupidez, pois o ódio é a força do sensível. O seu poder e a sua grandeza dependem de não usá-lo de forma egoísta."

Temos a tendência de desperdiçar esse sentimento com coisas insignificantes. Comentários feitos por oponentes políticos podem fazer emergir o veneno do ódio. Cartas iradas escritas a editores muitas vezes elevam coisas secundárias a um nível de relevância por causa da patologia do ódio mal direcionado. As igrejas se dividem quando o ódio se direciona a pessoas e não contra as forças malignas ao nosso redor, que destroem a vida e a esperança.

Os metodistas eram descritos como pessoas que odiavam o pecado acima de tudo. Eles tomaram a sério a exortação do salmista: "Vós que amais o SENHOR, detestai o mal..." (Salmo 97:10) e também o profeta Amós, que incentivou seus ouvintes: "Aborrecei o mal, e amai o bem..." (Amós 5:15). —*Haddon Robinson*

*Se você não consegue odiar o que é mau,
não pode amar o que é bom.*

## 22 de outubro
## A escolha é sua

Leitura:
Josué 24:1-15

*...escolhei, hoje, a quem sirvais...*
—Josué 24:15

Quando Josué estava se aproximando do final de sua vida, reuniu os filhos de Israel em Siquém. E ali, dos lábios de um homem que estava à beira da morte, veio um apelo que moveu os corações de muitos ao longo dos séculos. Josué disse: "...escolhei, hoje, a quem sirvais..." (Josué 24:15).

Esse desafio, sob a perspectiva do Novo Testamento, sugere três lições consideráveis com relação à salvação. Primeiro, precisamos fazer uma escolha entre Deus e o diabo. Recusar a Cristo nos deixa automaticamente do lado do diabo. Jesus disse: "Quem não é por mim é contra mim..." (Mateus 12:30). Segundo, essa é uma escolha pessoal. Josué disse: "...escolhei, hoje, a quem sirvais...".

Pela fé em Jesus Cristo, podemos nascer de novo e nos tornar filhos de Deus, mas nós precisamos crer nisso. Terceiro, há uma urgência nessa escolha. "Escolham hoje", não no próximo mês, não em uma semana, nem amanhã, mas hoje.

Você já fez essa escolha tão importante? Você confiou no Senhor Jesus Cristo como seu Salvador? Se não, faça-o agora mesmo! Lembre-se, a escolha é sua. —*Richard DeHaan*

*Agora é o tempo de escolher o Senhor*
*– amanhã pode ser tarde demais.*

*23 de outubro*
# A lista de Deus

Leitura:
1 Pedro 2:9-17

*...tornai manifestos os seus feitos entre os povos, relembrai que é excelso o seu nome.* —Isaías 12:4

Deus tem uma lista de atividades a qual, segundo o autor e pastor, Max Lucado, consiste de apenas um item: "Revele a minha glória." O Senhor revela-se a si mesmo e a Sua glória por meio da criação. Mas Ele também o faz, de diversas maneiras, por intermédio de Seus filhos.

Na carta de 1 Pedro, vemos que Ele fez de nós "...raça eleita, sacerdócio real, nação santa, povo de propriedade exclusiva de Deus...". Ao falarmos aos outros que Deus nos "...chamou das trevas para a sua maravilhosa luz" e nos demonstrou misericórdia (2:9,10), o Senhor recebe a glória que pertence somente a Ele.

Por meio das nossas provações, Jesus recebe louvor, honra e glória à medida que nossa fé é refinada pelo fogo (1 Pedro 1:6,7). As pessoas estão nos observando e quando veem que resistimos à tentação, algumas irão glorificar a Deus (2:12). Nós também refletimos a Sua presença quando obedecemos as leis e autoridades por causa do Senhor (2:13).

E quando usamos os dons e habilidades que Deus nos deu para servir a outros, "...Deus [é] glorificado, por meio de Jesus Cristo, a quem pertence a glória e o domínio pelos séculos dos séculos. Amém" (1 Pedro 4:11).

O Senhor diz: "...a minha glória, pois, não a darei a outrem..." (Isaías 42:8). Se a prioridade número um de Deus é revelar a Sua glória, nós temos o privilégio e a responsabilidade, como Seus filhos, de refleti-la. —Anne Cetas

*A bondade de Deus revela a Sua glória.*

## 24 de outubro
## Quem é Deus?

Leitura:
Êxodo 3:13-22

*Disse Deus a Moisés: Eu Sou o Que Sou.*
—Êxodo 3:14

Há 3.500 anos, Moisés perguntou a Deus quem Ele era e recebeu uma resposta peculiar. "Assim dirás aos filhos de Israel: Eu Sou me enviou [...] este é o meu nome eternamente..." (Êxodo 3:14,15). Há muito tempo tenho me perguntado qual a razão de Deus chamar-se a si mesmo por esse nome, e estou aprendendo lentamente o seu significado. Uma sentença necessita apenas duas coisas para ser completa: um sujeito e um verbo. Assim, quando Deus diz que seu nome é "EU SOU", nos dá o conceito de que Ele é completo em si mesmo. Ele é sujeito e verbo. Ele é tudo que poderíamos necessitar.

Jesus colocou carne na resposta de Deus à pergunta de Moisés: "Quem é o Senhor?" Jesus deixou o céu para nos mostrar o que significa usar o nome do Pai. Ele falou aos Seus discípulos: "Eu sou o caminho, e a verdade, e a vida..." (João 14:6). Também disse: "Eu sou o pão da vida" (6:48), "Eu sou a luz do mundo" (8:12), "Eu sou o bom pastor" (10:11) e "Eu sou a ressurreição e a vida" (11:25). No livro de Apocalipse, Jesus declarou: "Eu sou o Alfa e o Ômega, o Primeiro e o Último, o Princípio e o Fim" (22:13). E disse: "...antes que Abraão existisse, Eu Sou" (João 8:58).

Se você está indagando quem é Deus, invista algum tempo para conhecer Jesus nas páginas da Sua Palavra. —*Julie Ackerman Link*

*Ele (Jesus) é a imagem do Deus invisível...*
—Colossenses 1:15

## 25 de outubro
## Mais profundo que o mar

Leitura:
Efésios 3:14-21

*...e conhecer o amor de Cristo,
que excede todo entendimento...* —Efésios 3:19

A Fossa das Marianas, é o lugar mais profundo do oceano, e localiza-se a centenas de quilômetros da costa da ilha de Guam. No dia 23 de janeiro de 1960, Jacques Piccard e Donald Walsh entraram num submersível e desceram naquela escuridão fria e solitária. Esse mergulho nas profundezas do oceano, marcou um recorde mundial que nunca mais se repetiu.

A profundeza do oceano é inimaginável. A Fossa das Marianas tem aproximadamente 11.034 metros de profundidade. A pressão da água nessa profundidade é de quase 1.100 Kg/cm$^2$. Mas ali há vida. Walsh viu peixes no fundo do oceano, sobrevivendo apesar da pressão e da escuridão.

Para a maioria de nós é difícil entender essa profundidade. Mas ainda mais difícil é compreender o amor de Deus. Paulo sentia dificuldades em descrevê-lo, mas Ele orou para que os seus leitores, de alguma forma, compreendessem a largura, o comprimento, a altura e a profundidade — e conhecessem o amor de Cristo que excede todo o entendimento (Efésios 3:18).

A razão pela qual nunca poderemos alcançar as profundezas do amor de Deus é que Ele é infinito — além de toda a possibilidade de ser medido. Se você alguma vez se sentir sozinho e sem amor, se você cair nas profundezas do desespero escuro, pense na carta de Efésios 3:18. O amor de Deus por você é mais profundo do que a Fossa das Marianas!

—*Dennis Fischer*

*Você nunca está além do alcance
do amor de Deus.*

## 26 de outubro

## Apetite

Leitura:
Salmo 119:97-104

*Quão doces são as tuas palavras ao meu paladar!
Mais que o mel à minha boca.* —Salmo 119:103

Certa mulher devia ter um desejo enorme por chocolate, pois parou numa loja em Londres e comprou todo o chocolate de uma certa marca que havia em estoque. Ela pagou em dinheiro pelas 10.656 barras desse chocolate. Ninguém se incomodou em perguntar-lhe porque ela queria tanto chocolate, mas uma pessoa comentou ironicamente: "Quem sabe ela tem apetite por doces."

O salmista também tinha "apetite" — por algo muito mais saudável do que chocolate. Ele amava a Palavra de Deus e a considerava mais doce do que o mel (Salmo 119:103). Como podemos desenvolver nosso paladar espiritual de maneira que tenhamos forte anseio pela doçura da Palavra de Deus?

Leia a Palavra. Pode parecer óbvio, mas você aprenderá a amá-la como o salmista. Invista alguns minutos todos os dias e leia uma passagem. Pense nas palavras, em seu significado e contexto.

Reflita na Palavra. Anote um versículo e leve-o consigo. Leia-o diversas vezes durante o dia. Siga o exemplo do salmista e medite nele o dia inteiro (v.97).

Aplique a Palavra. Peça a Deus que lhe mostre o que você deve compreender e como aplicá-la em sua vida hoje.

A Palavra de Deus dará a você "apetite" e sempre irá satisfazê-la.

—*Anne Cetas*

*Uma Bíblia bem lida é um sinal
de uma alma bem alimentada.*

## 27 de outubro

## Credo infantil

Leitura:
Atos 20:32-38

*Não cobiçarás.* —Romanos 7:7

Elisa Morgan, presidente de uma entidade de apoio a mães de pré-escolares, compartilhou esses pensamentos sobre a maneira como a criança vê o mundo:

*Credo de uma criança*
*Se eu o quero, é meu.*
*Se eu dou para você e mais tarde mudo de ideia, ele é meu de novo.*
*Se posso tirá-lo de você, ele é meu.*
*Se era meu há pouco tempo atrás, ele ainda é meu.*
*Se é meu, jamais será de outra pessoa, não importa o que for.*
*Se estamos construindo algo juntos, todas as partes são minhas.*
*Se parece ser meu, ele é meu.*

Quem já conheceu uma criancinha, sabe que isso é bem verdade. Esperamos ver essas características nas crianças, mas as desprezamos quando as observamos em adultos, pois as chamamos de cobiça.

O apóstolo Paulo, que antes de se tornar seguidor de Jesus tinha tido uma vida de aparente religiosidade, lutou com esse pecado (Romanos 7:7). Após ter estudado cuidadosamente a lei de Moisés, ele reconheceu o que era a cobiça. Mas Deus, em Sua graça, transformou Paulo. Em vez de permanecer cobiçoso, avarento, tornou-se alguém verdadeiramente generoso (Atos 20:33-35).

E a generosidade pode ser o teste para ver se ainda somos, ou não, crianças espirituais. Você está permitindo que o Senhor Jesus Cristo lhe dê um coração novo, generoso? Ou ainda está seguindo o "Credo de uma criança"? —*Haddon Robinson*

*A gratidão supera o egoísmo.*

## 28 de outubro
# Vingança redentora

Leitura:
Romanos 12:17-21

*...se o teu inimigo tiver fome, dá-lhe de comer; se tiver sede, dá-lhe de beber; porque, fazendo isto, amontoarás brasas vivas sobre a sua cabeça.* —Romanos 12:20

No livro *Rumores de outro mundo* (Vida, 2005), Philip Yancey conta uma história que ilustra o tipo de "vingança" mencionada por Paulo na carta de Romanos 12:20 quando disse que, ao mostrar bondade a um inimigo, iríamos acumular "brasas vivas sobre a sua cabeça".

Quando Nelson Mandela se tornou presidente da África do Sul, ele nomeou uma comissão que levaria a julgamento os culpados de atrocidades durante o regime de segregação racial. Qualquer oficial branco que voluntariamente comparecesse perante seus acusadores e confessasse sua culpa não seria punido.

Certo dia, uma mulher idosa foi confrontada com o policial que havia assassinado brutalmente o seu único filho e o seu querido esposo. Quando perguntaram o que ela queria dele, disse: "Embora eu não tenha mais família, tenho muito amor para dar."

Pediu que o policial a visitasse regularmente, a fim de que pudesse ser como uma mãe a ele. Então disse: "Gostaria de abraçá-lo, para que ele saiba que meu perdão é verdadeiro." Yancey escreve que, enquanto a mulher caminhava para o banco das testemunhas, o policial ficou tão estupefato de vergonha e remorso que desmaiou. A dor que aquela mulher provocou não foi uma vingança pecaminosa, mas fogo purificador de um amor dado por Deus, que pode conduzir ao arrependimento e à reconciliação. Isso é vingança redentora. —*Herb Vander Lugt*

*O amor cristão é generoso e perdoa.*

## 29 de outubro

## O que você disse?

Leitura:
Salmo 15

*Quem, Senhor, habitará no teu tabernáculo?*
*O que vive com integridade, e pratica a justiça...*
—Salmo 15:1,2

Em uma universidade na Califórnia, um pesquisador fez um estudo com 1.500 gerentes de negócios, o qual revelou a qualidade de mais valor num supervisor. Os empregados disseram que respeitavam um líder que demonstra competência, tem a habilidade de inspirar os trabalhadores e sabe determinar a direção.

Mas havia uma quarta habilidade que eles admiravam ainda mais — a integridade. Acima de tudo, os trabalhadores queriam um gerente cuja palavra fosse boa, alguém que fosse conhecido por sua honestidade e em quem pudessem confiar.

Embora essas respostas tivessem um significado especial para os gerentes cristãos, elas também dizem alguma coisa a todos os que afirmam ser seguidores de Jesus. A integridade deveria caracterizar todos os cristãos, qualquer que seja a sua posição.

Conforme o Salmo 15, a verdade faz parte de toda palavra e ação de uma pessoa piedosa. O Deus da Bíblia sempre cumpre a Sua Palavra, consequentemente uma pessoa piedosa será reconhecida como aquela que faz o que disse que faria.

Todos nós precisamos ter mais cuidado com a nossa integridade. Será que os que estão ao nosso redor nos admiram por nossa honestidade? O Senhor nos vê fazendo com fidelidade o que prometemos, mesmo quando dói? (Salmo 15:4). —*Mart DeHaan*

*Só cresceremos no conceito dos outros*
*quando agirmos com integridade.*

## 30 de outubro

## Vamos descansar

Leitura:
Lucas 9:1-10

*Vinde repousar um pouco, à parte, num lugar deserto...*
—Marcos 6:31

Segundo a tradição, quando o apóstolo João supervisionava a igreja em Éfeso, o seu passatempo era criar pombinhos. Diz-se que em certa ocasião, outro ancião passou por sua casa depois de caçar e viu como João estava brincando com um dos pássaros. O homem o reprovou gentilmente por investir tempo de forma tão frívola.

João olhou para o arco do caçador e observou que a corda estava solta. O ancião respondeu: "Sim, sempre solto a corda do meu arco quando não o uso. Se a corda permanecesse esticada, o arco perderia a sua flexibilidade e eu fracassaria nas caçadas." João respondeu: "E eu agora estou relaxando o arco da minha mente a fim de poder atirar melhor as flechas das verdades divinas."

Não podemos fazer o nosso trabalho da melhor maneira com nervos tensos ou gastos por causa de pressões constantes. Quando os discípulos de Jesus voltaram de uma missão cansativa de pregação, Seu Mestre reconheceu a necessidade pelo descanso e convidou-os a ir com Ele a um lugar deserto onde poderiam se recuperar (Marcos 6:31).

Passatempos, férias e toda a recreação são vitais para uma vida equilibrada e piedosa. Perdemos nossa eficácia quando mantemos nossas vidas tão cheias de atividades que sempre estamos tensos. Se não conseguimos mais relaxar, Jesus pode estar nos convidando a descansar um pouco — "Vinde repousar um pouco, à parte, num lugar deserto...". —*Dennis DeHaan*

*Se os cristãos não separam um tempo para descansar, ficarão esgotados.*

## 31 de outubro

## Homem das abóboras

Leitura:
2 Coríntios 9:6-15

*...cada um contribua segundo tiver proposto no coração,
não com tristeza [...] porque Deus ama a quem dá com alegria.*
—2 Coríntios 9:7

Numa cidade americana, as pessoas chamavam a Nick Venetucci de "O homem das abóboras". Por 50 anos, todos os outonos ele convidava milhares de crianças escolares para visitarem a sua fazenda, pegar uma abóbora de graça e levá-la para casa. Nick gostava de caminhar pelos seus campos com as crianças, ajudando-as a encontrar "aquela abóbora".

O diretor da escola de educação infantil local disse: "Ele ensinou as nossas crianças a definição de generosidade. Deu, deu, deu e nunca esperou receber algo em troca." Quando Venetucci morreu aos 93 anos, a comunidade o considerou um herói por causa da sua benevolência e espírito generoso.

Nick Venetucci compartilhou o fruto do seu trabalho porque quis. A Bíblia nos encoraja a dar dessa maneira: "Cada um contribua segundo tiver proposto no coração, não com tristeza ou por necessidade; porque Deus ama a quem dá com alegria. Deus pode fazer-vos abundar em toda graça, a fim de que, tendo sempre, em tudo, ampla suficiência, superabundeis em toda boa obra" (2 Coríntios 9:7,8).

A graça vem de Deus; o dar vem dos nossos corações. O benefício se estende a mais pessoas do que podemos imaginar. O homem das abóboras nos mostrou como. —*David McCasland*

*A mais elevada forma de doação
vem lá do fundo de um coração.*

## 1.º de novembro

## Alegria por apenas um

Leitura:
Lucas 15:1-10

*Eu vos afirmo que, de igual modo, há júbilo diante dos anjos de Deus por um pecador que se arrepende.*
—Lucas 15:10

Muitos cristãos desanimaram diante da ideia errônea de que seu testemunho para uma única pessoa não conta muito. Mas isso certamente não é o que lemos nos evangelhos. Embora o ministério público de Jesus tenha se limitado a um pouco mais de três anos, Ele nunca estava ocupado demais para lidar com uma única pessoa de cada vez.

É verdade, Jesus pregou para multidões na Judeia, alimentou 5 mil pessoas reunidas no mar da Galileia e ajudou grande número de pessoas em Cafarnaum. Porém, nunca perdeu de vista o valor de uma alma!

Ficamos encorajados quando lemos sobre a conversa dele com um homem chamado Nicodemos, à noite (João 3); do encontro com uma mulher no poço de Samaria (João 4); de Seu interesse pessoal em um homem chamado Zaqueu, que subiu numa figueira brava para poder vê-lo melhor (Lucas 19). Como ele deve ter ficado extasiado quando Jesus o destacou na multidão e disse: "Zaqueu, desça depressa, pois me convém ficar hoje em sua casa" (v.5).

Se você alguma vez sentiu o desejo de minimizar o valor do seu testemunho a uma única pessoa, lembre-se do exemplo de Jesus. A Bíblia diz que há alegria nos céus por um pecador que se arrepende.

—Richard DeHaan

*Jamais subestime o valor de uma única alma.*

## 2 de novembro
## Um grande mistério

Leitura:
Lucas 16:19-31

*Entretanto, estamos em plena confiança, preferindo deixar o corpo e habitar com o Senhor.* —2 Coríntios 5:8

Muitas pessoas gostam de mistérios. É instigante se colocar no papel de um detetive e tentar descobrir o culpado quando lemos uma história policial. Mas há situações que nunca chegaremos a resolver — até que nós mesmos as experimentemos.

Aqueles que viram com tristeza como pessoas próximas de nós morreram poderão fazer perguntas a respeito da sua nova existência. Nossos corações batem ansiosos no desejo de saber o que estão fazendo ou onde se encontram. Se essas pessoas confiaram em Jesus Cristo como Salvador, sabemos que estão no céu. Mas por ora, um véu nos separa dos nossos entes queridos e não podemos enxergar através dele.

Temos, sim, algumas pistas sobre esse mistério. Sabemos que os entes queridos que partiram e confessaram Cristo como Senhor e Salvador estão desfrutando da presença de Deus (2 Coríntios 5:8). Também sabemos que podem ser reconhecidos e estão conscientes de quem os rodeia — assim como o homem rico e o mendigo dos quais Jesus falou no evangelho de Lucas 16:22,23. E sabemos que eles ainda não receberam o corpo perfeito que hão de receber quando Cristo voltar (1 Tessalonicenses 4:13-17).

Mais do que isso, sabemos que Deus, em Seu amor e poder inigualável, está planejando uma reunião gloriosa. Nesse porvir, nosso regozijo eterno começará. A última página desse grande mistério tem um final feliz. —*Dave Branon*

*Os filhos de Deus nunca dizem adeus pela última vez.*

## 3 de novembro
# Escondendo-se de Deus

Leitura:
Gênesis 3:7-13

*Disse o Senhor Deus à mulher:
Que é isso que fizeste?* —Gênesis 3:13

Dois irmãos eram extremamente travessos e seus pais não estavam conseguindo educá-los, e pediram ao pastor para que falasse com os meninos.

O pastor falou primeiro com o mais novo. Ele queria que o rapaz pensasse sobre Deus e por isso iniciou a conversa perguntando: "Onde está Deus?" O menino não respondeu, e o pastor repetiu a pergunta num tom de voz mais severo. O rapaz novamente não respondeu. Frustrado, o pastor apontou com o dedo para o rosto do menino e gritou: "Onde está Deus?"

O garoto saiu correndo, foi para casa e se escondeu. O irmão o seguiu e perguntou: "O que aconteceu?" E ele disse: "Estamos numa enrascada. Deus está perdido e eles pensam que nós somos os culpados!"

Isso soa um pouco como a história de Adão e Eva, que se sentiram culpados e tentaram se esconder de Deus (Gênesis 3:10). Eles sabiam o que significava ter comunhão íntima com o Senhor, mas naquele instante estavam com medo. Deus os procurou e perguntou: "Que foi que vocês fizeram?" Em vez de se arrepender, Adão culpou a Deus e Eva, e Eva culpou a serpente.

Qual é a nossa atitude quando pecamos contra o Senhor? Escondemo-nos, esperando que Ele não perceba onde estamos? Mas se lhe pertencemos, Ele nos procurará. A escolha mais sábia é sairmos do esconderijo, confessarmos o pecado e restaurarmos a nossa comunhão com o Pai. —*Anne Cetas*

*O pecado traz medo;
a confissão traz liberdade.*

## 4 de novembro
## Os servos sabiam

Leitura:
João 2:1-11

*Então, ela [mãe de Jesus] falou aos serventes:
Fazei tudo o que ele vos disser.* —João 2:5

Poucas cerimônias de casamento são questão de vida ou morte, mas as pessoas envolvidas, muitas vezes, têm esse sentimento. Depois de dar três filhas em casamento, posso entender a preocupação dos pais a respeito dos preparativos para receber bem os convidados. Assim, sempre que leio sobre o casamento em Caná, no evangelho de João 2:1-11, começo a rir.

Embora os eventos me deixem alegre, o milagre de Jesus transformando a água em vinho, tinha o propósito maior de revelar a Seus discípulos que Ele era o Filho de Deus.

Muitas pessoas podem ter visto os grandes jarros de pedra serem enchidos com água. Mas foi aos servos que os encheram que o Senhor disse: "…Tirai agora e levai ao mestre-sala…" (v.8). A Bíblia diz simplesmente: "…Eles o fizeram". A obediência resoluta deles é um modelo para nós nas tarefas que Deus nos dá diariamente.

O encarregado da festa elogiou o noivo, dizendo: "…tu, porém, guardaste o bom vinho até agora". Ele não sabia da sua origem (v.10) "…o sabiam os serventes que haviam tirado a água…" (v.9).

Como eles, reconheçamos que sempre que Deus usa os nossos pequenos esforços para ajudar aos outros, isso é um milagre do Seu poder. Os servos de Caná que encheram os vasos com água sabiam que o louvor pertencia a Jesus. E nós também o sabemos. —*David McCasland*

*O grande poder de Deus merece
o nosso mais grato louvor.*

## 5 de novembro

## Lanches rápidos? Não!

Leitura:
Salmo 119:9-24

*Meditarei nos teus preceitos
e às tuas veredas terei respeito.*
—Salmo 119:15

Gosto de ver as vacas descansando nos pastos, ruminando a comida. Mas por que elas gastam tanto tempo ruminando o alimento?

Elas, primeiramente, enchem o estômago com capim e outros alimentos. Então, se deitam para um longo período de ruminação. Fazem o alimento retornar do estômago e então mastigam novamente o que já haviam comido, assimilando os seus nutrientes e transformando-os num leite rico e cremoso. Consumo de tempo? Sim. Perda de tempo? Não, se quiserem fornecer um bom leite.

A frase "ruminando o alimento" é usada para descrever o processo da meditação. O escritor do Salmo 119 obviamente praticava muita "ruminação mental" quando lia a Palavra de Deus. Para ele não havia lanches rápidos! Se seguirmos o seu exemplo com uma leitura bíblica cuidadosa, nós:

- Seremos fortalecidas para não pecar (v.11).
- Teremos prazer em aprender mais a respeito de Deus (vv.15,16).
- Descobriremos verdades espirituais maravilhosas (v.18).
- Encontraremos conselhos sábios para o viver diário (v.24).

A meditação é mais do que ler a Bíblia e crer nela. Significa aplicá-la à vida cotidiana. Não faça da Palavra de Deus um lanche rápido, um *fast-food*. Invista tempo em um longo "período de ruminação". —*Joanie Yoder*

*Para ser um cristão sadio,
não use a Bíblia como fast-food.*

## 6 de novembro

## Quem é meu próximo?

Leitura:
Lucas 10:29-37

*...Quem é o meu próximo?* —Lucas 10:29

No dia 26 de dezembro de 2004, repentinamente muitas pessoas se tornaram nossos novos vizinhos. Elas estavam com suas vidas arrasadas depois que um monstruoso *tsunami* que atingiu 12 países da Ásia, matou milhares de pessoas, amigos, parentes e cidadãos. Milhões de sobreviventes ficaram sem recursos para sobreviver. Mas como foi que eles se tornaram nossos vizinhos?

Segundo a parábola do Bom Samaritano no evangelho de Lucas 10, o próximo é aquele que demonstra misericórdia aos necessitados. Um perito na lei perguntou a Jesus: "...Quem é o meu próximo?" (v.29). Jesus lhe contou sobre um viajante ferido ao ser atacado por ladrões e que foi ignorado por um sacerdote e um levita, mas recebeu a ajuda de um samaritano. Em seguida, Jesus perguntou: "Qual destes três te parece ter sido o próximo do homem que caiu nas mãos dos salteadores?" O perito da lei respondeu corretamente: "...O que usou de misericórdia para com ele..." (vv.36,37).

As pessoas necessitadas que cruzam o nosso caminho se tornam o nosso próximo, são eles que precisamos ajudar. Muitas vezes relacionamos o conceito de próximo com proximidade geográfica. Mas, em vez disso, Jesus mostrou que devemos considerar a qualquer um que esteja em necessidade como o nosso próximo, sem levar em consideração quem são ou onde vivem.

Olhe ao seu redor. Alguém precisa de sua ajuda, misericórdia e amor. Ele é o seu novo próximo. —*Dave Branon*

*Um bom exercício para o coração:
estenda a mão e ajude o seu próximo.*

## 7 de novembro
## O Senhor, minha Rocha

Leitura:
Salmo 18:1-3

*O Senhor é a minha rocha, a minha cidadela, o meu libertador; o meu Deus, o meu rochedo em que me refugio...* —Salmo 18:2

Concluiu-se que os seres humanos raciocinam mais com o coração do que com o cérebro. Como o matemático e teólogo francês, Blaise Pascal, observou há tempos: "O coração tem razões que a razão desconhece."

Poetas, cantores, contadores de histórias e artistas sempre souberam disso. Eles usam símbolos e metáforas que falam ao nosso coração em vez de falar às nossas mentes. É por isso que as suas ideias penetram onde outros já falharam. E por esse motivo dizemos: "Uma imagem vale mais do que mil palavras." As imagens permanecem em nossas mentes quando nos esquecemos de todo o resto.

Davi escreveu: "O Senhor é a minha rocha, a minha cidadela [...] meu escudo, a força da minha salvação, o meu baluarte" (Salmo 18:2). Ele estava pensando em elementos físicos que exprimiam realidades espirituais. Cada uma dessas figuras expressa um pensamento profundo, fazendo uma ligação entre o mundo visível e o reino invisível do Espírito.

Este rei não se ateve a definições e explicações, pois as explicações podem ofuscar a imaginação. As figuras permanecem em nossas mentes — imagens que evocam mistérios, estimulam nossa imaginação e aprofundam nossa compreensão.

Davi desperta o que está profundamente escondido dentro de nós. É bom pensar bastante a respeito. O que significa para você a afirmação: Deus é a minha rocha, a minha fortaleza, meu escudo? —*David Roper*

*A fé constrói pontes sobre abismos que a razão não consegue compreender.*

## 8 de novembro

## Voltarei para vocês

Leitura:
João 14:1-6

*Não vos deixarei órfãos, voltarei para vós outros.*
—João 14:18

Ernest Shackleton chefiou uma expedição que navegou para a Antártida e seguiu para o Pólo Sul, em 1914. A expedição transcorria conforme os planos até que o gelo bloqueou o navio e despedaçou o seu casco.

Os tripulantes conseguiram chegar a uma pequena ilha com barcos salva-vidas. Prometendo que voltaria para buscá-los, Shackleton, com um pequeno grupo de homens, navegou por 1.280 quilômetros de mares perigosos até chegar à ilha Geórgia do Sul.

Tendo apenas um sextante para orientar a navegação, eles conseguiram alcançar a ilha. Shackleton conduziu o grupo por lugares íngremes e montanhosos para o porto do outro lado da ilha. Quando lá chegaram, conseguiu um navio para resgatar a sua tripulação. Este líder cumpriu a sua palavra e voltou para resgatá-los.

Jesus nos prometeu que voltaria, pouco antes de deixar os Seus discípulos, ao dizer: "E, quando eu for e vos preparar lugar, voltarei e vos receberei para mim mesmo, para que, onde eu estou, estejais vós também" (João 14:3). Após suportar os horrores da cruz, Jesus ressuscitou dos mortos e concede a vida eterna a todos os que creem nele como seu Salvador. Ele habita em nós hoje por meio do Espírito Santo — mas um dia voltará e nos reunirá em Sua presença (1 Tessalonicenses 4:15-18). Jesus cumpre a Sua palavra.

Se você pertence a Jesus, Ele voltará para você! —*Dennis Fischer*

*A segunda vinda de Cristo é tão certa quanto a primeira.*

## 9 de novembro

## Quem é bonita?

Leitura:
Gênesis 24:12-21

*Enganosa é a graça, e vã, a formosura, mas a mulher que teme ao Senhor, essa será louvada.* —Provérbios 31:30

Em seu livro *Aos olhos do Pai* (Publicações Pão Diário, 2012), Regina Franklin observa que em 1951, a Miss Suécia tinha 1,64 e pesava 68,5 quilos. Mas a Miss Suécia de 1983 era cinco centímetros mais alta e pesava 22 quilos a menos. O que significava "beleza" para uma geração parece não se aplicar à próxima.

No livro de Gênesis 24:16 lemos que Rebeca era muito bonita. Mas a beleza física não era o ponto crucial para o servo de Abraão, que havia sido enviado para achar uma esposa para Isaque.

A oração do servo nos dá uma pista importante com relação ao tipo de beleza que ele procurava para o filho do seu senhor: "...dá-me, pois, que a moça a quem eu disser: inclina o cântaro para que eu beba; e ela me responder: Bebe, e darei ainda de beber aos teus camelos, seja a que designaste para o teu servo Isaque..." (v.14).

A cortesia comum poderia ter levado Rebeca a dar água a um estrangeiro — mas dar água também aos camelos era uma questão totalmente diferente. Dez camelos sedentos poderiam beber 795 litros de água. Rebeca tinha, sem dúvida, um coração de serva.

A Bíblia nos diz que esta moça era muito bonita — mas diz muito mais a respeito da beleza de seu caráter. "Enganosa é a graça, e vã, a formosura, mas a mulher que teme ao Senhor, essa será louvada" (Provérbios 31:30). —Albert Lee

*Nada pode obscurecer a beleza que brilha do interior.*

## 10 de novembro
## Deuses de ouro

Leitura:
Êxodo 12:29-42

*Não terás outros deuses diante de mim.*
—Êxodo 20:3

Deus havia chamado a atenção de Faraó e dos egípcios com uma série de pragas. Agora estavam ávidos para se livrarem dos seus escravos hebreus. Mas Deus não queria que os israelitas deixassem o Egito de mãos vazias. Afinal, eles deviam 400 anos de salários aos hebreus. Assim, eles pediram aos seus antigos donos, objetos de prata e ouro, bem como roupas e estes deram ao povo o que pediram. O livro de Êxodo 12:36 diz que os israelitas despojaram os egípcios.

Entretanto, não demorou muito e o povo de Deus caiu no pecado da idolatria. Usaram o seu ouro para fazer um bezerro com o material, ao qual adoraram enquanto Moisés estava no monte Sinai recebendo a lei de Deus (32:1-4).

Essa experiência trágica destaca o cuidado que os cristãos devem ter em relação às suas posses. Há muitas coisas em nossa sociedade que podemos desfrutar, mas as coisas materiais também oferecem graves perigos quando usadas de forma impensada.

O autor Os Guinness diz que somos "livres para utilizá-las" mas "proibidos de idolatrá-las". Somos "estrangeiros e peregrinos na terra" (Hebreus 11:13) e não devemos nos encantar demasiado com as "riquezas do Egito" de maneira a nos tornarmos complacentes, esquecendo o nosso verdadeiro chamado.

Estamos usando as nossas bênçãos materiais para servir ao Senhor ou somos escravos delas? —*Haddon Robinson*

*O ouro pode ser um servo útil, mas um senhor cruel.*

## 11 de novembro

## Pessoas comuns

Leitura:
Atos 4:1-21

*...sabendo que eram homens iletrados e incultos, admiraram-se; e reconheceram que haviam eles estado com Jesus.* —Atos 4:13

O autor com grande sucesso de venda Arthur Hailey (1920–2004) disse certa vez sobre os seus personagens: "Acho que na verdade não inventei ninguém. Eu os extraí da vida real." Quando os leitores abrem um livro deste autor britânico, eles encontram pessoas ordinárias colocadas em situações extraordinárias.

No livro de Atos 4 encontramos pessoas comuns, inclusive os pescadores Pedro e João, colocadas por Deus em situações inesperadas como testemunhas da realidade do Cristo ressurreto. Esses homens, que haviam fugido quando Jesus foi preso, estavam agora enfrentando corajosamente ameaças e castigos por falarem dele a outros.

As autoridades que se opunham aos seguidores de Jesus ficaram atônitas pois "Ao verem a intrepidez de Pedro e João, sabendo que eram homens iletrados e incultos [...] reconheceram que haviam eles estado com Jesus" (v.13).

A maioria das pessoas são comuns, e vivem a realidade do trabalho, dos relacionamentos e das circunstâncias do dia a dia. As nossas oportunidades de demonstrar a realidade de Cristo às vezes podem vir camufladas por dificuldades, da mesma maneira como o foram para os discípulos no livro de Atos.

Mas, mesmo sendo pessoas ordinárias, podemos produzir um impacto extraordinário para Cristo se confiarmos no Autor das nossas circunstâncias e contarmos com o poder do Espírito Santo.
—David McCasland

*Deus está procurando pessoas comuns para fazer um trabalho extraordinário.*

## 12 de novembro
## O amor de nosso Pai

Leitura:
Oseias 11

*Eu os conduzi com laços de
bondade humana e de amor.* —Oseias 11:4

Um jovem cristão assumiu o seu papel de pai muito seriamente. Quando seu filho ainda era criança, ele o protegia. À medida que o menino cresceu, seu pai jogava futebol com ele, encorajava-o e tentava ensiná-lo a respeito de Deus e da vida. Mas nos anos da adolescência, o menino foi longe e rápido demais em direção à independência.

À semelhança do filho pródigo do evangelho de Lucas 15, ele rejeitou os valores de seu pai. Tomou decisões imprudentes e enfrentou problemas. O pai ficou profundamente decepcionado, mas nunca desistiu dele. Disse: "Não importa o que fizer, ele continua sendo meu filho. Nunca vou deixar de amá-lo. Sempre será bem-vindo em minha casa." Finalmente, chegou o dia feliz quando pai e filho se uniram novamente.

O povo nos dias de Oseias seguia um padrão semelhante. Embora Deus os tivesse libertado do Egito e cuidado deles, eles voltaram suas costas para o Senhor, e insultaram Seu nome, adorando os deuses dos canaanitas. Mas Deus continuou a amá-los e ansiava pelo retorno deles (Oseias 11:8).

Você acha que se distanciou demais de Deus a ponto de não mais poder ser restaurada? Aquele que a salvou e que se preocupa com você anseia por sua volta. Seus braços estão abertos para perdoar e aceitá-la. Ele jamais se afastará de você.

Podemos ficar contentes com o amor de nosso Pai! —*Dave Egner*

## O amor de Deus não tem limites.

## 13 de novembro
## Sintonizados

Leitura:
Atos 10:1-23

*Enquanto meditava Pedro acerca da visão, disse-lhe o Espírito: Estão aí dois homens que te procuram.* —Atos 10:19

Antes de mais nada, Deus nos fala por meio de Sua Palavra, a Bíblia. No entanto, algumas vezes, Ele nos dirige de formas que não esperávamos.

Gary Dougherty, um colega de trabalho de Ministérios Pão Diário, voltava caminhando de sua igreja para casa quando viu um jovem vindo em direção oposta. Um forte desejo impeliu Dougherty a falar com o rapaz sobre como se tornar um cristão.

Inicialmente, hesitou, mas então disse para essa pessoa totalmente estranha: "Perdoe-me, mas creio que Deus quer que eu diga a você como tornar-se cristão." O homem respondeu: "Acabei de fazer essa pergunta à mãe da minha namorada, mas ela não sabia como responder." Dougherty perguntou: "Isso significa que você quer se tornar cristão?" Ele respondeu: "Sim, eu quero!" Ainda incrédulo, Dougherty repetiu a mesma pergunta e em seguida, compartilhou com ele o plano da salvação. Naquela noite, o jovem recebeu Jesus como Salvador. Alguns podem chamar isto de coincidência, mas há um paralelo bíblico no livro de Atos 10 na experiência de Cornélio e Pedro, dois homens que estavam em contato com o Espírito de Deus.

Nem todos os cristãos têm experiências marcantes iguais a essas. Mas se a Palavra de Deus, a oração e a obediência fizerem parte das nossas vidas diariamente, estaremos afinados com o Espírito Santo que nos guia e prontos a levar o amor de Deus a outros. —Dennis DeHaan

*Quando você abre o seu coração para o Senhor,*
*Ele abre os seus olhos para os perdidos.*

## 14 de novembro
## Um passado distante

Leitura:
Atos 13:36-41

*Agora, pois, já nenhuma condenação há
para os que estão em Cristo Jesus.*
—Romanos 8:1

Segundo o novelista inglês Aldous Huxley, "não há retrocessos no tabuleiro de xadrez da vida". Mas em nossa consciência lembramo-nos de coisas que fizemos e de outras que deixamos de fazer. Nossos pecados nos preocupam, e nos fazem desejar ardentemente que, de alguma forma, possamos apagar o passado.

Por essa razão, aqueles que depositam a sua fé em Jesus podem ser gratos pela mensagem de Deus, no Antigo e no Novo Testamento. Quando Paulo pregou em Antioquia, disse: "…e, por meio dele [Jesus], todo o que crê é justificado de todas as coisas das quais vós não pudestes ser justificados pela lei de Moisés" (Atos 13:39). A lei nos condena (Romanos 7:10,11) — mas Jesus nos oferece libertação e nova vida (8:1).

Você está preocupado com o que fez no passado? Alegre-se! Deus atirou "as nossas iniquidades […] nas profundezas do mar" (Miqueias 7:19). Você continua preocupado com os seus pecados? Alegre-se! "…de nenhum modo me lembrarei dos seus pecados…" (Hebreus 10:17). E "desfaço […] os teus pecados, como a nuvem" (Isaías 44:22).

Se você colocou a sua confiança em Jesus e pediu perdão a Ele, o passado está verdadeiramente esquecido. "Quanto dista o Oriente do Ocidente, assim afasta de nós as nossas transgressões" (Salmo 103:12). Confie e alegre-se! —*Vernon Grounds*

*O perdão de Deus nos liberta
das correntes do remorso.*

## 15 de novembro
## O foco certo

Leitura:
Salmo 90

*Ensina-nos a contar os nossos dias, para que alcancemos coração sábio.* —Salmo 90:12

Chamamos os anos da velhice de "os anos do pôr do sol". Mas será que são realmente tão rosados? Para alguns, sim. Mas para muitos, mesmo para os cristãos, os anos do pôr do sol podem encher-se de nuvens de amargura ou desespero.

Para minimizar isso, devemos desde muito cedo ter o foco certo como o nosso objetivo de vida. Robert Kastenbaum compreendeu isto, e escreveu: "Sinto um crescente sentimento de responsabilidade para com o meu futuro e de todos os que cruzam o meu caminho. Que tipo de homem idoso serei se tiver a chance de alcançar uma idade avançada? A resposta a essa pergunta depende em grande parte do tipo de pessoa que sou."

Ao observar pessoas idosas contentes, aprendi que é mais o nosso foco do que os nossos sentimentos o que determina o tipo de pessoa que somos. Certa vez, visitei uma mulher piedosa de 90 anos que sentia a sua idade em cada ligamento e órgão. Ela suspirou honestamente: "A velhice não é para os fracos!" Então, como sempre, seus suspiros se transformaram em louvor à bondade de Deus. Um sentimento de gratidão que começou cedo em sua vida, dispersou as nuvens e deixou o sol brilhar.

Qual é o seu motivo de louvor hoje? Ele depende de seus sentimentos? É de gratidão por Jesus e por Seu dom de vida eterna? Se assim for, você se tornará mais doce, mais meiga, à medida que envelhecer.

—*Joanie Yoder*

*O que você será amanhã depende do seu viver nos dias de hoje.*

## 16 de novembro

## Fale e faça

Leitura:
Tiago 3:13-18

*A sabedoria, porém, lá do alto
é [...] sem fingimento.*
—Tiago 3:17

Nos antigos dramas gregos, uma pessoa por detrás de uma cortina falava as palavras enquanto outra, no palco, apenas representava o papel. Quem sabe podemos pensar sobre aquela pessoa nos bastidores como alguém que não "praticava o que pregava".

A pessoa por detrás da cortina lembra-me de um problema que nós cristãos experimentamos hoje em dia. Muitos são hábeis no uso de palavras religiosas — mas não as colocam em prática. Isso é hipocrisia.

Quando existe uma discrepância entre o que dizemos e o que fazemos, criamos confusão na mente da nossa "audiência". É por isso que muitos não-cristãos não levam a mensagem do evangelho a sério.

O cristão que causa impacto no mundo que o observa e que promove a causa de Cristo é aquele cujos atos se harmonizam com as suas palavras. Quando a carta de Tiago fala da "sabedoria que vem do alto", ele a descreve como "...pura; depois, pacífica, indulgente, tratável, plena de misericórdia e de bons frutos, imparcial, sem fingimento" (3:17).

Nosso papel como cristãos é muito diferente daquele dos antigos atores gregos. Eles tinham falantes que não atuavam e atores que não falavam. Nós devemos ser pessoas que falam e praticam a verdade.

—Richard DeHaan

*Quando as palavras e os atos são coerentes,
a mensagem é simples e clara.*

## 17 de novembro

## Sete "uns"

Leitura:
Efésios 4:1-7

*...esforçando-vos diligentemente por preservar a unidade do Espírito no vínculo da paz.* —Efésios 4:3

Você já teve um emprego onde sentiu um forte laço de união com os seus companheiros? Quem sabe se sentiu unido por um sentimento de missão ou por causa do respeito pelo seu chefe ou por crer que uma empresa próspera vai beneficiar a todos financeiramente. Quanto mais pontos de acordo existirem no grupo, mais os colegas se sentirão unidos, melhor realizarão o trabalho e menos intrigas haverá entre eles.

Todos os cristãos têm uma lista de pontos em comum que os ajuda a trabalhar juntos em espírito de união. Na carta de Efésios 4:4-6, Paulo enumerou sete destes fatores de unidade. Veja como podem ajudar a cultivar a união:

*Um só corpo* — somos uma só família unida com um só propósito.
*Um só Espírito* — temos o Espírito como nossa fonte de poder.
*Uma esperança* — olhamos para a frente, para o mesmo futuro.
*Um só Senhor* — confiamos na mesma Pessoa que nos guia.
*Uma só fé* — confiamos no sacrifício de Jesus para a nossa salvação.
*Um só batismo* — temos uma identidade singular.
*Um só Deus e Pai*— compartilhamos a mesma fonte da nossa existência.

Como tudo seria tão diferente se pudéssemos permanecer firmes nestes sete princípios. —*Dave Branon*

*Os discípulos de Cristo deveriam focar no que os une, e não no que os divide.*

## 18 de novembro
## Um mundo em angústias

Leitura:
Romanos 8:18-25

*Porque sabemos que toda a criação, a um só tempo, geme e suporta angústias até agora.* —Romanos 8:22

De vez em quando a terra emite um lamento. Às vezes é mais um grito, à semelhança de uma mãe que está em dores de parto.

Paulo disse que "…toda a criação […] geme…" (Romanos 8:22). Esses gemidos por vezes se apresentam como terremotos, desmoronamentos, ciclones ou *tsunamis*.

Uma canção de Sarah McLachlan fala dessa instabilidade e, muitas vezes, dos resultados trágicos de tais eventos geológicos. Na canção "Mundo em chamas", temos um verso que descreve uma maneira de se lidar com tragédias:

"Observo os céus e encontro um chamado; algo que eu possa fazer para mudar esse momento. Permaneça perto de mim enquanto o céu está caindo; não quero ficar sozinha."

Não estamos sozinhos ao esperarmos pela volta de Jesus, nosso Salvador. Enquanto esperamos, Ele é o nosso companheiro constante. Como a terra, clamamos e ansiamos para que Deus venha colocar tudo em ordem. Como Seus seguidores, somos chamados a esperar pacientemente (v.25) apesar de nossas incertezas terrenas. Um dia, toda a criação "…será redimida do cativeiro da corrupção, para a liberdade da glória dos filhos de Deus" (v.21).

Jesus disse que sempre estaria conosco "…todos os dias até à consumação do século" (Mateus 28:20) e podemos confiar que Ele cumprirá a Sua Palavra. —*Dave Branon*

*Jesus torna possível o nosso novo nascimento e o renascimento da natureza.*

## 19 de novembro

## Estenda a mão

Leitura:
Marcos 10:13-16

*Então, tomando-as nos braços e impondo-lhes as mãos, as abençoava.* —Marcos 10:16

Darmeisha não gostava da sua vizinha, a senhora Suzanne, mas, ainda assim, batia frequentemente à porta de sua casa. Ela era uma criança infeliz, de 8 anos, que parecia gostar de incomodar as pessoas. A maioria das suas conversas acabava quando Suzanne lhe dizia que era hora de ir para casa.

Suzanne não gostava de Darmeisha, mas sabia que a menina tinha razões para as suas atitudes, pois vivia em pobreza, não tinha pai e era negligenciada pela mãe. Suzanne pediu que o Senhor a ajudasse a amar aquela menina. Ela começou saudando-a com um sorriso e demonstrando interesse pela vida dela. Gradualmente, Darmeisha sentiu-se aceita, e ambas se tornaram amigas.

Durante a adolescência daquela menina, elas estudavam a Bíblia juntas e conversavam sobre o que significa seguir a Jesus, já que Darmeisha entregara sua vida a Ele.

Jesus tinha tempo para as crianças e se indignava (Marcos 10:14) quando os Seus discípulos as repreendiam e as afastavam dele. Ele lhes disse: "...Deixai vir a mim os pequeninos, e não os embaraceis; porque dos tais é o reino de Deus" (Lucas 18:16).

Uma pesquisa feita em 2004 mostrou que 85% dos cristãos começaram seu relacionamento com Jesus antes dos 14 anos de idade. Por isso, invista tempo com as crianças. Estenda a mão para os pequeninos. —*Anne Cetas*

*Muitas vezes encontramos a genuína fé no coração de uma criança.*

## 20 de novembro
### Não vire notícia!

Leitura:
1 Tessalonicenses 4:1-12

*Finalmente, irmãos, nós vos rogamos e exortamos […] quanto à maneira por que deveis viver e agradar a Deus…* —1 Tessalonicenses 4:1

Uma reportagem em nosso jornal local informou que uma autoestrada de alto custo, projetada para tráfego pesado ficou pronta dentro do prazo e do orçamento. Entretanto a reportagem não saiu na primeira página, mas foi encaixada numa coluna de notícias breves, em letra pequena, na página 3, seção de notícias locais. Se o projeto tivesse envolvido fraudes, atrasos e superfaturamentos, não há dúvida de que teria sido a notícia mais importante do jornal.

Decidi que a frase "Não vire notícia" pode ser bom lema para a nossa vida. Se mentimos, enganamos e roubamos, viramos notícia. Se vivemos de forma honesta e moral, nossa influência pode passar despercebida, mas será uma influência espiritual efetiva nas pessoas ao nosso redor.

Quando Paulo elogiou os cristãos em Tessalônica por demonstrarem amor uns aos outros, ele os encorajou: "…a diligenciardes por viver tranquilamente, cuidar do que é vosso e trabalhar com as próprias mãos […] de modo que vos porteis com dignidade para com os de fora…" (1 Tessalonicenses 4:11,12).

Como o nosso objetivo é agradar a Deus em tudo que fazemos (v.1), não importa se alguém nos aplaudirá ou não. Somos convocados para sermos fiéis — não famosos. Má conduta vende jornais. A honestidade e a integridade honram a Deus. Não se torne notícia! —*David McCasland*

*O aplauso do mundo não pode ser comparado com a aprovação do Senhor.*

## 21 de novembro
## Solte!

Leitura:
Hebreus 3:7-19

*...Hoje, se ouvirdes a sua voz, não endureçais
o vosso coração, como foi na provocação.* —Hebreus 3:15

Um adolescente de 14 anos de idade que vivia próximo da cidade onde moro se recusou a parar de jogar vídeo game durante o período de aula. O diretor foi chamado e, mesmo assim, ele se recusou a parar. Quando outro funcionário da escola tentou se aproximar do adolescente, ele foi agredido com pontapés e bofetadas. A polícia foi chamada, mas o jovem resistiu inflexível. Somente com muito esforço os policiais conseguiram tirar o brinquedo dele. O garoto não se machucou, mas mordeu um dos policiais.

Como é que alguém pode ser tão obstinado? Considere a teimosia de Faraó em não deixar o povo de Deus sair do Egito, apesar das inúmeras pragas que Deus enviara (Êxodo 5–9). Somente depois da sétima praga Faraó começou a ceder (9:27,28).

Faraó foi néscio em endurecer o coração em relação a Deus. Mas agora veja quem foram os que endureceram os seus corações no deserto. A carta de Hebreus 3:15,16 diz: "...Hoje, se ouvirdes a sua voz, não endureçais o vosso coração, como foi na provocação." Quem foram os que ouviram e se rebelaram? Não foram todos os que Moisés tirou do Egito? Até mesmo aqueles que viram como Deus os libertara da escravidão do Egito se rebelaram contra Deus!

Deus está falando conosco nos dias de hoje? Será que estamos nos agarrando a algum tipo de "brinquedo" e impedindo que Ele seja o Senhor das nossas vidas? —*Albert Lee*

*Deus deve governar os nossos corações,
e nossos pés devem andar em Seus caminhos.*

## 22 de novembro
### Dias difíceis

Leitura:
Salmo 23:1-6

*Bondade e misericórdia certamente me seguirão
todos os dias da minha vida…* —SALMO 23:6

Sepultamos meu sogro dois dias antes do Dia de Ação de Graças, e todo ano nesse feriado sentimos a tristeza causada por essa perda. Não há dúvidas de que o seu calendário também está marcado por alguns desses dias difíceis que trazem as lembranças de perdas que ainda doem e de pessoas das quais você ainda sente falta. Um artigo num jornal chama esses dias de "campos emocionais minados" e diz que podem ser mais difíceis de serem enfrentados quando coincidem com feriados nacionais, aniversários ou eventos significativos.

Conselheiros de pessoas que sofrem destacam que um passo positivo pode nos ajudar. Em um ano, plantamos uma árvore para marcar o dia da morte de um dos pais e o nascimento de um neto que ocorreu no mesmo dia. Financiar os estudos de alguém ou dar um presente "em memória" pode beneficiar a outros, enquanto estamos, deste modo, honrando a memória de um ente querido. Contudo uma cura espiritual profunda é um presente de Deus.

Talvez você tenha memorizado o Salmo 23, mas tente lê-lo hoje com novos olhos. Essa passagem familiar de conforto proclama: "Bondade e misericórdia certamente me seguirão todos os dias da minha vida…" (v.6). Não somente em alguns desses dias, mas em todos os dias.

Quando atravessamos o campo emocional minado pela dor das lembranças, o Bom Pastor está conosco em todos os dias difíceis.

—David McCasland

*A experiência mais doce do amor de Deus
pode ser vivenciada em tempos de tristeza.*

## 23 de novembro
## Bons trabalhadores

Leitura:
Êxodo 35:30-36:1

*Vês a um homem perito na sua obra?*
*Perante reis será posto...*
—Provérbios 22:29

Durante os primeiros anos do nosso casamento, minha esposa e eu tentamos renovar nosso apartamento escuro com papel de parede. Completamos o projeto sem grandes dificuldades. Em determinado momento, tive que tirar uma parte que fora mal colocada e comprar mais papel. Aprendi a admirar quem consegue fazer esse tipo de trabalho com habilidade.

Admiro quando vejo um carpinteiro fazer as coisas se encaixarem, sem a necessidade de medi-las várias vezes. E o motorista de caminhão que estaciona o seu grande veículo de ré, num espaço apertado, com mais facilidade do que eu estaciono um pequeno reboque numa garagem com cinco metros de largura.

Tiro meu chapéu diante do encanador que instala com facilidade um aquecedor de água numa espaço estreito, aparentemente inacessível — especialmente quando penso em toda a frustração pela qual já passei tentando instalar um pequeno filtro de água.

Na leitura bíblica de hoje lemos sobre os habilidosos projetistas e artesãos que ajudaram a construir o tabernáculo. Provérbios 22:29 diz que uma pessoa que se destaca no trabalho "perante reis será posto". E Paulo escreveu: "Tudo quanto fizerdes, fazei-o de todo o coração, como para o Senhor e não para homens" (Colossenses 3:23).

Deus se agrada com um trabalho bem feito. Ele honra bons trabalhadores e nós também deveríamos fazer o mesmo. —*Herb Vander Lugt*

*Um trabalho bem feito receberá*
*um elogio de Deus.*

## 24 de novembro
## Uma arte perdida

Leitura:
Colossenses 1:9-14

*Seja a paz de Cristo o árbitro em vosso coração [...]
e sede agradecidos.* —Colossenses 3:15

O apóstolo Paulo nunca esteve na igreja de Colossos, mas ouviu de Epafras tudo a respeito dela. Sabia que a igreja estava enfrentando ataques de falsos mestres e por isso orou fervorosamente por eles (Colossenses 1:9-14; 2:4-7).

Entre esses pedidos, Paulo disse a eles que fossem agradecidos ao Pai porque os havia resgatado, transportando-os do domínio das trevas para o reino do Seu Filho amado (1:12,13). Nós também precisamos ser agradecidos pelo que Cristo fez por nós.

A gratidão hoje parece ser uma arte perdida. O autor, Warren Wiersbe, ilustrou esse problema em seu comentário a respeito da carta de Colossenses. Falou de um estudante de seminário que fazia parte de um esquadrão de salva-vidas. Em 1860, um navio afundou à margem de um lago, e Eduardo entrou repetidas vezes nas águas geladas para resgatar 17 passageiros. Por causa disso, a sua saúde foi prejudicada de forma permanente. Alguns anos mais tarde, em seu funeral, os presentes se deram conta de que nenhuma das pessoas que ele salvara naquele acidente havia agradecido por este seu ato de bravura.

Vamos investir o tempo de nossa vida para sempre nos lembrarmos como Deus nos resgatou da morte eterna e nos deu a vida eterna por meio de Seu Filho. Asseguremo-nos de que nunca permitiremos que a gratidão a Deus se torne uma arte perdida. —*Dave Egner*

*Por meio da prática, qualquer um é capaz
de dominar a arte da gratidão.*

## 25 de novembro

## O amor além do gostar

Leitura:
1 Coríntios 13:4-8

*Amarás, pois, o Senhor, teu Deus, de todo o teu coração, de toda a tua alma e de toda a tua força.* —Deuteronômio 6:5

Desde a infância, somos incentivados a mostrar amor, seja para com os pais, os animais de estimação ou amigos e, especialmente, para com Jesus. Mas o que é o amor?

Quando pensamos no amor pensamos numa emoção, num sentimento terno, numa reação positiva. Assim, quando as Escrituras nos ordenam a amar a Deus e ao nosso próximo, ficamos confusos quanto ao que isto significa (Mateus 22:37-40).

Não podemos dar ordens aos nossos sentimentos. Uma mãe pode exigir que seu filho coma espinafre, mas não pode forçá-lo a reagir de forma positiva diante de uma porção desse vegetal.

Da mesma forma, o amor deve ser mais do que uma emoção. Uma antiga tradução do mandamento de nosso Senhor na Bíblia em inglês pode ajudar-nos a compreender o amor como um ato de escolha própria: "Vós deveríeis amar…". Isso significa decidir ser paciente, bondoso, sem interesses próprios e humilde (1 Coríntios 13:4,5). Podemos amar aos outros mesmo quando não gostamos deles, porque amar é uma questão de escolha.

Sim, podemos responder de forma obediente ao que o nosso Salvador nos ensinou a fazer. Ele sabe o que não somos capazes de fazer por conta própria. Por isso nos deu o Espírito Santo, capacitando-nos para uma vida de obediência amorosa. Com a ajuda dele, podemos aprender a amar aqueles dos quais não gostamos. Quem sabe até comecemos a gostar deles. —*Vernon Grounds*

## Amar aos outros requer um coração que obedece a Deus.

## 26 de novembro
## Para onde a morte leva?

Leitura:
1 Coríntios 15:12-26

*O aguilhão da morte é o pecado [...].*
*Graças a Deus, que nos dá a vitória por intermédio de*
*nosso Senhor Jesus Cristo.* —1 Coríntios 15:56,57

Os bárbaros germânicos conhecidos como Godos saquearam a cidade de Roma, no ano 410 depois de Cristo. Durante a invasão, muitos cristãos foram executados de forma abominável e cruel.

Em meio a essa tragédia, o grande teólogo Agostinho (354-430) escreveu sua obra clássica "A Cidade de Deus". Suas reflexões, agora com aproximadamente 16 séculos, ainda nos falam de forma viva.

Agostinho escreveu: "O fim da vida coloca a vida mais longa em igualdade com a mais curta [...]. A morte só se torna má conforme a retribuição que a segue. Então, aqueles que estão destinados a morrer não devem perguntar-se de que forma irão morrer, mas para que lugar a morte os irá conduzir."

Para os que confiam em Jesus Cristo, a morte não é um delegado nos levando a uma corte judicial, mas um servo que nos leva à presença de um Senhor amoroso. O apóstolo Paulo entendeu isso. Ele olhou para a vida e a morte sob a perspectiva de Cristo. Como sabia para onde ela o levaria, aquele homem de Deus pôde declarar corajosamente: "...Tragada foi a morte pela vitória" (1 Coríntios 15:54).

Todo cristão pode ter essa mesma coragem. Por causa da morte e ressurreição de Cristo, nós, os que confiamos nele, podemos olhar para a morte não como um ponto final, mas como uma vírgula que precede uma eternidade gloriosa com o nosso Senhor. —*Haddon Robinson*

*A morte não é um ponto final*
*– é somente uma vírgula.*

## 27 de novembro
## Maravilhosa graça

Leitura:
Efésios 2:1-10

*...mas onde abundou o pecado, superabundou a graça.* —Romanos 5:20

John Newton saiu ao mar junto com seu pai num navio mercante nos anos de 1700. Logo depois da aposentadoria do pai, Newton foi pressionado a servir num navio de guerra. Enfrentando condições intoleráveis, abandonou o serviço e pediu transferência para um navio de escravos que em breve iria para a África.

Newton se tornou insensível em relação ao tráfico de seres humanos e acabou se tornando o capitão de seu próprio navio negreiro. No dia 10 de maio de 1748, todavia, sua vida foi transformada para sempre. Seu navio enfrentou uma terrível e violenta tempestade. Quando parecia que iriam afundar, Newton gritou alto: "Senhor, tem misericórdia de nós!"

Naquela noite, em sua cabine, começou a refletir sobre a misericórdia do Senhor. Pela fé no sacrifício de Cristo por ele, John Newton experimentou a graça maravilhosa de Deus de uma forma bem pessoal. Depois de certo tempo, abandonou o comércio de escravos e entrou para o ministério cristão. Embora tenha se tornado um pregador do evangelho, ele é mais lembrado pelo hino tão conhecido: "Maravilhosa Graça". É um testemunho impressionante de sua própria experiência.

O Espírito de Deus nos convence do pecado e nos dá o poder de abandoná-lo. Quando recebemos Cristo como nosso Salvador, Ele faz por nós o que não podemos fazer com nossas próprias forças. Essa é a "maravilhosa graça". —*Dennis Fischer*

*Deus reivindica pela graça aqueles que não têm nenhum direito de reivindicar essa graça.*

## 28 de novembro
## Mudança renovadora

Leitura:
2 Coríntios 8:1-9

*Graças a Deus pelo seu dom inefável!*
—2 Coríntios 9:15

No início de outubro, os catálogos começam a encher a caixa do correio, fazendo propaganda de roupas, ferramentas, sapatos, velas, livros, música — mais do que eu necessitaria ou desejaria para mim ou para entes queridos no Natal.

Mas um catálogo que recebi em novembro do ano passado significou uma mudança renovadora. Ele estava repleto de conselhos e maneiras como as pessoas podiam dar algo para órfãos, pobres, famintos, doentes e deficientes, por meio de um ministério cristão.

A nota na capa do catálogo dizia: "Compartilhe a luz e o amor de Jesus Cristo com pessoas, cujas vidas estão repletas de escuridão e desespero." Que alívio pensar em algo maior do que comprar mais um presente para alguém que já tem tanto!

A igreja na Macedônia era generosa (2 Coríntios 8:1-6). Eles entregaram-se primeiro ao Senhor e então àqueles que precisavam de ajuda em Jerusalém. Paulo encorajou os coríntios a seguir o exemplo deles e o exemplo de Cristo, o qual, oferecendo-se a si mesmo, "…se fez pobre por amor de vós, para que, pela sua pobreza, vos tornásseis ricos" (v.9).

Você quer uma mudança renovadora em sua vida? Considere novas formas de se dar ao Senhor e àqueles em necessidade. É uma maneira significativa de agradecer a Deus "pelo dom inefável" da salvação por meio de Seu Filho. —Anne Cetas

*Dar é a verdadeira medida do amor.*

## 29 de novembro

## Acidente ou plano?

Leitura:
Romanos 1:18-20

*Os céus declaram a glória de Deus;*
*o firmamento proclama a obra das suas mãos.*
—Salmo 19:1

A Bíblia começa com uma afirmação magnífica: "No princípio criou Deus os céus e a terra…". Como essas palavras são simples, e no entanto, insondáveis!

Dyson Freeman, um dos cientistas mais brilhantes dos dias de hoje, escreve que as leis da natureza estão marcadas pela "maior simplicidade matemática e beleza". Embora eu não seja cientista ou matemático, fico intrigado com essa afirmação.

Se não há um Projetista — um Deus Criador — como é possível que o nosso Universo possa ser um sistema regido por leis e marcado pela beleza e simplicidade? Pergunto-me: Por que o nosso Universo não se encontra num caos?

A única explicação lógica para mim é o Deus da Bíblia. Como diz a carta de Romanos 1:20, "Porque os atributos invisíveis de Deus, assim o seu eterno poder, como também a sua própria divindade, claramente se reconhecem, desde o princípio do mundo, sendo percebidos por meio das coisas que foram criadas. Tais homens são, por isso, indesculpáveis."

Se a veracidade da existência de Deus explica todo o Universo, isso também deve ser uma realidade em nossa vida. Não somos um acidente, mas criaturas planejadas por um Criador com poder e sabedoria ilimitados. Olhe para Ele e para o que Ele planejou — e você vai vê-lo ali. —*Vernon Grounds*

*O projeto da criação aponta*
*para o Projetista Mestre.*

## 30 de novembro

## Graça maior

Leitura:
Romanos 3:21-30

*...pois todos pecaram e carecem da glória de Deus, sendo justificados gratuitamente, por sua graça, mediante a redenção que há em Cristo Jesus.*
—Romanos 3:23,24

Certa manhã, quando nossa neta Júlia ainda era pequena, ela e a avó estavam lendo a Bíblia juntas. Chegaram, então, ao versículo: "...pois todos pecaram e carecem da glória de Deus..." (Romanos 3:23).

Repentinamente, Júlia se levantou do sofá para buscar a Bíblia antiga e usada de meu pai, que estava guardada numa estante em meu escritório, a qual eu havia lhe mostrado naquela manhã. Eu havia dito: "Ela é muito antiga."

Ela tomou aquela Bíblia nas mãos e correu de volta para a sua avó, toda entusiasmada por ter encontrado o versículo de Romanos 3:23, e leu o versículo para ela: "...pois todos pecaram e carecem da glória de Deus...". Disse triunfante: "Sim, aqui diz a mesma coisa!"

O pecado está conosco há muito tempo e vai continuar por todo o período em que vivermos nesta terra. Mas há algo mais antigo do que o pecado, algo que o ultrapassa. Conforme a escritora de hinos, Julia Johnston, é a "maravilhosa graça de nosso amoroso Senhor, graça que excede nosso pecado e nossa culpa!" O hino conclui: "Graça, graça, a graça de Deus, graça, graça que é maior que todos os nossos pecados!"

Você já recebeu essa graça? —*David Roper*

*Graça é amor infinito que se expressa em infinita bondade.*

## 1.º de dezembro

## Quando tiver medo

Leitura:
Salmo 56

*Em me vindo o temor, hei de confiar em ti.*
—Salmo 56:3

Davi fugiu da casa dos sacerdotes, em Nobe, porque Saul o estava perseguindo incessantemente. Ele foi para Gate, o território dos inimigos, onde foi imediatamente reconhecido e levado à presença do rei Aquis.

A fama de Davi havia sido celebrada em todos os lugares, contada e cantada em prosa e verso. Ele matou milhares de filisteus (1 Samuel 21:11), e sua reputação foi conseguida à custa de mulheres e crianças enlutadas. Agora eles tinham oportunidade para se vingar.

Davi perdeu o controle de si. Aterrorizado, "...se fingia doido, esgravatava nos postigos das portas e deixava correr saliva pela barba" (v.13). Aquis pediu, com desdém, que o retirassem de sua presença (v.15). Quebrantado e totalmente humilhado, Davi fugiu para a caverna de Adulão, em Judá. Havia uma colina com muitas cavernas nas proximidades. Ele se arrastou e se escondeu em uma delas — sozinho.

Quando sentiu solidão naquela caverna, no momento de maior fraqueza em sua vida e rodeado por inimigos, começou a refletir no amor terno e fiel de Deus. Escreveu: "Em me vindo o temor, hei de confiar em ti" (Salmo 56:3). "Contaste os meus passos quando sofri perseguições; recolheste as minhas lágrimas no teu odre..." (v.8).

Quem sabe você está hoje "numa cova". Você também pode dizer: "...ponho a minha confiança e nada temerei..." (v.11). —*David Roper*

*A solidão consiste em não estar consciente daquele que está conosco em qualquer lugar.*

## 2 de dezembro

## Apenas imagine!

Leitura:
Ezequiel 1:1-5, 22-28

*…vendo isto [a glória do Senhor], caí com o rosto em terra e ouvi a voz de quem falava.* —Ezequiel 1:28

Como será quando virmos o Senhor pela primeira vez? A canção *I can only imagine* (Posso apenas imaginar), pergunta:
"Cercado por Tua glória, o que o meu coração sentirá? Será que vou dançar para ti, Jesus, ou permanecer calado diante da Tua imponência? Ficarei em pé na Tua presença ou vou prostrar-me de joelhos? […] Posso apenas imaginar!"

Ezequiel foi sacerdote dentre os exilados judeus na Babilônia e teve visões do Senhor (veja capítulos 1,8,10,11). Ele disse que a presença de Deus aparentava ser como "metal brilhante, como fogo ao redor dela. Como o aspecto do arco que aparece na nuvem em dia de chuva, assim era o resplendor em redor" (1:27,28). O apóstolo João também teve uma visão da presença de Deus. Ele foi o amigo mais achegado de Jesus aqui na terra. Na última Ceia, antes da crucificação, lemos que João "…estava conchegado a Jesus…" (João 13:23). Entretanto, quando teve a visão do Filho de Deus em toda a Sua glória e poder, este apóstolo teve a mesma reação de Ezequiel e quando o viu, caiu "…aos seus pés como morto…" (Apocalipse 1:10-17). Não podemos compreender quão brilhante e imponente é a glória do Senhor, por isso não podemos estar seguros de como reagiremos quando, um dia, estivermos em Sua presença. Dançaremos ou permaneceremos calados? Ficaremos pasmos ou nos prostraremos de joelhos diante dele? Cantaremos ou não conseguiremos falar nada? Apenas imagine! —Anne Cetas

*Hoje conhecemos Jesus como a Bíblia o revela, mas um dia o veremos face a face.*

## 3 de dezembro
## Volta completa

Leitura:
Lucas 15:11-32

*...era preciso que nos regozijássemos e nos alegrássemos, porque esse teu irmão estava morto e reviveu, estava perdido e foi achado.* —Lucas 15:32

Em seu fascinante livro *Ortodoxia* (Mundo Cristão, 2008), G. K. Chesterton conta como deixou o que achava ser a fé cristã, somente para encontrar a realidade mais tarde. Para ilustrar a sua jornada espiritual, Chesterton descreve a cena absurda de alguém implantando a bandeira do Império Britânico naquilo que pensava ser uma ilha estrangeira e descobrindo mais tarde que, na realidade, se tratava da costa da Inglaterra.

Chesterton cresceu numa igreja "cristã" sem vida, e, por causa disso, abandonou a fé nominal. Todavia, mais tarde, começou a duvidar das hipóteses ateístas que o levaram a abandonar a fé. Descobriu a verdade que perdera anteriormente. O "novo país" afinal, era realmente seu lar.

Jesus contou uma história sobre um jovem que abandonou a sua casa, mas que, depois, descobriu o valor do que deixara. Na parábola do Filho Pródigo, o filho mais novo pediu a sua parte da herança. Longe do lar, viveu uma vida irresponsável de festas e pecados. Mas o seu estilo de vida permissivo acabou fazendo dele um pobre miserável. Finalmente, voltou para casa e confessou o seu pecado. As consequências dolorosas da vida o forçaram a retornar para o pai amoroso.

Às vezes, temos a tendência de querer nos afastar daquele que nos redimiu. Nosso Pai amoroso está vigiando e esperando pelo nosso retorno. —*Dennis Fischer*

*Nunca é cedo demais para voltar para casa – para Deus.*

## 4 de dezembro
## Tocados no Natal

Leitura:
Mateus 18:1-7; 19:13-15

*Jesus, porém, disse: Deixai os pequeninos, não os embaraceis de vir a mim...* —Mateus 19:14

No passado, eu me irritava com os cultos repletos durante a época do Natal. Não gostava deles porque as pessoas ficavam apertadas nos bancos e quase não se achava lugar para estacionar o carro. Resmungava quando me indicavam para ficar num lugar adicional, quando a igreja já estava lotada muito antes de o culto começar. Pensava: Por que essas pessoas que vêm à igreja só uma vez ao ano não ficam em casa?

A minha atitude era semelhante à daqueles discípulos que censuravam as pessoas que traziam crianças a Jesus para que Ele as abençoasse (Mateus 19:13). Os discípulos talvez pensassem que elas não tinham o direito de estar ali. Mas Jesus disse: "...Deixai os pequeninos, não os embaraceis de vir a mim, porque dos tais é o reino dos céus" (v.14).

Finalmente, compreendi que é bom uma pessoa ser atraída para uma reunião onde se celebra o nascimento de Jesus. Seja um programa infantil ou um concerto de coral, nunca podemos saber quando uma pessoa se encontrará com Cristo, o Senhor. O jornalista, Harry Reasoner, disse certa vez: "Mesmo que um cristão seja tocado por Deus apenas uma vez ao ano, ainda assim esse toque é válido e, quem sabe, num determinado Natal, numa manhã tranquila, esse toque ocorrerá."

O Natal parece despertar a criança que há em nós, e, para Jesus, cada criança é bem-vinda. —David McCasland

*Nada nos move tanto quanto o toque de Jesus.*

## 5 de dezembro
## Vislumbre da glória

Leitura:
2 Coríntios 4:16-18

*...mesmo que o nosso homem exterior se corrompa, contudo, o nosso homem interior se renova de dia em dia.* —2 Coríntios 4:16

Envelhecer traz consigo problemas: falhas na audição e visão, esquecimento, dores nas costas, mãos com artrite. Esses são lembretes de que a nossa vida está passando. Mesmo assim, Paulo insiste no fato de que "...o nosso homem interior se renova de dia em dia. Porque a nossa leve e momentânea tribulação produz para nós eterno peso de glória, acima de toda comparação" (2 Coríntios 4:16,17). Como isso é possível?

Da forma como vejo, o envelhecer e a fraqueza nos ajudam a focar nossos pensamentos em Deus. Aprendemos a fixar nossos olhos nele e nas realidades invisíveis; aprendemos a distinguir entre o permanente e o que é passageiro. Somos atraídos pelo amor de Deus a termos afeição pelas coisas do alto e não pelas da terra.

E assim mantemos nossos olhos "...mas nas que se não veem..." (v.18). Precisamos olhar além de nossa fragilidade presente para o que um dia seremos — criaturas gloriosas, cheias de beleza radiante e energia sem limites!

"Por isso, não desanimamos..." (v.16). Podemos conviver com a nossa dor e continuar servindo, orando, amando, nos importando com outros até o final dos nossos dias. Podemos experimentar a força do caráter apesar da nossa frágil humanidade; podemos mostrar perseverança paciente e amor para com outros em meio ao nosso desconforto. Apesar dos nossos problemas momentâneos, podemos continuar seguindo em frente porque vislumbramos a glória que excede em muito a tudo isto. —David Roper

*Sem nenhum empecilho entre nós e Deus, nossas faces podem refletir a Sua glória.*

## 6 de dezembro
## Escolha com cuidado

Leitura:
2 Crônicas 18:28–19:3

*Não vos ponhais em jugo desigual com os incrédulos…*
—2 Coríntios 6:14

A *Star Alliance* é uma associação de linhas aéreas que busca o máximo de benefícios para os passageiros. Se você está viajando por uma companhia aérea associada, pode acumular milhas de voos e desfrutar de *check-in* mais rápido. Essa "aliança" é chamada na internet de "uma forma mais civilizada de viajar pelo mundo".

Mas nem todas as associações trazem benefícios recíprocos. No livro de 2 Crônicas, lemos que Acabe, o rei mau de Israel, fez uma aliança com Josafá, rei de Judá, unindo seus exércitos contra a Síria. Por que Josafá estabeleceu essa aliança insensata com Acabe?

Não são dadas as razões para a decisão de Josafá, mas sabemos que Acabe o encorajou a usar as suas vestes reais enquanto ele próprio se camuflou para a batalha. O rei de Israel sabia que os sírios tentariam matar o rei e, de fato, o exército inimigo cercou Josafá. Ele clamou ao Senhor por ajuda e Deus dispersou as tropas. Apesar do plano traidor de Acabe para salvar a sua própria pele, ele foi morto por uma flecha atirada ao acaso.

Embora Josafá tivesse escapado, Jeú, o profeta, o confrontou, dizendo: "…Devias tu ajudar ao perverso e amar aqueles que aborrecem o Senhor?" (2 Crônicas 19:2).

Ajudar pessoas em necessidade é honroso. Mas fazer alianças com aqueles que odeiam a Deus pode ser desastroso.

Assegure-se de escolher seus aliados com cuidado. —*Albert Lee*

*O certo e o errado nunca podem ser parceiros.*

## 7 de dezembro
## Esquecido nos presentes

Leitura:
João 3:13-21

*Porque Deus amou ao mundo de tal maneira que deu o seu Filho unigênito, para que todo o que nele crê não pereça, mas tenha a vida eterna.*
—João 3:16

Na cultura ocidental, a época do Natal é um tempo de alegrar-se em dar presentes. Uma loja mundialmente famosa publica anualmente um catálogo de presentes com valores extravagantes. Um deles era um zepelim de dez milhões de dólares — um dirigível de 69 metros de comprimento por 15 de largura, capaz de voar 24 horas sem reabastecimento.

Um presente como esse parece muito ostentoso — especialmente quando o comparamos com o humilde presépio no qual Deus enviou o Seu presente, o Seu Filho. Muitas vezes, em meio à troca de presentes, esquecemos o presente de Deus.

Podemos evitar essa negligência lembrando de dar nossos presentes com amor. Inspiremo-nos pelo amor e gratidão, não somente com os nossos entes queridos, mas especialmente com o Supremo Doador de todas as boas dádivas — nosso Pai celestial.

Até mesmo o menor presente e o mais barato pode levar nossas lembranças de volta a Belém, onde Deus deu ao mundo o Seu presente de amor de valor infinito — Seu Filho Unigênito, Jesus Cristo (João 3:16). Com cada presente que damos e recebemos, podemos dizer de todo coração: "Graças a Deus pelo seu dom inefável!" (2 Coríntios 9:15).
—Vernon Grounds

*A pessoa mais importante do Natal é Cristo.*

## 8 de dezembro
## Use sua armadura

Leitura:
Efésios 6:10-20

*...embraçando sempre o escudo da fé, com o qual podereis apagar todos os dardos inflamados do Maligno.* —Efésios 6:16

Visitando um museu, fiquei intrigado com uma pequena inscrição que descrevia uma classe de gladiadores romanos — os Retiarii, que lutavam usando somente uma rede e um tridente. De todas as armas temíveis e letais à disposição daqueles guerreiros, que muitas vezes lutavam até a morte, esses homens recebiam apenas essas duas — uma rede e uma lança de três pontas. Quando eles entravam na arena, sua sobrevivência dependia da habilidade de usá-las.

Na batalha espiritual que enfrentamos como cristãos, Deus escolheu a nossa armadura: "...embora andando na carne, não militamos segundo a carne. Porque as armas da nossa milícia não são carnais, e sim poderosas em Deus, para destruir fortalezas, anulando nós sofismas" (2 Coríntios 10:3,4).

Vale a pena fazer uma pausa e olhar para nós mesmos, espelhando-nos na carta de Efésios 6:10-18, para ver se estamos devidamente equipados com "toda a armadura de Deus". Desde o capacete da salvação aos pés calçados com a prontidão do evangelho da paz, devemos estar protegidos e armados para um conflito que não depende de forças humanas, mas do poder de Deus.

Quando compreendemos a natureza dessa luta e as forças que estão contra nós, é insensato entrar nesse combate com qualquer outra coisa que não seja a armadura que Deus nos deu. —*David McCasland*

*Aqueles que esperam no Senhor renovam as suas forças.* —Isaías 40:31

## 9 de dezembro
## A porta da humildade

Leitura:
Filipenses 2:5-11

*Pelo que também Deus o exaltou sobremaneira e lhe deu o nome que está acima de todo nome, para que ao nome de Jesus se dobre todo joelho...* —Filipenses 2:9,10

Durante os séculos, a entrada da Igreja do Nascimento em Belém foi diminuída duas vezes. O propósito, na última vez, foi manter afastados os saqueadores, para que não pudessem entrar por ela a cavalo.

Hoje esta porta é chamada de "A Porta da Humildade" porque os visitantes devem se abaixar para entrar no recinto. Quando envelhecemos, dobrar os joelhos se torna cada vez mais difícil e doloroso. No âmbito físico, algumas pessoas corajosas fazem cirurgias nos joelhos. Para evitar anos de dor crescente pelo desgaste das articulações, elas suportam diversas semanas de agonia.

À semelhança dos nossos joelhos físicos, os joelhos espirituais podem tornar-se rígidos com o passar do tempo. Anos de orgulho teimoso e de egocentrismo nos tornam inflexíveis, e assim se torna cada vez mais difícil e doloroso nos humilharmos. Seduzidas por falsos sentimentos de importância quando outros se submetem a nós, nunca aprendemos que a verdadeira importância vem de nos submetermos a Deus e aos outros (Efésios 5:21; 1 Pedro 5:5).

Ao celebrarmos o nascimento de Jesus, pensemos na Porta da Humildade. Ela nos lembra que precisamos de joelhos novos — joelhos que se dobram. A humildade é a única forma de entrar na presença de Deus.

Que melhor maneira de honrar aquele que se curvou tanto a fim de estar conosco. —*Julie Ackerman Link*

*O caminho da vitória está pavimentado com a humilde submissão a Deus.*

## 10 de dezembro

## A grande notícia

Leitura:
Isaías 9:1-7

*Porque um menino nos nasceu,
um filho se nos deu...*
—Isaías 9:6

Em dezembro de 1903, depois de muitas tentativas, os irmãos Wright tiveram êxito em conseguir que sua "máquina voadora" decolasse. Emocionados, eles telegrafaram essa mensagem para a sua irmã Katherine: "...na realidade, voamos 36 metros. Estaremos em casa no Natal".

Katherine correu para o editor do jornal local e mostrou a mensagem. Ele deu uma olhada nela e disse: "Que bom. Os rapazes vão estar em casa no Natal." Ele nem percebeu a notícia de que o homem estava começando a conquistar o ar!

Muitas pessoas hoje cometem um erro semelhante quando ouvem a palavra Natal. Elas não pensam em Jesus e em Seu nascimento milagroso. Pensam tão somente em reuniões de família, refeições festivas, decorações e presentes. Para elas, o Natal traz nostalgia e lembranças da infância.

Agora, todas essas celebrações não estão erradas. Mas se isso é tudo o que o Natal significa para nós, então não estamos reconhecendo o seu verdadeiro significado. O verdadeiro sentido desse dia especial está resumido nas palavras do anjo aos pastores, naquela noite, há muito tempo: "...Não temais; eis aqui vos trago boa-nova de grande alegria, que o será para todo o povo: é que hoje vos nasceu, na cidade de Davi, o Salvador, que é Cristo, o Senhor" (Lucas 2:10,11).

Essas são as grandes notícias do Natal! —*Richard DeHaan*

*Não celebre o Natal sem convidar
o hóspede de honra.*

*11 de dezembro*

## Confrontados pela cruz

Leitura:
Lucas 23:33-43

*Quando chegaram ao lugar chamado Calvário, ali o crucificaram...* —Lucas 23:33

O famoso escritor russo Aleksandr Solzhenitsyn foi enviado a uma prisão na Sibéria por ter criticado o comunismo. Ano a ano cada vez mais debilitado por causa das condições intoleráveis da prisão, ele decidiu acabar com a sua vida. Mas crendo firmemente que o suicídio era contra a vontade de Deus, pensou que seria melhor se um guarda desse um tiro nele.

Assim, numa assembleia pública dos prisioneiros, ele se sentou na primeira fileira, planejando levantar-se e caminhar em direção à saída, obrigando os guardas a matá-lo. Mas, para a surpresa dele, um outro prisioneiro sentou-se bloqueando a sua saída. Aquele homem desconhecido se inclinou e desenhou uma cruz no chão sujo.

A cruz! Então, perguntando-se sobre a possibilidade de aquele companheiro de prisão ser um mensageiro de Deus, Solzhenitsyn resolveu suportar o encarceramento. Ali, naquela prisão, ele se tornou cristão e, por fim, foi liberto para ser uma testemunha para o mundo.

Você está aprisionado por circunstâncias difíceis? Questionando se vale a pena viver? Concentre o seu coração na cruz — ela é a mensagem do amor, perdão e graça salvadora de Deus para você. Convide o Cristo do Calvário para entrar em sua vida com Seu poder transformador. Descubra você mesma que o Cristo da cruz pode transformá-la. —*Vernon Grounds*

*A cruz do Calvário é a única ponte para a vida eterna.*

## *12 de dezembro*

## "Mas Deus..."

Leitura:
Gênesis 39

*...ele [José], porém, deixando as vestes nas mãos dela, saiu, fugindo para fora.* —GÊNESIS 39:12

O que teria acontecido se José tivesse sucumbido às seduções da esposa de Potifar? (Gênesis 39). Imagine como ele justificaria o seu pecado. "Mas Deus, tu não queres que eu seja infeliz e sabes o quão solitário estou aqui. Além do mais, acho que realmente a amo."

E se Abraão tivesse desobedecido quando Deus lhe disse para deixar Ur, sua terra, e ir para lugares desconhecidos? (Gênesis 12). E se tivesse dito: "Deus, estou estabelecido por aqui. Não posso arriscar tudo por um futuro incerto. Tenho que cuidar de Sara. Vou ficar por aqui mesmo."

Louvado seja Deus porque José e Abraão fizeram a coisa certa. José fugiu da tentação correndo do pecado. Abraão deixou Ur e seguiu o seu caminho em obediência.

Na vida, enfrentamos esse tipo de escolhas. Algumas vezes a tentação aparece diante de nós. Quando isso acontece, podemos fugir dela e colher as recompensas de Deus — ou podemos ceder, colher as tristes consequências e então dar desculpas. Algumas vezes sentimos que Deus está nos guiando em determinada direção. Podemos escolher: ou segui-lo e confiar em Sua onisciência ou dar desculpas furadas e viver em desobediência.

Uma vida abundante com Deus é muito melhor do que uma vida de desculpas e desespero. Vamos viver de tal maneira que não cedamos aos nossos desejos e não precisemos depois dizer: "Mas Deus...".

—Dave Branon

*Deus não exige sucesso — apenas obediência.*

## 13 de dezembro
## Duas cidades – Belém

Leitura:
Lucas 1:26-35

*Descerá sobre ti o Espírito Santo, e o poder do Altíssimo te envolverá com a sua sombra...* —Lucas 1:35

O nascimento de Jesus Cristo foi diferente de qualquer outro. A concepção de Maria foi de "outro mundo". O anjo disse a ela: "Descerá sobre ti o Espírito Santo, e o poder do Altíssimo te envolverá com a sua sombra..." (Lucas 1:35). A criança que foi concebida dentro dela não era do nosso mundo. E tinha que ser assim porque o menino que nasceu de Maria era Emanuel, "Deus conosco" (Isaías 7:14; Mateus 1:23).

O bebê que nasceu em Belém era de origem celestial. Deus entrou no mundo na forma e natureza do pequeno filho de Maria. Ele, do alto, veio a esse mundo, e Sua encarnação possibilitou a nossa redenção.

Agora pense sobre isso. Nosso próprio novo nascimento — nossa regeneração — vem de fora deste mundo. Jesus disse que nascemos de novo "do Espírito" (João 3:3,7,8). Nossa salvação não vem de fonte terrena, mas do próprio Deus por meio de Jesus e por meio de Seu Espírito. De certa forma, o nosso coração se torna um "estábulo de Belém", o lugar onde Jesus vem a esse mundo. Nós abrimos a porta para Ele pela fé e Ele nasce em nós por meio do bendito Espírito Santo.

Nós o tornamos conhecido a outros pelo Seu poder que habita em nós. Ele afeta todos os aspectos das nossas vidas. Somos uma "Belém", Seu lugar de entrada no mundo de hoje. —*Dave Egner*

*Cristo nasceu aqui na Terra*
*para que pudéssemos nascer lá do alto.*

## 14 de dezembro
## Segurança secreta

Leitura:
Salmo 91

*Porque aos seus anjos dará ordens a teu respeito, para que te guardem em todos os teus caminhos.* —SALMO 91:11

Sentir-se seguro é uma grande prioridade nesse mundo inseguro e volátil. Uma agência particular de investigação na Flórida promete "trabalhar com diligência para restaurar o sentimento de segurança que você e sua família merecem".

O salmista encontrou um "abrigo" onde se sentiu seguro (Salmo 91:1). E nós podemos descansar seguras nesse mesmo lugar. Ele o descreveu com essas palavras:

*Abrigo* (v.1). A sombra nos protege do calor do sol. Se o calor é muito intenso, a sombra o reduz. Quando estamos debaixo da sombra do Altíssimo — abrigo de Deus —, não precisamos enfrentar diretamente o calor das nossas dificuldades.

*Refúgio e fortaleza* (v.2). Deus é o protetor mais forte que podemos ter e podemos correr e pedir a Sua ajuda. Nada pode passar por Ele e nos atingir a não ser que isso faça parte do Seu plano amoroso para o nosso bem.

*Segurança* (v.4). Deus é gentil e terno como uma ave com os Seus filhotes. Quando as tribulações aparecem como uma tempestade, Ele nos traz para perto de si. Não precisamos temer que o Senhor nos lance fora — pertencemos a Ele.

*Morada* (v.9). Nosso Pai quer ser a nossa morada (refúgio), nosso lar onde podemos ficar, agora e para sempre.

A verdadeira segurança pode ser encontrada somente em nosso Senhor, que promete nos salvar e estar conosco (vv.15,16). —*Anne Cetas*

*Ninguém está mais seguro do que aquele que está nas mãos de Deus.*

## 15 de dezembro
## Palavras de vida

Leitura:
Colossenses 4:2-6

*A morte e a vida estão no poder da língua...*
—Provérbios 18:21

Palavras de encorajamento podem ser "palavras de vida", trazendo-nos nova motivação. O autor, Mark Twain, disse que podia viver um mês inteiro com um bom elogio.

Todavia, o encorajamento cristão é mais do que um elogio ou tapinhas nas costas, por mais valiosos que estes sejam. Certo escritor descreveu o encorajamento cristão como "o tipo de expressão que ajuda alguém a querer ser um cristão melhor, mesmo que a vida seja dura".

Quando jovem, o renomado autor, Larry Crabb, ficou gago e isso o humilhou numa assembleia da escola. Pouco tempo depois, quando orava em voz alta num culto em uma igreja, a sua gaguez o levou a confundir as suas palavras. Esperando receber uma severa correção, Crabb saiu escondido do culto e decidiu nunca mais falar em público. Na saída foi parado por um homem idoso, o qual lhe disse: "Larry, gostaria que você soubesse de uma coisa. Seja o que você fizer para o Senhor, eu o apoiarei mil por cento." A determinação de Crabb de nunca mais falar em público se dissolveu instantaneamente. Agora, muitos anos depois, ele se dirige a grandes multidões, com confiança.

Paulo nos disse para temperar a nossa fala a fim de que seja sempre agradável (Colossenses 4:6). Então falaremos "palavras de vida" que trarão encorajamento. —*Joanie Yoder*

*A correção pode nos moldar,
mas o encorajamento nos motivará.*

*16 de dezembro*

## Oportunidade de emprego

Leitura:
Romanos 12:9-16

*...regozijai-vos na esperança [...] na oração, perseverantes.* —Romanos 12:12

Há um ano, nessa mesma época, abriu-se uma vaga para uma tarefa na igreja que frequentamos. Um pouco antes do Natal, a minha sogra Lenore Tuttle morreu, aos 85 anos. Quando foi para o lar celestial para estar com Jesus, ela deixou um vazio não somente em nossa família, mas também em nossa igreja. Agora estávamos sem uma das nossas mais fiéis guerreiras de oração. No funeral dela, o pastor que presidiu a cerimônia mostrou à congregação a sua caixa de oração.

Ela continha dezenas de cartões de oração nos quais havia escrito os nomes das pessoas pelas quais orava todos os dias, incluindo o nome de uma pessoa que fez a cirurgia da vesícula biliar do pastor. Em cima da caixa de oração estava esse verso: "De fato, sem fé é impossível agradar a Deus, porquanto é necessário que aquele que se aproxima de Deus creia que ele existe e que se torna galardoador dos que o buscam" (Hebreus 11:6). Ela foi uma verdadeira guerreira de oração e buscou o Senhor com diligência.

Cada dia, muitos cristãos idosos que perseveraram na oração (Romanos 12:12) deixam essa terra e partem para o céu. Isso cria "uma vaga" àqueles que querem se comprometer a orar fielmente. Muitas dessas vagas ainda permanecem abertas. Você quer ocupar uma delas?

—Dave Branon

*Precisa-se de guerreiros e guerreiras de oração.*

## 17 de dezembro
## Presentes não abertos

Leitura:
João 14:12-31

*E eu rogarei ao Pai, e ele vos dará outro Consolador, a fim de que esteja para sempre convosco.* —João 14:16

Você já imaginou uma criança que não abra os seus presentes na noite de Natal? Milhões de pessoas fazem algo semelhante, ignorando ou rejeitando Jesus Cristo como seu Salvador. Cada um de nós tem um presente com uma etiqueta na qual se lê:
Para: _____ (seu nome). De: Deus.
Esse presente pode ser aberto apenas com arrependimento e fé.

Contudo, o Senhor não nos deu apenas um presente, pois nos presenteou em outra ocasião. Na época do Natal, celebramos o presente de Deus ao mundo, o Seu Filho. Mas no Dia de Pentecostes, Deus e Jesus, juntos, deram aos cristãos outro presente — o Espírito Santo (João 14:16; 16:7).

Mais uma vez, imagine uma criança, no Natal, abrindo somente um pacote e deixando os outros presentes embrulhados. Hoje, o Espírito Santo habita em cada cristão, porém muitas vezes, falhamos em reconhecer todos os recursos que Ele colocou à nossa disposição. Se pedirmos, o Espírito Santo nos dará melhor compreensão da Palavra de Deus; nos dará a certeza do cuidado e do poder de Deus e nos transformará para nos tornarmos semelhantes a Cristo.

Nesse Natal, vamos considerar o significado da vinda do Espírito Santo e pedir ao Senhor para ajudar-nos a experimentar todos os Seus benefícios de maneira mais completa.

Não deixe nenhum presente de Deus fechado. —*Dennis DeHaan*

*O Pai nos deu o Espírito Santo para nos tornar semelhantes ao Seu Filho.*

## 18 de dezembro
## Nascido dentro de nós

Leitura:
Miqueias 5:1-5

*E tu, Belém-Efrata [...] de ti me sairá
o que há de reinar em Israel...* —Miqueias 5:2

Durante uma visita a um lugar pitoresco da Inglaterra, fiquei surpreendido como a identidade e o futuro de uma cidade podem ser afetados somente porque alguém nasceu naquele lugar. A cada ano, meio milhão de pessoas visitam o local onde nasceu William Shakespeare, considerado por alguns como o maior dramaturgo da língua inglesa.

E o que dizer de Belém? Com o nascimento de Jesus, o significado da profecia de Miqueias se cumpriu: "E tu, Belém-Efrata, pequena demais para figurar como grupo de milhares de Judá, de ti me sairá o que há de reinar em Israel, e cujas origens são desde os tempos antigos, desde os dias da eternidade" (Miqueias 5:2). Belém é conhecida como o lugar de nascimento de Jesus.

E em relação a nós isso também não é verdade? Somos transformados quando Cristo vem habitar em nós. Já não somos mais seres humanos comuns, mas nos tornamos o lugar de moradia do Espírito Santo. Nossa identidade e destino são marcados por Ele, assim como uma cidade se torna conhecida porque nela nasceu uma pessoa que se torna importante.

O Natal é um tempo maravilhoso para celebrar a presença de Cristo em nós e a transformação que Ele traz a todos os que o convidam a entrar em seu coração. —*David McCasland*

*Deus veio para viver conosco a fim
de que pudéssemos viver com Ele.*

## 19 de dezembro

## Respeito

Leitura:
1 Timóteo 6:1-6

*Todos os servos que estão debaixo de jugo considerem dignos de toda honra o próprio senhor...* —1 Timóteo 6:1

Como professora, a minha esposa percebeu que o comportamento dos estudantes está se deteriorando a cada ano que passa. Muitas crianças mostram pouco respeito pelas pessoas mais velhas.

Quando Paulo escreve a carta de 1 Timóteo no capítulo 6 revela que o desrespeito não é algo exclusivo da nossa geração. Este apóstolo, que pregou a pessoas numa cultura onde existia a escravidão, destacou essa preocupação. Escreveu: "Também os [escravos] que têm senhor fiel não o tratem com desrespeito, porque é irmão..." (v.2). Paulo sabia que escravos, cujo bem-estar dependia da boa vontade de seus senhores, podiam mostrar desrespeito com os mesmos.

E os escravos que têm dono cristão não devem perder o respeito por ele por ser irmão na fé. Ao contrário, devem trabalhar melhor ainda, pois o dono, que recebe os seus serviços, é cristão e irmão amado.

Talvez digamos que as pessoas precisam primeiro mostrar-se dignas de respeito antes de serem respeitadas. Respeitar uma outra pessoa refere-se muito mais a quem somos do que com o que a outra pessoa é.

Paulo explicou a razão pela qual os cristãos deveriam se sobressair: "...para que o nome de Deus e a doutrina não sejam blasfemados" (v.1).

Infelizmente, os piores casos de desrespeito, às vezes são encontrados entre os que dizem seguir Jesus. Mas quando os cristãos se destacam em tudo o que fazem, o nome de Deus é exaltado. Todos nós devemos honrar e glorificar o nome do Senhor. Sobressair-se no respeito com os outros é motivo de honra a Deus. —*Albert Lee*

*Alguém que realmente quer ser respeitado deve primeiramente respeitar os outros.*

## 20 de dezembro
## Dois escravos

Leitura:
Atos 1:1-9,17,18

*Paulo, servo de Cristo Jesus,
chamado para ser apóstolo...* —Romanos 1:1

Spartacus não é somente um filme lendário, mas uma figura histórica. Os historiadores dizem que ele foi, provavelmente, um soldado romano que desertou, foi recapturado e vendido como escravo para se tornar gladiador.

Quando estava na escola de gladiadores, Espártaco liderou uma rebelião. Esse ato de desafio atraiu cerca de 70 mil escravos. Inicialmente, este exército de escravos alcançou vitórias espetaculares. Mas, no final, foram derrotados e os rebeldes capturados foram crucificados ao longo da estrada para Roma.

Que contraste entre Espártaco e o apóstolo Paulo. Saulo de Tarso (como Paulo também era conhecido) nasceu como um homem livre, mas destinado a tornar-se um escravo. O livro de Atos 9 registra o dia decisivo quando ele se encontrou face a face com o Salvador, a quem perseguia. Desde então, passou a servir a Jesus de todo o coração.

Espártaco foi forçado a servir a um senhor romano. Mas Paulo, em resposta à graça de Deus, tornou-se voluntariamente escravo de Jesus Cristo.

No coração do cristão se desenvolve uma batalha espiritual entre o pecado e a justiça. Nós podemos obedecer ao feitor de escravos, o pecado, ou podemos dizer sim ao Deus da graça que nos libertou da escravidão (Romanos 6:16; João 8:34). A nossa maior liberdade está em servir o Senhor que nos criou e redimiu. —*Dennis Fischer*

*A verdadeira liberdade se encontra
em servir a Cristo.*

## 21 de dezembro
## Parágrafo em branco

Leitura:
2 Timóteo 4:6-8

*Combati o bom combate, completei a carreira, guardei a fé.* —2 Timóteo 4:7

Por quase 50 anos, Ann Landers deu conselhos numa coluna diária editada em mais de 1.200 jornais em todo o mundo. Quando morreu em 2002, sua filha Margo Howard escreveu uma coluna de adeus. Ela pediu que os editores deixassem um parágrafo em branco na última parte da coluna, como uma homenagem à mãe.

A ideia veio de uma coluna escrita anteriormente, quando Ann e o esposo se divorciaram depois de um longo matrimônio. Ann havia pedido aos editores para deixar um parágrafo em branco no final da coluna como lembrança de um bom casamento "que, porém, não alcançara a linha de chegada".

Quando alguém escrever a última coluna a seu respeito, quanto espaço em branco ela terá? Quando você chegar ao final da vida, haverá coisas importantes que deixaram de ser feitas?

Será que esse espaço vai ser um testemunho silencioso de metas que você nunca alcançou, bons hábitos (como a leitura perseverante da Bíblia) que você nunca formou, a ajuda que nunca deu, coisas boas que pretendia fazer mas não fez? Será que um espaço em branco de tamanho considerável falará que você tinha a intenção de desenvolver um relacionamento mais profundo com Deus que no fim não se realizou?

Ou os outros poderão dizer que você completou a carreira e guardou a fé? (2 Timóteo 4:7). Vamos nos assegurar de que o nosso espaço em branco seja pequeno! —*Vernon Grounds*

*Para tirar o máximo proveito da vida, faça cada momento valer para Cristo.*

## 22 de dezembro
## O que dar para Deus

Leitura:
Romanos 12:1-8

*...apresenteis o vosso corpo por sacrifício vivo,
santo e agradável a Deus, que é o vosso culto racional.*
—Romanos 12:1

Na carta de Romanos 12:1 o apóstolo Paulo aplicou as verdades do que já havia escrito aos seguidores de Jesus em Roma. Ele disse: "...apresenteis o vosso corpo por sacrifício vivo...". Também nos encorajou a guardar nossos corpos do pecado e evitar a corrupção do mundo, por meio da renovação das nossas mentes (v.2).

Muitas vezes nos dizem para darmos nossos corações ou nossas vidas a Cristo. Então por que Paulo chamou a atenção para os nossos corpos? Se devemos cumprir a vontade de Deus, isso será feito com os nossos corpos.

Todo pastor tem membros em sua igreja que dizem: "Não virei ao culto no próximo domingo pois vamos estar na praia. Mas, estarei com vocês em espírito." Infelizmente o "espírito" não vai contribuir em nada para que haja uma atmosfera de louvor e adoração.

Nós também oferecemos a Deus os nossos corpos como uma resposta ao Seu amor. O corpo é um presente digno de Deus.

Considere a maravilha da mão humana. O brilhante cirurgião Dr. Paul Brand, descrevendo as cirurgias feitas na mão, disse: "Não me lembro de uma única cirurgia que tenha sido bem-sucedida quando alguém tentou melhorar uma mão que já era normal. Ela é tão bonita."

Nesse Natal, dê algo bonito para Deus. Ofereça-lhe não somente o seu coração, mas suas mãos, seu corpo, espírito, mente — todo o seu ser! —*Haddon Robinson*

*Jesus nos deu tudo o que tinha;
devemos dar a Ele tudo o que temos.*

## 23 de dezembro
## Conhecê-lo pessoalmente

Leitura:
Êxodo 33:7-17

*Manifestou os seus caminhos a Moisés e os seus feitos aos filhos de Israel.* —Salmo 103:7

A maioria dos cristãos prefeririam ver Deus fazendo milagres grandiosos em vez de ter comunhão com Ele e aprender os Seus caminhos.

O texto de hoje diz que Deus manifestou Seus poderosos atos ao povo de Israel, mas a Moisés, Ele manifestou os Seus caminhos. O livro de Êxodo 33 registra uma grande crise na qual Moisés orou humildemente: "...se achei graça aos teus olhos, rogo-te que me faças saber neste momento o teu caminho..." (v.13). Ele queria conhecer a Deus e os Seus planos para o seu povo, em vez de ver mais um milagre grandioso. Não é de admirar que o Senhor conversava com ele "...como qualquer fala a seu amigo..." (v.11).

Ao comentar a diferença entre caminhos e atos, o autor F. B. Meyer escreveu: "Os caminhos ou planos somente são conhecidos pelo círculo mais íntimo dos santos; a congregação comum aprende apenas os seus feitos."

Uma amiga talentosa, Jennifer, aprendeu essa diferença depois de passar diversos anos numa cadeira de rodas. Certo dia, ela orou entre lágrimas; "Senhor, eu podia ter feito tanto por ti, se apenas tivesse saúde." A resposta de Deus foi inaudível mas clara: "muitas pessoas trabalham para mim, mas poucas estão dispostas a serem minhas amigas".

Se o seu desejo de conhecer o Senhor Deus pessoalmente é maior do que o desejo de ver Seus poderosos milagres, então você ficará satisfeita.
—Joanie Yoder

*Conhecer a Deus não significa ver apenas as Suas obras, mas também aprender os Seus caminhos.*

## 24 de dezembro
## A vocação do presente

Leitura:
Lucas 1:26-38

*...que se cumpra em mim conforme a tua palavra...*
—Lucas 1:38

A vida da mãe de Jesus era simples e comum. Fazia as tarefas que outras mulheres da sua idade também faziam, aprendendo a ser uma boa dona de casa. Nada havia de incomum quanto à sua vida externa — pelo menos as Escrituras nada revelam.

No entanto, que tesouros de graça estão contidos na atitude de Maria! Quando o anjo anunciou que seu filho seria chamado "Santo, Filho de Deus", ela respondeu: "...que se cumpra em mim conforme a tua palavra..." (Lucas 1:38).

A resposta dela continha tudo o que o nosso Senhor requer — a pura e simples submissão da alma à Sua vontade. Este foi o segredo da profunda espiritualidade de Maria: ela renunciou a si mesma, se entregou à vontade de Deus e recebeu a graça de fazer o que Deus lhe pedira.

O que Deus está pedindo que você faça, agora, neste momento presente? Pode ser algo grande e importante ou simples e comum. Pode ser uma resposta efetiva a algum mandamento das Escrituras ou a submissão paciente a um sofrimento presente. O escritor Jean-Pierre de Caussade, do século 18, comentou: "O que Deus prepara para experimentarmos a cada momento é a coisa mais santa que pode nos acontecer."

Você é capaz de aceitar cada momento com graça e submissão? Pode responder ao Senhor, agora, no momento presente, assim como Maria disse ao anjo: "...que se cumpra em mim conforme a tua palavra..."?

—David Roper

*Conhecer a vontade de Deus é uma riqueza;*
*fazer a vontade de Deus é um privilégio.*

## 25 de dezembro
## O primeiro fôlego

Leitura:
Colossenses 1:15-20

*...pois, nele, foram criadas todas as coisas, nos céus e sobre a terra...* —Colossenses 1:16

O hino "A Promessa" de Russell Nagy contém estas palavras:
*Silenciosamente à noite, envolto em carne mortal
Ele, que formou as montanhas inspira seu primeiro fôlego.
Longe da vista humana, a promessa nunca esquecida
foi gerada em amor para vencer a morte.*

A maravilha do Natal é que o Criador que formou as montanhas inspirou o seu primeiro fôlego como um bebê. Aquele que formou o universo assumiu a forma humana para que um dia pudesse nos salvar. A encarnação é a impressionante combinação de quem desceu do céu à terra, como chegou aqui e porque veio. "...pois, nele, foram criadas todas as coisas [...]. Ele é antes de todas as coisas. Nele, tudo subsiste. [...] porque aprouve a Deus que, nele, residisse toda a plenitude e que, havendo feito a paz pelo sangue da sua cruz, por meio dele, reconciliasse consigo mesmo todas as coisas..." (Colossenses 1:16-20).

Quando Jesus respirou pela primeira vez aqui na terra, cumpriu-se uma promessa amorosa de Deus, o Pai. A criança chamada Jesus Cristo, anunciada pelos anjos e proclamada pelos pastores, veio para morrer.

O bebê na manjedoura era "...a imagem do Deus invisível, o primogênito de toda a criação" (v.15), "...no qual temos a redenção, a remissão dos pecados" (v.14).

Ó vinde, adoremos! —*David McCasland*

*O pequeno bebê na manjedoura
é o poderoso Criador do universo.*

## 26 de dezembro
## O amor precisa expressar-se

Leitura:
Mateus 22:34-40

*...mas amarás o teu próximo como a ti mesmo...*
—Levítico 19:18

De alguma maneira, o mandamento para amarmos o próximo não nos atinge. Podemos confessar que nos falta fé genuína, mas raras vezes admitimos que carecemos de amor. Talvez achemos que somos tão amáveis quanto outras pessoas e, quem sabe, até um pouco mais.

Afinal, somos sensíveis ao sofrimento dos outros. Nossos corações sofrem com as viúvas em dor e crianças abusadas ao lermos a respeito delas nos jornais. Movemo-nos incomodadas frente à televisão quando vemos criancinhas famintas chorando ou sentadas em silencioso desespero.

Mas, bem no fundo, sabemos que a verdadeira preocupação vai além dos sentimentos e se transforma em atos. Preocupar-se com os outros não tem valor a não ser que algo aconteça como resultado disso. O amor sem ação é inútil assim como um talento que não se expressa de forma criativa é um desperdício. Ambos devem ser expressos ou não são melhores do que um mito.

Muitas vezes, nada fazemos pois nos sentimos impossibilitados de fazer tudo. Se você quer ser uma pessoa amorosa, não comece se preocupando com as necessidades do mundo inteiro. Comece preocupando-se com uma pessoa e siga adiante, a partir dali.

Você não pode fazer tudo, mas pode fazer alguma coisa. Faça o que puder! Hoje, tome a decisão de que, pelo poder e graça de Deus, você o fará. —*Haddon Robinson*

*Neste mundo em que muitos não se importam, devemos ser diferentes por amor a Jesus.*

## 27 de dezembro
## Amanhãs não revelados

Leitura:
Mateus 6:25-34

*...visto que andamos por fé e não pelo que vemos.*
—2 Coríntios 5:7

Muitas vezes gostaríamos de ver o que está logo ali, mais adiante na vida. Então poderíamos nos preparar para a situação, ou controlar ou evitá-la.

Uma pessoa sábia disse: "Embora não possamos ver o que há no futuro, Deus pode." Isso é muito melhor e tranquilizador.

Certo dia, a minha neta Emily, que na época tinha 10 anos, e eu estávamos preparando ovos para o café da manhã. Olhando para a água que fervia, nos perguntamos quanto tempo seria necessário para que os ovos ficassem cozidos. E Emily disse: "Que pena que não podemos abrir para ver como estão por dentro." Concordei com ela, mas isso os teria estragado e assim tínhamos que confiar numa hipótese, sem garantia dos resultados.

Começamos a conversar sobre outras coisas que gostaríamos de ver e que não podemos — como o amanhã. Concluímos que é uma pena não podermos antevê-lo, para saber se será como gostaríamos que fosse. Mas tentar bisbilhotar o amanhã antes do tempo — tal como abrir um ovo parcialmente cozido — irá estragar tanto o hoje como o amanhã. Jesus prometeu cuidar de nós a cada dia — e isso inclui o que está por vir, por esse motivo podemos viver pela fé um dia de cada vez (Mateus 6:33,34).

Emily e eu decidimos deixar o amanhã a salvo nas mãos de Deus. E você? —*Joanie Yoder*

*Se você ficar ansiosa pelo amanhã, apenas criará problemas para si mesma.*

## 28 de dezembro
## Em busca do tesouro

Leitura:
Provérbios 2:1-9

*Porque o Senhor dá a sabedoria, e da sua boca vem a inteligência e o entendimento.* —Provérbios 2:6

Um estudo proveitoso da Bíblia envolve mais do que simplesmente abrir um capítulo e ler o que está escrito ali. Aqui estão sete diretrizes para ajudá-la a ter o maior proveito possível do seu estudo.

1. Determine um tempo regular. Não negligencie isso.

2. Antes de ler, peça que Deus a ajude e lhe dê o discernimento.

3. Pense cuidadosamente sobre o que está lendo. Nem todos os tesouros da Bíblia estão expostos na superfície. Para extrair o ouro, você precisa cavar.

4. Procure compreender o que o autor estava dizendo às primeiras pessoas que leram o livro ou a carta, antes de decidir aplicá-lo hoje.

5. Escreva pelo menos uma verdade ou princípio para praticar.

6. Leia diferentes traduções da Bíblia. Se estiver relendo palavras familiares, uma nova tradução poderá envolver a sua mente na passagem, com um novo ponto de vista.

7. Não fique desanimada. Algumas partes da Bíblia são mais interessantes do que outras e talvez você não compreenda algumas delas. Mas há muita coisa que pode ser compreendida e isso revolucionará a sua vida, se for colocado em prática.

Agora leia novamente os versículos de hoje com esses princípios em mente. E procure fazer o mesmo amanhã. Você descobrirá muitos tesouros escondidos na Bíblia. —*Haddon Robinson*

*Os tesouros da Bíblia são encontrados por aqueles que se aprofundam em sua busca.*

## 29 de dezembro
## Três necessidades

Leitura:
1 João 4:7-21

*E nós conhecemos e cremos no amor que Deus tem por nós. Deus é amor...* —1 João 4:16

Ouvi dizer que há três coisas que uma pessoa necessita para ser feliz:
1. Algo para fazer — um trabalho significativo ou ajudar aos outros.
2. Alguém para amar — alguém a quem podemos nos entregar como, um cônjuge, um filho ou um amigo.
3. Algo a esperar — férias, a visita de um ente querido, uma saúde melhor, a realização de um sonho.

Tais coisas podem trazer a felicidade temporária. Mas a realização duradoura é encontrada no relacionamento pessoal com Jesus, o Filho de Deus.

*Algo para fazer.* Como cristãos, recebemos do Espírito Santo dons para servir o nosso Salvador, servindo aos outros na família de Deus (Romanos 12:1-16). Também somos chamados a difundir o evangelho ao redor do mundo (Mateus 28:19,20).

*Alguém para amar.* Nós amamos a Deus porque Ele nos amou primeiro (1 João 4:19). E amamos aos outros pois "...o amor procede de Deus" (v.7).

*Algo a esperar.* Um dia receberemos as boas-vindas de Deus para estarmos em Sua presença para sempre. Ali desfrutaremos de um lugar perfeito preparado especialmente para nós (João 14:2,3; Apocalipse 21:3,4). Veremos a Jesus e seremos como Ele (1 João 3:2).

Para nos realizarmos plenamente, Jesus Cristo realmente é tudo o que necessitamos. —*Anne Cetas*

*Onde há esperança, ali há felicidade.*

## 30 de dezembro

## Entrando em forma

Leitura:
2 Coríntios 3:7-18

*E todos nós [...] contemplando, como por espelho, a glória do Senhor, somos transformados, de glória em glória...*
—2 Coríntios 3:18

Uma mulher foi a uma clínica para perder peso. O diretor colocou-a diante de um enorme espelho. Ali fez um esboço de uma figura e lhe disse: "É essa a aparência que queremos que você tenha ao final do programa."

Seguiram-se dias de intensa dieta e exercício e a cada semana ela se postava diante do espelho, desanimada porque o seu perfil ainda não era compatível com o ideal daquele diretor. Mas persistiu e, certo dia, conseguiu a aparência que tanto desejava.

Se nos colocarmos próximos ao caráter perfeito de Cristo, veremos como estamos "fora de forma". A expressão "...somos transformados, de glória em glória, na sua própria imagem..." não significa que vamos alcançar a perfeição; significa que seremos completos e maduros.

Muitas vezes, Deus trabalha por meio do sofrimento para nos conduzir a esse ponto (Tiago 1:2-4). Em outras oportunidades, usa as consequências dolorosas dos nossos pecados. Em outras, nossas dificuldades podem não ter sido causadas por um pecado específico. Passamos pelo processo da dor para aprender a obedecer à vontade de nosso Pai.

Você está sofrendo? Quem sabe está passando por um processo para deixá-la "em forma". Jesus foi perfeito, mas Ele teve que aprender a obediência por meio das provações que enfrentou (Hebreus 5:8).

Se você continuar confiando em Jesus, irá adquirir progressivamente a imagem da Sua amabilidade. —*Dennis DeHaan*

*As dificuldades da vida têm o objetivo de nos tornar melhores e não amargas.*

## 31 de dezembro

## *Você consegue!*

Leitura:
Romanos 7:15-25

*...tudo posso naquele que me fortalece.*
—Filipenses 4:13

Um menino estava num barbeiro para cortar o cabelo. A sala estava repleta de fumaça por causa dos cigarros. O rapaz coçou o nariz e exclamou: "Quem fumou aqui?" O barbeiro embaraçado respondeu: "Eu fumei." O menino respondeu: "Você não sabe que isso não é bom para você?" O barbeiro respondeu: "Sei. Tenho tentado parar milhares de vezes, mas simplesmente não consigo."

O menino comentou: "Eu compreendo, tentei parar de chupar o meu dedo polegar e também não consigo!" Esses dois me lembram a forma como os cristãos às vezes se sentem em relação às suas lutas com os pecados da carne. Paulo resumiu-o bem quando lamentou: "Desventurado homem que sou! Quem me livrará do corpo desta morte?" (Romanos 7:24). A batalha espiritual dele poderia tê-lo conduzido ao desespero se não tivesse encontrado a solução. Após a sua pergunta agonizante, ele declarou com triunfo: "Graças a Deus por Jesus Cristo, nosso Senhor..." (v.25).

Você está lutando para quebrar ou deixar algum hábito resistente? Como Paulo, você pode tornar-se um vencedor. Se você tem o Senhor Jesus como seu Salvador, a vitória é possível por meio do poder do Espírito Santo em nós. Afirme com confiança como Paulo: "...tudo posso naquele que me fortalece" (Filipenses 4:13). Você conseguirá!
—Richard DeHaan

*Pense menos no poder das coisas sobre você
e mais no poder de Cristo em você.*